Helmut L. Becker · Ganzheitliche Management-Methodik

Ganzheitliche Management-Methodik

Die Erfolgsfaktoren der Selbstführung, Mitarbeiterführung und Arbeitsmethodik

Helmut L. Becker

3., verbesserte und erweiterte Auflage

Mit 60 Abbildungen, 401 Literaturstellen und 16 Checklisten

Kontakt & Studium
Band 284

Herausgeber:
Prof. Dr.-Ing. Wilfried J. Bartz
Technische Akademie Esslingen
Weiterbildungszentrum
DI Elmar Wippler
expert verlag

expert verlag

Die Deutsche Bibliothek – CIP-Einheitsaufnahme

Becker, Helmut L.:
Ganzheitliche Management-Methodik : die Erfolgsfaktoren der Selbstführung, Mitarbeiterführung und Arbeitsmethodik / Helmut L. Becker. – 3., verb. und erw. Aufl. – Renningen-Malmsheim : expert-Verl., 1994
(Kontakt & Studium ; Bd. 284)
ISBN 3-8169-0867-5
NE: GT

3., verbesserte und erweiterte Auflage 1994
2., verbesserte und erweiterte Auflage 1991
1. Aulage 1989

ISBN 3-8169-0867-5

Herausgeber-Vorwort

Die berufliche Weiterbildung hat sich in den vergangenen Jahren als eine absolut notwendige Investition in die Zukunft erwiesen. Der rasche technologische Fortschritt und die quantitative und qualitative Zunahme des Wissens haben zur Folge, daß wir laufend neuere Erkenntnisse der Forschung und Entwicklung aufnehmen, verarbeiten und in die Praxis umsetzen müssen. Erstausbildung oder Studium genügen heute nicht mehr. Lebenslanges Lernen ist gefordert!

Die Ziele der beruflichen Weiterbildung sind

- Anpassung der Fachkenntnisse an den neuesten Entwicklungsstand
- Erweiterung der Fachkenntnisse um zusätzliche Bereiche
- Fähigkeit, wissenschaftliche Ergebnisse in praktische Lösungen umzusetzen
- Verhaltensänderungen zur Entwicklung der Persönlichkeit und Zusammenarbeit.

Diese Ziele lassen sich am besten durch Teilnahme an einem Präsenzunterricht und durch das begleitende Studium von Fachbüchern erreichen.

Die Lehr- und Fachbuchreihe KONTAKT & STUDIUM, die in Zusammenarbeit zwischen dem expert verlag und der Technischen Akademie Esslingen herausgegeben wird, ist für die berufliche Weiterbildung ein ideales Medium. Die einzelnen Bände basieren auf erfolgreichen Lehrgängen der TAE. Sie sind praxisnah, kompetent und aktuell. Weil in der Regel mehrere Autoren – Wissenschaftler und Praktiker – an einem Band mitwirken, kommen sowohl die theoretischen Grundlagen als auch die praktischen Anwendungen zu ihrem Recht.

Die Reihe KONTAKT & STUDIUM hat also nicht nur lehrgangsbegleitende Funktion, sondern erfüllt auch alle Voraussetzungen für ein effektives Selbststudium und leistet als Nachschlagewerk wertvolle Dienste. Auch der vorliegende Band wurde nach diesen Grundsätzen erarbeitet. Mit ihm liegt wieder ein Fachbuch vor, das die Erwartungen der Leser an die wissenschaftlich-technische Gründlichkeit und an die praktische Verwertbarkeit nicht enttäuschen wird.

TECHNISCHE AKADEMIE ESSLINGEN
Prof. Dr.-Ing. Wilfried J. Bartz

expert verlag
Dipl.-Ing. Elmar Wippler

Vorwort

Es gibt kein Organisationsmodell und auch kein „Menschenmodell", das für alle gültig ist. Es gibt keine ideale Organisation, keine ideale Persönlichkeit und kein ideales Verhalten, das man als Vorbild nehmen könnte. Wieso nicht?

Weil jeder Mensch und jede Organisation einmalig sind. Sie müssen ihre Wahrheit selbst finden und sich selbst nach ihren Möglichkeiten entfalten. Die Faktoren, die eine erfolgreiche Entfaltung des einzelnen wie einer Organisation in aller Regel ermöglichen, werden in diesem Buch beschrieben.

Der eilige Leser oder der Praktiker, der sich mit den Begründungen nicht näher beschäftigen will, kann sich auf die Lektüre der Kapitel 2.5/2.6, 3.3/3.4, 4.3/4.4 (Erfolgsfaktoren und Leitsätze) beschränken.

Dieses Buch bringt die Ergebnisse einer mehrjährigen Forschungsarbeit. Es bietet ein neues, ganzheitliches Managementkonzept, das Persönlichkeitsentfaltung, Entfaltung einer Organisation und wirtschaftliches Arbeiten integriert.

Herr Dr. Arnulf Krais übernahm mit viel Engagement die kritische Durchsicht.

Hirschberg a.d.B., im August 1993 Dipl.-Kfm. Helmut L. Becker

Inhaltsverzeichnis

1 Allgemeines / Einführung zur Managementmethodik

1.1 Ziele und Zielgruppen dieses Buches

Hauptziel dieses Buches ist, wissenschaftlich fundiert und dennoch leicht lesbar für die Zielgruppen (Selbständige, Führungskräfte und Fachleute aller Berufe) die Faktoren darzustellen, die in aller Regel zu einem sinnvoll empfundenen Leben und erfolgreichen Arbeiten führen.

Der Leser soll Antworten auf folgende Fragen finden:

o Was muß ich zusätzlich zu meinem Fachwissen an Kenntnissen und Fähigkeiten besitzen, um mit einer hohen Wahrscheinlichkeit beruflich erfolgreich zu sein?

o Was muß ich beachten, um in Harmonie mit mir selbst, der Familie und den Arbeitskollegen hochgesteckte Ziele zu erreichen?

o Wie werde ich eine starke Persönlichkeit?

o Wie führe ich ein zufriedenstellendes Leben?

o Wie verhalte ich mich als Mitarbeiter kooperativ?

o Wie führe ich Mitarbeiter zu hohen Leistungen?

o Wie gewinne ich ein kooperatives Team?

o Wie komme ich systematisch zu Problemlösungen?

o Wie arbeite ich effektiv und rationell?

Etwas abstrakter und allgemeiner formuliert: Wie erreiche ich eine hohe Produktivität ***und*** soziale (psychische und gesellschaftliche) Stabilität? Welche erfolgsbestimmenden Einflußfaktoren, also Erfolgsfaktoren gilt es zu beachten? Wie wirken sie zusammen?

Dieses Buch ist als eine Einführung in die integrierte Managementmethodik nach IFAM (Institut für Führungs- und Arbeits-Methodik) verfaßt, mit dem weiteren Ziel, eine allgemeine, umfassende Führungs- und Handlungsvorlage für die Praxis zu zeigen. Mit der Nutzung der Verfahren wollen wir folgendes erreichen:

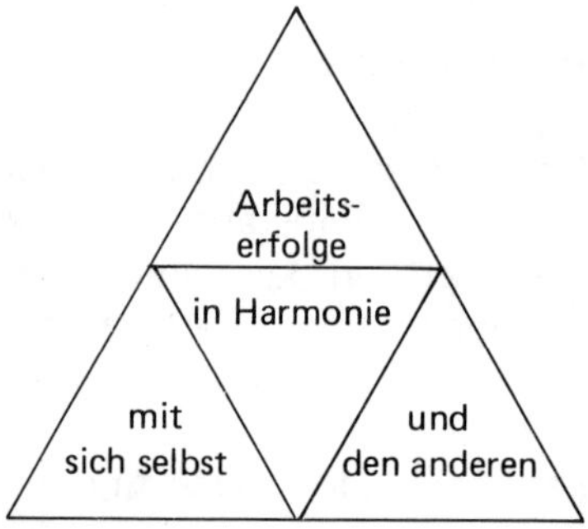

1.2 Begriffliche Abgrenzungen

1.2.1 Fachwissen und Managementwissen

Fachwissen sind beispielsweise die Kenntnis einer Ingenieurtechnik, Sprachkenntnisse, Rechtskenntnisse, die Kenntnisse eines Chemikers, eines Biologen, eines Betriebswirtschaftlers im Bereich Vertrieb, Produktion, Verwaltung und Finanzen. Fachwissen ist das Wissen eines Spezialisten in seinem Bereich. Es ist Berufswissen, das in die Tiefe geht.

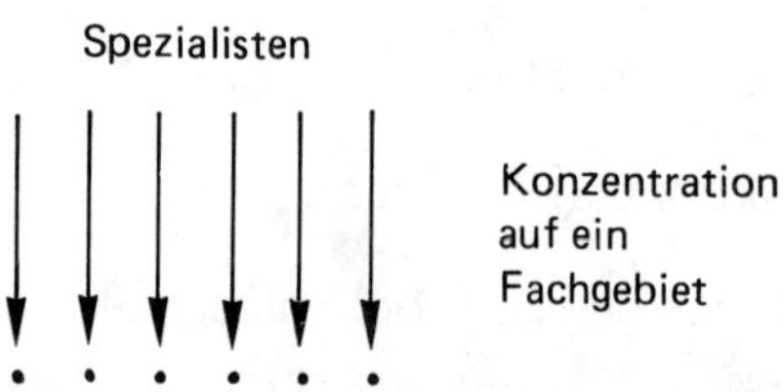

Mit der Konzentration unserer Kräfte auf ein kleines Fachgebiet, also auf einen Punkt, können wir mehr bewirken, als wenn wir unsere Kräfte gewissermaßen auf eine Fläche verteilen würden. Dieses Prinzip der arbeitsteiligen Konzentration hat uns viel Produktivität gebracht. Für unseren Lebens- und Berufserfolg ist diese Spezialisierung aber nur die halbe Wahrheit.

Je mehr wir als Spezialisten in die Tiefe gehen, je enger wir uns spezialisieren, desto dringender benötigen wir die integrierenden, zusammenfügenden Kräfte, sonst landen wir in der Isolation und Vereinsamung. Keiner versteht mehr unsere Fachsprache. Außerhalb des Fachgebietes können unsere Fähigkeiten so gering sein, daß wir zum Fachidioten werden. Um dies zu verhindern, um kommunikationsfähig zu bleiben und unser Fachkönnen verkaufen zu können, benötigen wir Managementwissen. Besonders als Führungskraft haben wir die Aufgabe zu integrieren, die verschiedenen Fachgebiete zu einem übergreifenden Ganzen zusammenzufügen, das bekanntlich mehr ist als die Summe seiner Teilgebiete. Dies ist eine Generalistenaufgabe. Zur Lösung dieser Aufgabe benötigen wir allgemeines Managementwissen, das in die Breite geht. Es ist nicht fachlich begrenzt und nutzt von der Aufgabenanalyse bis zur Zen-Meditation alles, was zur Lösung eines Problems dienlich ist.

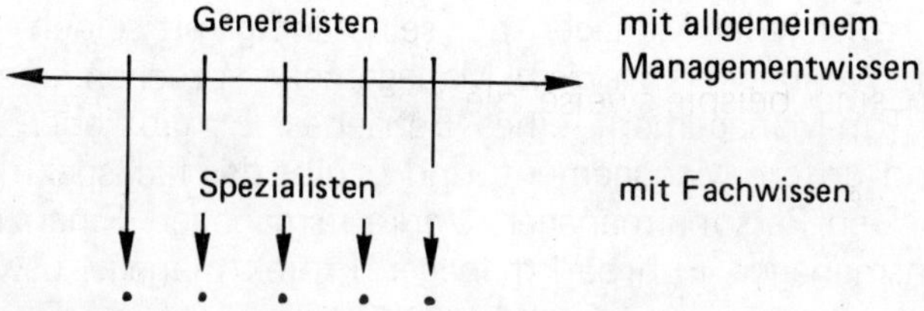

Je weiter oben wir in der Hierarchie einer Organisation stehen, desto stärker benötigen wir die integrierende Arbeit des Generalisten. Je tiefer die Spezialisierung geht, desto mehr ist interdisziplinäre Zusammenarbeit gefragt.

In der obersten Führungsebene wird kaum noch Fachwissen benötigt. Die Fachaufgaben werden weitgehend von den Fachabteilungen erledigt. Aber gerade hier zeigt sich in der Praxis immer wieder das bekannte Problem: Der beste Fachmann wird zur Belohnung seiner Tüchtigkeit Führungskraft – ohne entsprechendes Führungstraining. Die Folge: Die beste Fachkraft ist weg, und eine mittelmäßige Führungskraft ist da.

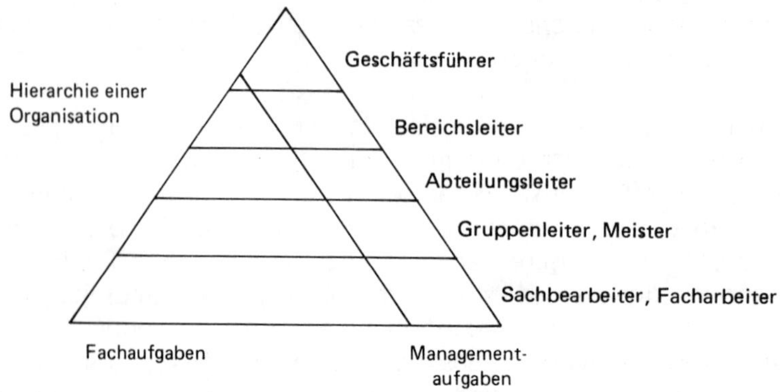

In den unteren Ebenen überwiegen die Fachaufgaben. Es gibt aber auch hier Managementaufgaben, die nicht fachbezogen sind, z. B. sich selbst führen, kooperativ mitarbeiten, fachübergreifend in Projekten zusammenarbeiten.

Was heißt denn eigentlich „managen"? Wörtlich übersetzt heißt es „bewerkstelligen", mit einer Aufgabe fertig werden, ein Problem lösen. Insofern ist jeder Manager, der selbständig mit seinen Aufgaben fertig wird. Wenn wir von ***dem*** Management sprechen, meinen wir meist das Top-Management eines Betriebes. Es gibt aber auch das mittlere und untere Management, und es gibt das fachspezifische Management: Den Personalmanager, Verkaufsmanager, Finanzmanager, Produktionsmanager, Fuhrparkmanager, Projektmanager usw.

Wir haben jahrelang in vielen Seminaren die Probleme von Führungskräften und qualifizierten Mitarbeitern erfaßt. Dabei wurden immer wieder folgende Hauptprobleme genannt (Originalnennungen):

- ständiger Streß
- ständiger Termindruck, Hektik
- ungeplantes Arbeiten
- nicht abschalten können
- zuwenig Zeit für die Familie
- kein Privatleben
- zuwenig Personal für die Aufgabenbewältigung
- fehlende Motivation, fehlendes Engagement der Mitarbeiter
- zuwenig Zeit für Mitarbeiterführung

- schlechtes Betriebsklima
- Gleichgültigkeit der Mitarbeiter
- Abteilungsegoismus, Ressortdenken
- Rivalitätsdenken
- Orientierungslosigkeit, keine langfristigen Ziele
- Routineangelegenheiten stehlen die Zeit
- Bürokratisierung und Papierkrieg durch Stabsstellen und Zentralbereiche
- Erschwernisse durch staatliche Verordnungen und Genehmigungsverfahren
- schwache Zusammenarbeit im Betrieb (kein Teamgeist)
- Widerstand gegen Neuerungen
- unzureichende Information
- keine klaren Ziele
- Lustlosigkeit
- negatives Denken
- ständiges Hineinreden der Geschäftsleitung
- autoritäres Chefverhalten
- mangelnde Koordination
- Probleme mit dem Betriebsrat
- Kündigung von Mitarbeiter
- Rationalisierungsdruck
- fehlende Entscheidungsfreudigkeit des Vorgesetzten
- innerbetriebliche Intrigen und Konflikte
- persönliche Unsicherheit, emotionale Ausbrüche
- zu lange, ineffektive Besprechungen.

Dies sind also die Probleme der Führungskräfte. Es wurden selten Fachprobleme genannt. Zur Lösung von Fachproblemen hat man das nötige Wissen und die Erfahrung. Zur Lösung von Managementproblemen fehlt es häufig an gesicherten Vorgehensweisen.

1.2.2 Integrierte, ganzheitliche Managementmethodik

Die Probleme von ca. 4000 befragten Führungskräften aus allen Hierarchieebenen mit den verschiedensten Berufen lassen sich wie folgt kategorisieren:

A. Probleme mit sich selbst, mit der eigenen Lebensführung

B. Probleme mit anderen, mit Vorgesetzten, Kollegen und Mitarbeitern, mit Kunden und Lieferanten

C. Probleme mit den Aufgaben und Projekten.

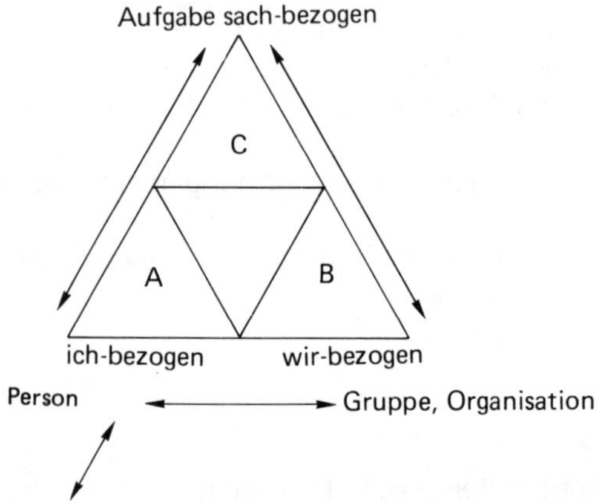

Bei der Diskussion der Probleme zeigte sich, daß sie in einer wechselseitigen Beziehung stehen, sie beeinflussen sich gegenseitig (⟷). Auch in uns selbst haben wir ein Spannungsverhältnis.

Zur besseren Bewältigung dieser Probleme schlagen wir das Konzept der ***integrierten Managementmethodik*** vor.

Gut mit der Welt zurechtzukommen, heißt mit sich, den anderen Menschen und den sachlichen Aufgaben zurechtzukommen. Im speziellen Fachgebiet haben wir ein Fachwissen erworben, ein spezielles Managementwissen. Um mit der Welt, d. h. in allen nicht-fachspezifischen Situationen, zurechtzukommen, benötigen wir allgemeine, fachübergreifende Managementfähigkeiten. Dabei geht es darum, die Balance zu halten zwischen den eigenen Bedürfnissen, den Bedürfnissen der anderen und der sachlichen Notwendigkeit.

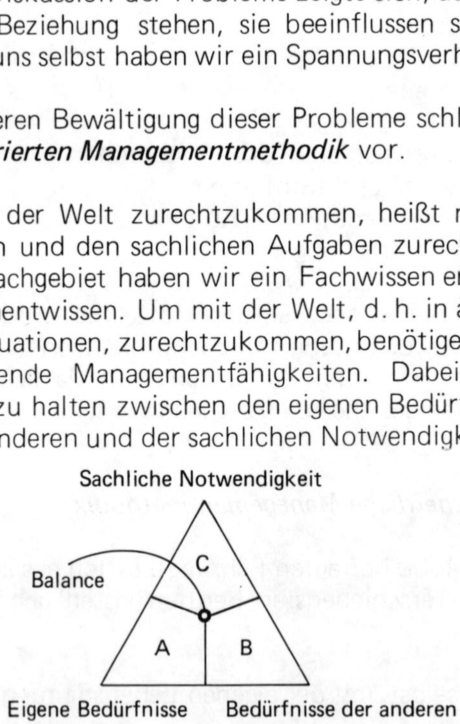

Die integrierte Managementmethodik ist eine allgemeine, umfassende Führungs- und Handlungsmethodik für Führungskräfte und qualifizierte Mitarbeiter.

Teil 2 des Buches (Selbstführung oder Selbstmanagement) hat eine starke, belastbare Persönlichkeit zum Ziel. Selbstbewußte, selbstsichere, kontaktfähige, motivierte und durch Fähigkeiten überzeugende Führungskräfte sowie Mitarbeiter sind Voraussetzung für einen kooperativen, partnerschaftlichen Führungsstil oder ein demokratisches, co-evolutionäres Zusammenleben und Zusammenarbeiten.

Je stärker die einzelnen Persönlichkeiten, desto stärker kann die Gruppe sein. Wie stark die Gruppe ist, hängt wiederum von deren Führung und Zusammenarbeitsweise ab. Um eine starke Gruppe oder Organisation zu schaffen, setzen wir die Verfahren des Team-Managements oder der Mitarbeiterführung im Teil 3 ein.

Um eine hohe Leistung zu erreichen, ist neben einem guten Zusammenspiel einer gut geführten Gruppe auch eine Problemlösungs- oder Zielerreichungsmethodik nötig. Die Verfahren dazu sind im Teil 4, Arbeitsmethodik (Aufgaben- und Projektmanagement) erfaßt. Mit den drei sich ergänzenden Teilen wollen wir eine hohe und sinnvolle Produktivität und soziale Stabilität erreichen.

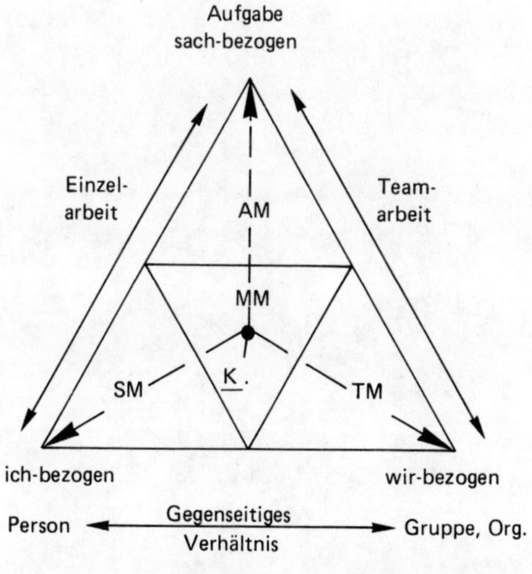

Management-Trilogie:

SM Selbstmanagement, Selbstführung

TM Team-Management, Mitarbeiterführung

AM Arbeitsmethodik, Projektmanagement

MM Integrierte Managementmethodik

K. Verwirklicht und zusammengehalten durch eine laufende sach- und personenorientierte Kommunikation

1.2.3 Erfolgsfaktoren

Erfolg ist Zielerreichung. Die Größe des Erfolges ist der Grad der Zielerreichung.

Ziele können wirtschaftliche, technische, persönliche, gesellschaftliche, ökologische Ziele sein, z. B. höhere Produktivität, höhere Rendite, größere persönliche Sicherheit, Erhaltung einer optimalen Größe, sinnvollere Arbeit, besseres Betriebsklima, Existenzsicherung, stabile Beziehungen.

Was gilt es grundsätzlich zu beachten, um Ziele zu erreichen? Welche erfolgsbestimmenden Einflußgrößen (= Erfolgsfaktoren) bewirken unsere Erfolge?

Die Erfolgsfaktoren sollen in den folgenden Kapiteln systematisch erfaßt und beschrieben werden. Daraus werden dann Verfahren und Leitsätze für die Praxis gewonnen. Diese Verfahren sind wiederum in drei Teil-Methoden (Selbstmanagement, Team-Management, Arbeitsmethodik) zusammengefaßt. Diese drei Teil-Methoden bilden zusammen die integrierte, ganzheitliche Managementmethodik.

2 Selbstmanagement, Selbstführung und Persönlichkeitsentfaltung

2.1 Notwendigkeit der Selbstführung

Wir wünschen uns einen verantwortungsbewußten Bürger, einen kooperativen Mitarbeiter, Vorgesetzten, Kunden, Lieferanten, einen verläßlichen Freund und einen liebevollen Ehepartner. Persönlichkeit ist gefragt. Wie wird man eine starke Persönlichkeit? Wie wird man kontaktfähig, kooperativ, verläßlich usw.? Wie behauptet man sich in den verschiedensten Situationen? Was gilt es zu entwickeln? Dies sind Fragen des Selbstmanagements.

Wir selbst wollen glücklich sein, was immer das konkret heißen mag. Glück ist ein persönliches Ziel, das wir immer wieder mit einer guten Selbstführung erreichen können. Glück kann nicht staatlich per Gesetzeserlaß verordnet werden oder betrieblich angewiesen werden. Die Politik hat die Aufgabe, Rahmenbedingungen zu schaffen, die das individuelle Glücksstreben erfolgreich ermöglichen. Zu diesen Rahmenbedingungen zählen eine gesunde Natur (Umwelt), innerer und äußerer Friede, Freiheits- und Mitwirkungsrechte. In einer zerstörten Natur, im Krieg und in Diktaturen kann sich der einzelne nur schwer entfalten, die äußeren Umstände erlauben es nicht. Andererseits können die äußeren Umstände günstig sein, aber eine schwache Selbstführung läßt die Person nicht die Persönlichkeit werden, die sie werden könnte.

Wir sind als Individuum für uns als erster verantwortlich und als Sozialwesen in lebensnotwendiger Abhängigkeit voneinander auch für andere verantwortlich. Wir haben also eine Selbstführungsverantwortung uns und anderen gegenüber. Wir können uns weder zu Lasten anderer auf die faule Haut legen, noch müssen wir uns für andere opfern. Zur Hilfe und Selbsthilfe sind wir logischerweise verpflichtet. Sonst könnten wir uns in einer Gemeinschaft nicht gedeihlich entwickeln.

2.2 Anlage des Menschen

Wir leben und arbeiten mit Menschen und für Menschen, also müssen wir uns bestmöglich kennen und verstehen, um sinnvoll handeln zu können.

2.2.1 Die Grundbedürfnisse des Menschen

Wir fassen sie in vier Kategorien zusammen:

Intellektuelle, logische Bedürfnisse (Bedürfnis zu Verstehen, nach Ordnung, Übersicht, Klarheit, Zurechtfinden, Information, Erklärung, Neugierde, Wissensdrang)	Bedürfnis nach *Selbstverwirklichung* (Erfüllung, Glück, Wohlsein, Lebenssinn)
Kreative, ästhetische Bedürfnisse (Gestaltungsbedürfnis, Wunsch nach Vollkommenheit, Schönheit; Drang nach Veränderung, nach Neuem; Spieltrieb)	
Emotionale, soziale Bedürfnisse (Bedürfnis nach gefühlsmäßigem Erleben, nach Liebe, Freundschaft, Verlangen nach Kommunikation, Gesellschaft, Anerkennung, Geltung, Beachtung, Kontakt, Religion)	
Physiologische Bedürfnisse (Hunger, Durst, Schlaf, Luft, Sauerstoff, Sonne, Wärme, Bewegung, Aktionslust, Sexualität, leibliche Unversehrtheit, Schutz, Lebenssicherung)	

Ein Bedürfnis ist das Gefühl eines Mangels, das danach strebt, beseitigt zu werden. Ein unbefriedigtes Bedürfnis erzeugt eine ***Spannung***. Die ***Dynamik*** unserer Bedürfnisse, geboren aus dem Streben befriedigt zu werden und damit entspannt zu werden, treibt uns zum Handeln.

Dabei tritt ein Bedürfnis umso stärker, drängender und einseitiger verhaltensbestimmend auf, je stärker seine Position ist, die es in der Bedürfnisstruktur einnimmt und je länger es unbefriedigt bleibt. Prinzipiell kann jedes Bedürfnis in eine ***Dominanzrolle*** hineinwachsen.

Die ***primären*** Bedürfnisse sind die Grundbedürfnisse, die angeboren sind. Diese Bedürfnisse hat jeder gesund entwickelte Mensch.

Die ***sekundären*** Bedürfnisse sind im Laufe seiner Entwicklung in einer bestimmten Kultur erworbene Bedürfnisse des Menschen. Diese Bedürfnisse sind also erlernt.

Wer seinen Schlafbedarf regelmäßig in derselben Umgebung stillt, erwirbt fast zwangsläufig ein sekundäres Bedürfnis nach dieser Umgebung, dem eigenen Bett. Bei dem sekundären Bedürfnis (Schlaf im eigenen Bett) kann wiederum ein assoziatives Beiprodukt entstehen. Z. B.: Man will im eigenen Bett bei geöffnetem Fenster schlafen, weil man morgens den Hahn hören will. Diese abgeleiteten, sekundären Bedürfnisse, auch Quasi-Bedürfnisse genannt, können so eine ganze Kette bilden.

Die meisten Bedürfnisse im täglichen Leben sind abgeleitete Bedürfnisse. So haben wir ein Bedürfnis nach einer Ferienreise, nach Kaffee, nach Fernsehen.

Wird ein bestehendes Bedürfnis befriedigt, so fühlen wir uns wohl. Der ***Befriedigung*** des Bedürfnisses folgt eine ***Entspannung***. Andere, nicht befriedigte Bedürfnisse melden sich. Eine neue Spannung wächst. Kurz: Im Wechsel von Spannung und Entspannung lebt der Mensch und verwirklicht sich selbst.

Aus den Spannungen, die unsere Bedürfnisse erzeugen, ***kommen unsere Kräfte***. In der Anspannung entwickeln sich die Kräfte, in der Entspannung erholen sie sich.

Aus dem Drang heraus, sich zu bewegen, bewegen wir uns. In der Bewegung benutzen wir unsere Muskeln und entfalten damit unsere Muskelkraft. Aus der Neugierde, aus dem Wissensdrang heraus, lernen wir. Im Lernen, im geistigen Tätigsein entfalten wir unsere geistigen Kräfte.

2.2.2 Die vier Grundkräfte und der Wille

Den Grundbedürfnissen stehen ***vier Grundkräfte*** gegenüber sowie eine von den Bedürfnissen abgeleitete Kraft, die ***Willenskraft*** oder kurz der Wille. Der Wille ist Antrieb unseres Handelns und gleichzeitig Steuerungskraft.

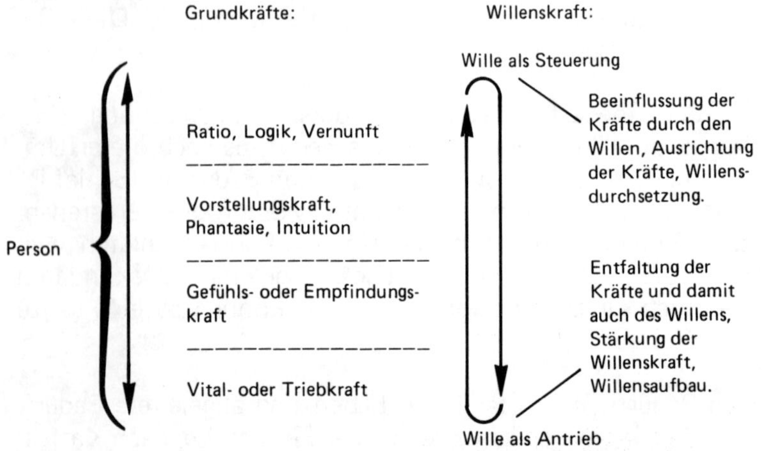

Die Schichten, Potenzen oder Kräfte einer Persönlichkeit bedingen und durchdringen sich gegenseitig. Sie sind in der Persönlichkeit integriert. Alle Schichten sind gleich wichtig.

Die Persönlichkeit wurde schon in der Antike als eine Einheit von Geist, Seele und Körper gesehen. Zur heutigen Persönlichkeitspsychologie vergleichen Sie bitte u. a. Allport, Brandstätter, Correll, Dörner/Selg, Freud, Guilford, Lersch, Remplin, Roth, Rohracher. (Siehe Literaturverzeichnis.)

2.2.3 Zusammenwirken von Bedürfnissen und Kräften

Bedürfnisse, Wünsche, Antriebe (Wollen) auf der einen Seite und Kräfte, Fähigkeiten, Vermögen (Können) auf der anderen Seite situativ richtig eingesetzt bilden die Stärke der Persönlichkeit.

Mit der Erreichung des Zieles (z. B. Tennisspielen) wird der Wille befriedigt, die Lust am Tennisspielen läßt nach. Man hört auf zu spielen und genießt die wohltuende Befriedigung der einzelnen Bedürfnisse. Man ruht sich aus. Die Kräfte werden entspannt, in die Ruhelage versetzt. Dort warten sie bis zum Einsatz beim nächsten verlockenden Ziel.

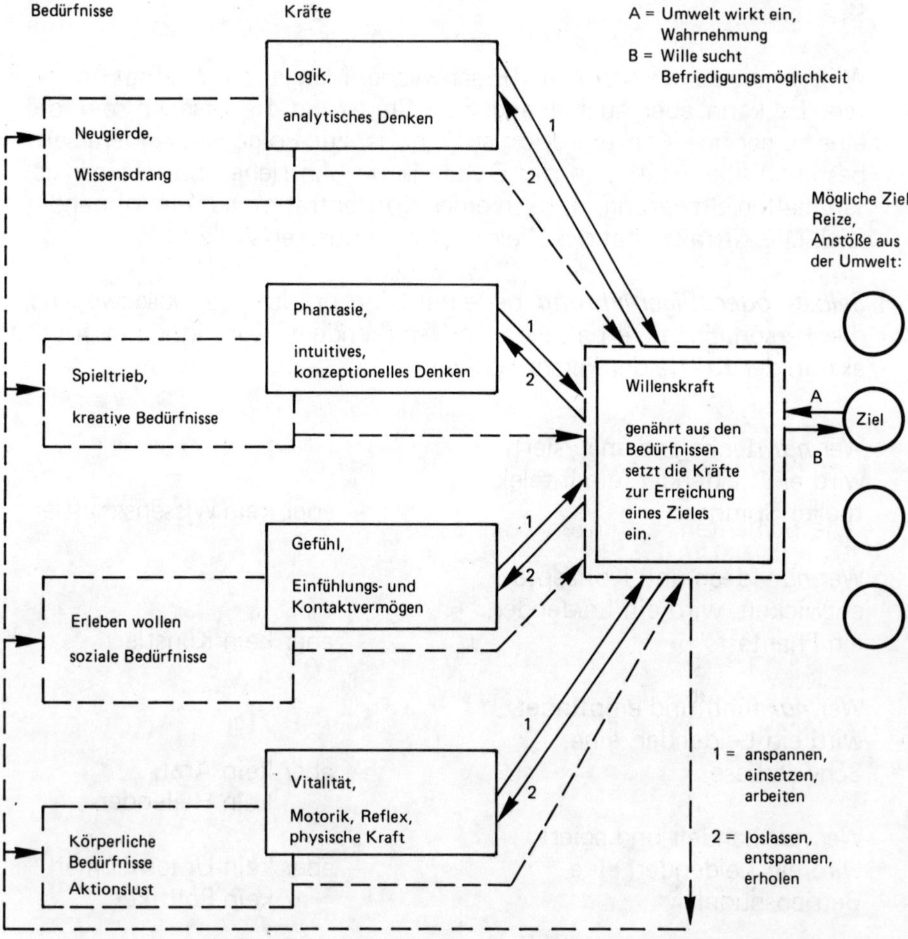

Hinter den Kräften stehen die menschlichen Bedürfnisse, die danach streben, befriedigt zu werden. Alle Kräfte dienen der Selbstverwirklichung der Persönlichkeit. Die Vernunft, die Phantasie, das Gefühl und der Körper sind unsere Grundkräfte und letztlich die Lebenserfolgsfaktoren. Alles, was wir sind und besitzen, kommt von diesen Kräften und der Willenskraft, die sie situationsgerecht einsetzt.

Die ***Willenskraft*** ist die zusammenfassende, integrierende Kraft. Sie wird von den Bedürfnissen genährt und faßt die vorhandenen Kräfte zusammen. Die Willenskraft führt, steuert und engagiert die anderen Kräfte.

Willensschwäche kann Antriebsschwäche, Mangel an Vitalität bedeuten. Es kann aber auch mangelnde Steuerung die Ursache sein, die eine zu geringe Konzentration auf ein Ziel zur Folge hat. Andererseits besteht Willensstärke in der Dynamik der Antriebe und in einer gesammelten Steuerung, d. h. in einer Konzentration auf ein lohnendes Ziel. Die Attraktivität des Zieles entfacht unseren Willen.

Selbst- oder Eigenführung bedeutet eine produktive, ausgewogene, die Persönlichkeit erhaltende und stärkende Integration und Interaktion der Kräfte der Persönlichkeit.

Wer ***nur*** denkt und analysiert, wird ein Leidender, ein intelektueller Spinner	– aber kein Wissenschaftler
Wer ***nur*** Ideen und Konzepte entwickelt, wird ein Leidender, ein Phantast	– aber kein Künstler
Wer ***nur*** fühlt und empfindet, wird ein Leidender, eine Schwatzbase	– aber kein Arzt, kein Heilender
Wer ***nur*** handelt und agiert, wird ein Leidender, eine Betriebsnudel	– aber kein Unternehmer, kein Politiker

Wer ***nur*** will, wird in seinem Ehrgeiz andere Kräfte bzw. Schichten ausnutzen. Er wird „seine Seele verkaufen" und u. U. viel äußeren Besitz haben – aber keine Persönlichkeit sein; wenig sein.

Anerkannte Wissenschaftler, Künstler, Politiker, Unternehmer sind trotz der ***charakterisierenden Dominanz einer Kraft*** integre Persönlichkeiten. Sie denken, fühlen und handeln wie alle gesunden Menschen.

Charakterisierend spricht der Volksmund auch vom:

- nüchternen Verstandesmenschen (Dominanz der Ratio)
- romantischen Schwärmer (Dominanz der Phantasie)
- Gefühls- oder Gemütsmenschen (Dominanz des Gefühls)
- Tatmenschen (Dominanz der Triebkraft)
- pflichtbewußten Willensmenschen (Dominanz der Willenskraft).

Eigenführung oder Selbstführung heißt: Alle Kräfte entfalten lassen und integrieren. Will man eine Persönlichkeit beeinflussen, dann muß man alle ihre Kräfte ansprechen. Will man eine Persönlichkeit bilden, muß man alle ihre Kräfte bilden.

Mitarbeiter- oder ***Fremdführung*** bedeutet eine gesunde, produktive, ausgewogene, die Gruppe erhaltende und stärkende Integration und Interaktion der Persönlichkeiten.

So wie eine Persönlichkeit leidend wird und verkümmern muß, wenn nur eine Kraft angesprochen wird, so verkümmert die Leistungsfähigkeit einer Gruppe, wenn nur einzelne Persönlichkeiten angesprochen werden bzw. etwas zu sagen haben.

Gruppenführung heißt also, alle Persönlichkeiten einer Gruppe entfalten lassen und integrieren. Will man eine Gruppe beeinflussen, dann muß man alle ihre Mitglieder ansprechen. Will man eine Gruppe bilden, dann muß man alle ihre Persönlichkeiten zusammenbringen.

Zwischen Persönlichkeit und Gruppe besteht folgender inhaltlicher Zusammenhang: Eine starke Persönlichkeit stärkt die Gruppe und eine starke Gruppe stärkt die Persönlichkeit.

Führung ist also Selbst- ***und*** Fremdführung. Wir kommen zu dem Konzept der Führung auf Gegenseitigkeit, das die Selbstführungsfähigkeit der Persönlichkeit und die Beeinflussung durch die Gruppe berücksichtigt.

2.2.4 *Dialektisches Spannungsverhältnis*

Grundkonzept der Führungsmethodik auf Gegenseitigkeit

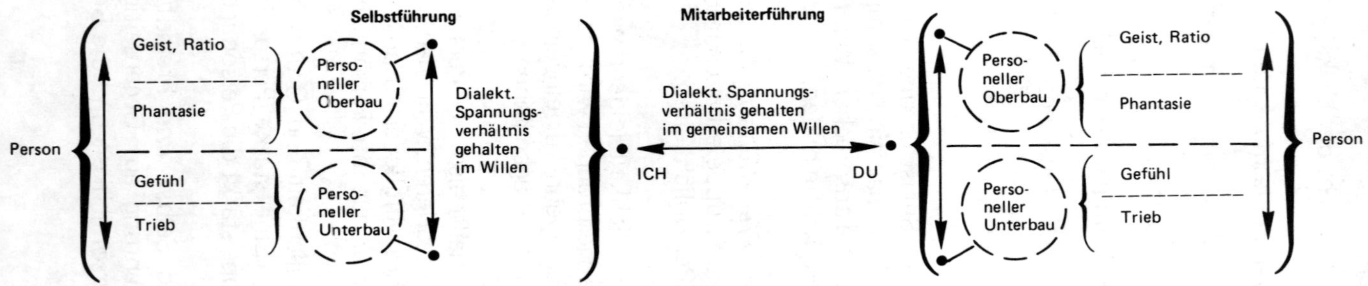

Die Spannung innerhalb der Person, die intra-personelle Spannung zwischen Oberbau und Unterbau, spiegelt sich in der zwischenmenschlichen (interpersonellen) Spannung zwischen ICH und DU wider. (So wie es in dir selbst aussieht, so sieht es in deinem Verhältnis zum Anderen aus.)

Das dialektische Spannungsverhältnis besagt, daß trotz der gegenseitigen Abhängigkeit eine gegenseitige Ausschließlichkeit besteht. (Man benötigt einander, will aber auch alleine für sich sein.)

Der Mensch ist ich-bezogen ***und*** du-bezogen, er ist Individual- ***und*** Sozialwesen.

Die Führungsmethodik auf Gegenseitigkeit basiert auf obiger sozialpsychologischer Erkenntnis. Sie besagt einfach ausgedrückt, daß jeder den anderen respektiert, daß jeder die gegenseitige Abhängigkeit erkennt und sich auf das Wechselspiel der Kräfte im dialektischen Spannungsverhältnis einstellt. So wird eine einseitige Überbetonung einer Schicht zum Wohle der Persönlichkeit und der Gruppe vermieden.

Die Führungstechniken dienen diesem Zweck. Dabei erleichtert eine gute Selbstführung der Gruppenmitglieder die Gruppenführung wie auch umgekehrt eine gute Gruppenführung die Selbstführung des einzelnen erleichtert. (Es sei hier schon vorweggenommen: Nicht ein ganz und gar entspanntes Verhältnis ist das produktivste, dies wäre ja ein „gelöstes", d. h. im Grunde gar kein Verhältnis im obigen Sinne mehr. Der Mensch will leben, dynamisch im Auf und Ab der Spannung, weder überspannt noch ungespannt.)

Wir sehen im menschlichen Bereich folgende dialektische Verhältnisse oder Dualismen:

ICH	⟷	DU
Individuum	⟷	Gruppe
Alleinsein	⟷	Gemeinsamkeit
Einzelarbeit	⟷	Teamarbeit
Selbstverantwortung	⟷	Verantwortung der Gemeinschaft gegenüber
freier Wettbewerb	⟷	soziale Gebundenheit und Verpflichtung
Selbstführung	⟷	Fremdführung

Beide Seiten ergänzen sich und stärken sich gegenseitig. Dies wird in der Führungsmethodik auf Gegenseitigkeit berücksichtigt. So ist beispielsweise eine einseitige Betonung von Teamarbeit oder absolut delegierter Einzelarbeit weder sozial noch wirtschaftlich sinnvoll.

Wir entsprechen damit auch dem volkswirtschaftlichen Konzept der sozialen Marktwirtschaft und dem betriebswirtschaftlichen Konzept der Gewinnoptimierung.

Hier gibt es keine einzige und endgültige Lösung. Es sind immer wieder Kompromisse, neue Synthesen, auszuhandeln. Eine positive Diskussion von These und Antithese, von Wille und Gegenwille ist die Voraussetzung für das Bestehen einer Gemeinschaft.

Ähnliches gilt für die Persönlichkeit. Auch der Einzelne muß mit seinen eigenen Konflikten und Dualismen immer wieder fertig werden, um zu wachsen und zu bestehen. Unsere innere, dialektische Anlage zeigt sich in folgenden Dualismen:

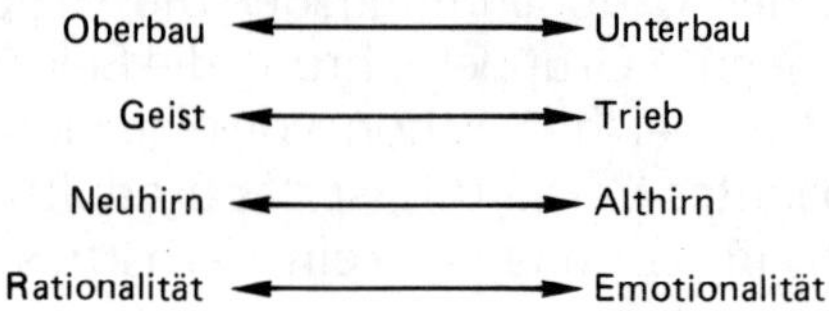

Beide Seiten ergänzen sich und sind gleichzeitig „eigensinnig". Dadurch kommt es immer wieder zu Spannungen.

2.3 Entfaltungsmöglichkeit

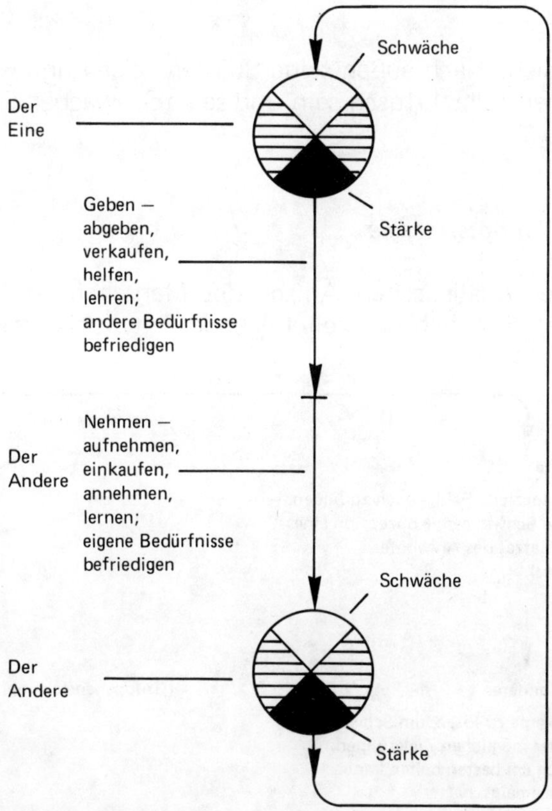

Gesetz: Durch unsere Schwächen und Stärken sind wir voneinander abhängig. Wir ergänzen und entwickeln uns nur gegenseitig.

Immer wiederkehrende Sätze aus dem Alltag:

„Man muß geben und nehmen können."

„Das schwächste Glied bestimmt die Stärke einer Kette."

„Schwachstellen, Engpässe hindern die Entwicklung des Ganzen."

„Wenn Einer dem Anderen hilft, dann geht es."

In der Fähigkeit, richtig aufzunehmen und richtig abzugeben, liegt die Entwicklungschance eines einzelnen Menschen wie einer ganzen Organisation.

Dazu empfiehlt sich: Nach außen seine Stärken zeigen und werbend wirken, nach innen selbstkritisch sein und seine Schwächen überwinden.

Generelle Entwicklungsstrategie

Entsprechend der dualistischen Anlage des Menschen (Individual- und Sozialwesen) läßt sich generell folgende Entwicklungsstrategie empfehlen:

(Selbstentfaltung)

Konzentration meiner Kräfte

(um Stärken zu bilden, um spezielle Fähigkeiten zu bilden. – Analyse meiner Stärken und Schwächen; Konzeption eines Angebotes; Planung des Einsatzes des Angebotes; Durchführung des Angebotes).

↓

auf die aktuellen Probleme anderer

(Gruppenentfaltung)

(um die brennendsten Probleme zu lösen, um Schwächen auszugleichen. – Analyse der möglichen Zielgruppen; Auswahl der Gruppe, der ich am besten helfen kann; Integration in einer Arbeitsgemeinschaft; Zusammenarbeit).

Stärkung meiner Kräfte im Einsatz und durch soziale wie materielle Entlohnung.

Mit der unternehmerischen Selbstentfaltung des einzelnen wächst das Unternehmen (die Gruppe oder Gemeinschaft) und umgekehrt: Mit dem Wachsen eines Unternehmens kann sich der einzelne entwickeln.

Dabei haben wir immer zwei sich ergänzende Möglichkeiten:

Anpassung an ***und Einwirkung*** auf die Gegebenheiten.

Was wir heute als allgemeine Erfolgsstrategie wirtschaftlich gesichert betrachten dürfen, zeigt sich auch in der jahrtausende alten chinesischen Weisheit des Yin und Yang, der Entspannung und Konzentration der Kräfte oder der Geduld, Anpassung, Hingabe (Passivität) auf der einen Seite und der Änderung, Einwirkung (Aktivität) auf der anderen Seite wie sie in dem Gebet des Heiligen Franziskus von Assisi (Anno 1248) zum Ausdruck kommt:

Oh Gott, gib mir die Gelassenheit, das anzunehmen, was ich nicht ändern kann	→ Anpassung
und den Mut, das zu ändern, was ich ändern kann	→ Einwirkung
und die Weisheit, zwischen beidem zu unterscheiden.	→ je nach Situation

Diese Verse dienen auch dem kanadischen Professor William J. Reddin (1980) zur Illustration seiner 3-D-Führungstheorie. Diese Theorie besagt, daß sich die Effektivität eines Managers aus der Deckung von Führungsstil und Situation ergibt. Der zur Situation passende Führungsstil (hier im Beispiel: Anpassung oder Einwirkung) entscheidet über den Erfolg. Dazu braucht man die Fähigkeit der Situationserfassung und die Fähigkeit auf verschiedene Weisen reagieren zu können.

2.4 Selbstmanagementkonzept

Eine geschickte Selbst-Führung ist in einer gekonnten, d. h. den beruflichen und gesellschaftlichen Situationen wie den eigenen Fähigkeiten angepaßten Willensbildung und Willensdurchsetzung zu sehen. Ein starkes Wollen allein hilft unserer Selbstentfaltung ebenso wenig wie große Fähigkeiten, für die sich keiner interessiert.

Deswegen beginnen wir mit einer persönlichen Zielanalyse und erstellen einen Entwicklungsplan. In der darin aufzustellenden ,,Marketingstrategie" müssen wir klären, welchen Nutzen wir anderen bieten können, „um ins Geschäft zu kommen". Man kann seine Selbstentwicklung durchaus in vieler Hinsicht mit einer Unternehmens- bzw. Geschäftsentwicklung vergleichen.

Wissen wir so, was wir wollen und haben wir eine Strategie zur Selbstentfaltung gefunden, dann können wir systematisch weitere Führungs-, Arbeits- oder Managementtechniken einsetzen.

Die Entwicklung unserer Fähigkeiten, – wenn es nicht gerade ein berufliches Spezialwissen ist –, hat daneben auch einen Selbstzweck. Indem wir nämlich unsere Kräfte einsetzen, trainieren wir sie und haben noch Spaß dabei, weil wir den Wunsch z. B. nach Wissen, Spiel, Kontakt und körperlicher Aktivität befriedigen. Wir haben ein Bedürfnis tätig zu werden, weil sonst unsere Kräfte sich abbauen würden.

Wer sich geistig auf seinen Lorbeeren nach einem Examen ausruht, wird stehen bleiben; wer mit der Heirat das Werben um den Partner einstellt, wird in der Beziehungspflege stehen bleiben; wer als Erwachsener aufhört zu spielen, wird unflexibel werden; wer seine Muskeln nicht betätigt, wird unter Muskelschwäche leiden. Kurz: Der Einsatz und damit das Training unserer Kräfte ist schon ein Teil unserer Selbstverwirklichung, ist für unsere Persönlichkeit bereits schon ein Erfolg.

Der äußerliche, berufliche und gesellschaftliche Erfolg wird sich bei einer starken Persönlichkeit, die anderen etwas bieten kann, ebenfalls einstellen.

Wer im Beruf oder in der Gesellschaft viel Erfolg hat, Ansehen genießt, weithin bekannt ist und dennoch innerlich unzufrieden bleibt, wird sich fragen müssen, was ihm fehlt. Wir würden auch hier wieder mit unserer persönlichen Zielanalyse beginnen.

Das Selbstmanagementkonzept im Überblick:

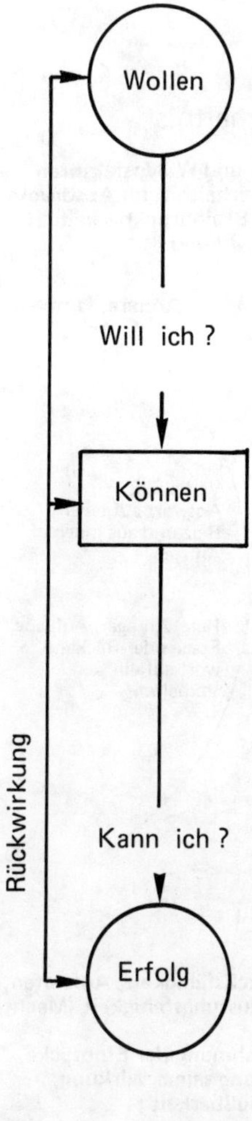

Willensbildung, Stärkung der Leistungsbereitschaft:

- Selbstbild (Faktor 1) Selbsterkenntnis
- Persönliche Zielanalyse (2)
- Konzentration und Zeitnutzung (3)
- Entspannung und Pausentechnik (4)
- Selbstmotivation (5)
- Selbstsicherheit (6) (Entschiedenheit)

Stärkung der Leistungsfähigkeit:

- Lernfähigkeit, Kritikfähigkeit (7)
- Phantasie und Gestaltungsfähigkeit (8)
- Einfühlungs- und Kontaktfähigkeit (9)
- Gesundheit, körperliche Leistungsfähigkeit (10)
- Ausdrucksfähigkeit (11)
- Selbstkontrolle (12) und Rückmeldung

Mit der Entwicklung eines starken Willens und mit der Entfaltung unserer Leistungsfähigkeit werden wir anderen mehr bieten können und damit mehr beruflichen und privaten Erfolg haben. Eine positive, soziale Selbstverwirklichung kommt in Gang.

Das Zusammenspiel der Erfolgsfaktoren einer Persönlichkeit

(Denkmodell zur Persönlichkeitsentfaltung)

Persönlichkeit

Innenverhältnis		Außenverhältnis
Fähigkeitsfaktoren 7 – 10	**Willensfaktoren 2 – 5**	**Fähigkeits- und Willensfaktoren im Außenverhältnis, im Ausdruck 11 und in der Beeindruckbarkeit 12 zusammenwirkend.**

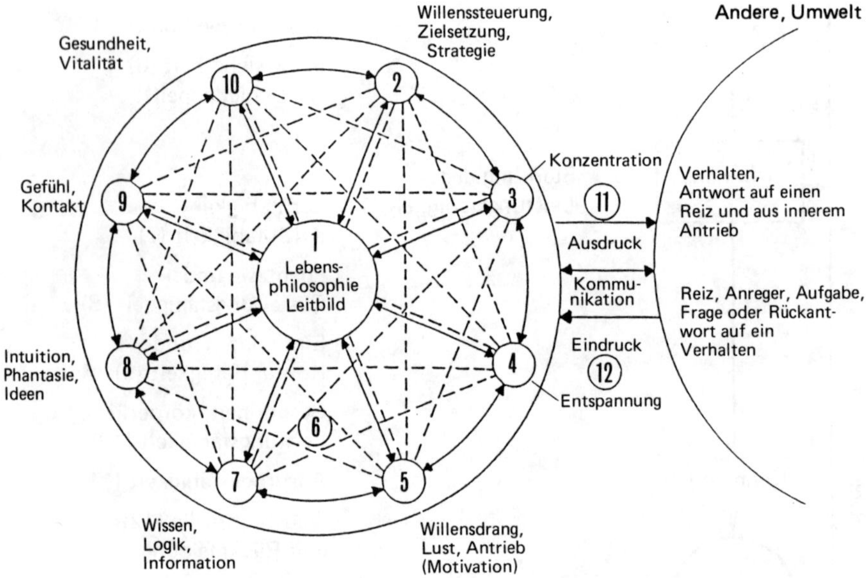

6 Selbst-Kommunikation, ein Katalysator, der zur Entscheidungsfähigkeit und Selbstsicherheit führt

11 Ausdrucksfähigkeit, Auftreten, Beeinflussungsfähigkeit (Macht)

12 Wahrnehmung der Eindrücke, Erfahrung seiner Wirkung, Beeinflußbarkeit

Alle Faktoren beeinflussen sich gegenseitig. Sie stehen in Kommunikation, angeregt durch das Problem in einer bestimmten Situation.

Alle Faktoren tragen zu unseren Leistungen und Erfolgen bei. Es wäre falsch, das Heil in einem einzelnen Faktor zu suchen. Eine harmonische, ausgewogene, in allen Faktoren starke Persönlichkeit ist das Ziel. Nur sie kann in den verschiedenen Situationen bestehen.

Die Stärke einer Persönlichkeit zeigt sich darin, wie gut sie mit ihrer Innen- und Außenwelt zurecht kommt, wie stark ihre Beeinflussungsfähigkeit (Einwirkung) und Beeinflußbarkeit (Anpassung) ist.

2.5 Die Persönlichkeits-Erfolgsfaktoren im einzelnen

2.5.1 Selbsterkenntnis, Lebensphilosophie, Leitbild

Persönlichkeits-Erfolgsfaktor **(1)** (Vergl. Seite 24)

Der erste Faktor ist der umfassende Gesamtfaktor und mehr als die Summe der folgenden Einzelfaktoren. Er steht im Mittelpunkt als Ausgangspunkt und Halt der Einzelfaktoren. Im Mittelpunkt steht die Selbsterkenntnis und das eigene Leitbild. Starke Einzelfaktoren stärken und charakterisieren die Persönlichkeit und prägen das Leitbild. Der Gesamtfaktor wirkt wiederum auf die Ausprägung der Einzelfaktoren ein. Aber auch die Einzelfaktoren stehen untereinander in Wechselwirkung.

Der Gesamtfaktor beschreibt den Grad der Selbstverwirklichung, der Zufriedenheit, Ausgeglichenheit, das Selbstwertgefühl und das Bewußtsein des eigenen Wissens und Könnens. Hier liegt das Leitbild des Verhaltens, die eigene Lebensphilosophie.

Diese Lebensphilosophie ist nicht statisch ein für allemal fixiert, sondern ist ein immer wiederkehrender Prozeß der Selbstfindung. So paßt sich unsere Lebensphilosophie z. B. auch unserem Alter an. Sie dient als Leitbild für unser Handeln, als zentrale Prüfinstanz (Gewissen) und Interessensausgleich. Damit dieser Gesamtfaktor genannt Lebensphilosophie oder Leitbild unserer Entfaltung dienlich sein kann, muß er in der Auseinandersetzung mit uns selbst und den kulturellen Gegebenheiten (Familie, Religion, wirtschaftlichen, technischen, politischen Gegebenheiten) gefunden werden.

Selbsterkenntnis ist der erste Schritt zur Besserung, sagt man. In der Tat hilft eine bessere Kenntnis über unsere Anlage als Mensch uns besser zu führen und sinnvoller zu leben. Wir werden nicht durch einzelne Erfolgstechniken verführt, sondern können in der Kenntnis unserer Anlage alle Faktoren berücksichtigen und entsprechend unserem Leitbild gewichten.

Welche Vorstellung haben Sie vom Menschen? Was ist Ihre Lebens-Philosophie? Kennen Sie sich selbst? Was ist Ihr Leitbild? Für welche Werte treten Sie ein? – Handeln Sie danach? Haben Sie einen eigenen Standpunkt?

2.5.2 Zielanalyse, Erfolgsstrategie

Persönlichkeits-Erfolgsfaktor **(2)**

Wer weiß, wo er langfristig hin will, kann täglich richtig entscheiden. Er weiß, was er will. Er hat eine Orientierungshilfe für sein Leben. Dazu ist eine gründliche Zielanalyse notwendig. Es gilt, die Tages-, Monats- und Jahresziele zu vergleichen, ob sie auch dort hinführen, wohin man will. Außerdem gilt es, berufliche und private Ziele in Einklang zu bringen.

Um erfolgreich zu sein, muß man Rollen oder Aufgaben übernehmen können, die erwartet werden.

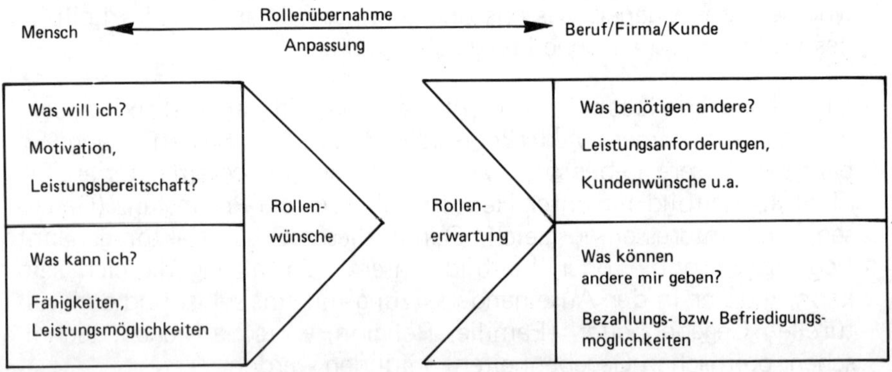

Dies gilt analog auch für alle Funktionen im privaten Bereich z. B. bei der Vaterrolle, Erzieherrolle, Partnerrolle usw.

Selbstverständlich wird in diesem sozialen, menschlichen Bereich nicht so buchhalterisch gerechnet wie im Beruf bzw. Geschäft. Jedoch: Eine Freundschaft ist analog ein gutes Geschäft für beide.

Erfolgsstrategie: Wille (Neigung) und Fähigkeiten (Eignung) – eingesetzt zur Lösung von Problemen anderer – ergeben unseren beruflichen wie auch gesellschaftlichen Erfolg.

Um eine berufliche Erfolgsstrategie zu erarbeiten, müssen wir folgende Tätigkeiten durchführen:

1. Persönliche Zielanalyse (Was will ich beruflich und privat?)
2. Stärken- und Schwächenanalyse (Was kann ich im einzelnen?)
3. Marktanalyse, Bedarfserfassung (Was brauchen andere?)
4. Profilierung, Angebotskonzept (Was kann ich speziell bieten und dafür bekommen?)

Versuchen Sie einmal mit dem folgenden Arbeitsblatt Ihre Erfolgsstrategie zu beschreiben.

Meine Erfolgsstrategie	**– Kurzfassung –**
Was will ich? Wo sehe ich einen Sinn für mich?	
Was kann ich? Wo liegen meine Stärken?	
Was brauchen andere? Welches sind mögliche Abnehmer meiner Stärken? Welche Probleme haben diese?	

Was bietet bereits meine Konkurrenz?
Was könnte ich besser machen als meine Konkurrenz?
Wie biete ich meine Leistung an? Was kann ich für mein spezielles Angebot bekommen? © IFAM

Unser Erfolg wird bestimmt durch die Lösung von Problemen, die andere haben sowie durch unsere Willensstärke und Leistungsfähigkeit, die wir dazu brauchen.

2.5.3 Konzentration

Persönlichkeits-Erfolgsfaktor **(3)**

Was heißt Konzentration? Konzentration heißt Sammlung der Kräfte auf eine Aufgabe, auf einen Punkt, auf ein Problem, auf ein Ziel. Sich konzentrieren heißt sich sammeln. Die Konzentration ist ein Akt des Willens. Der Wille spannt die Kräfte an und er entspannt sie auch wieder. Konzentration und Entspannung sind zwei Seiten derselben Medaille, des Willens. (Bei den Willensübungen der konzentrativen Entspannung, des autogenen Trainings, des Yoga, des Za-Zen sowie der Eutonie kommt dies gut zum Ausdruck.)

Schematisch kann man die Konzentration und Entspannung wie folgt darstellen:

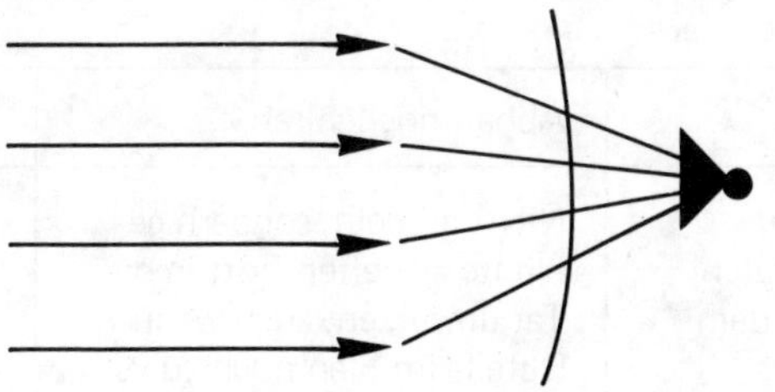

Wir können uns erst konzentrieren, wenn wir etwas haben, auf das wir uns konzentrieren können. Dieses Etwas ist das Ziel. Interessiert uns das Ziel, fällt uns die Konzentration leicht, wenn wir nicht anderweitig gestört werden. Innere Ablenkungen, Zielunklarheiten und vor allem ständige äußere Störungen durch andere und Lärm erschweren uns immer wieder eine volle Konzentration.

Konzentrationsschwäche ist eine Zeitkrankheit. Reizüberflutung und Hektik führen zur Zerstreutheit. Schwache, fehlerhafte Leistungen sind die Folge. Nur wer sich gut konzentrieren kann, kann Probleme nachhaltig lösen und intensiv seine Zeit nutzen. Dazu müssen Leerläufe, Ablenkungen und Störungen beseitigt oder zumindest verringert werden. Zeitanalysen, Konzentrationsübungen, Selbstorganisation und eine richtige Anpacktechnik helfen dabei. Wenn man ganz bei einer Sache ist, setzt man seine Kräfte wirksamer ein.

Abbau von zeitraubenden Gewohnheiten		**– Checkliste –**	
	Gewohnheit	Abbaumöglichkeit	Erledigt
1	Alles ***selbstmachen*** wollen aus Angst oder Ungeduld.	Mitarbeitern vertrauen, auch wenn sie Arbeiten nicht 100 %ig erledigen.	
2	***Zu spontanes Handeln***, das dann widerrufen werden muß.	Zuerst schweigen und überlegen. Bedenkzeiten einführen, überschlafen, kritischer werden. Die Dinge erst hinterfragen.	

Fortsetzung

	Gewohnheit	Abbaumöglichkeit	Erledigt
3	***Zu genaues Arbeiten.*** Ständig alles überprüfen und absichern. Aus dem Denken nicht herauskommen.	Nicht grübeln, sondern geplante Arbeiten flott in die Tat umsetzen, auch wenn Details im Plan noch zu verbessern wären.	
4	*Tag-Träumerei.* Schlafen mit offenen Augen.	Interesse an der Arbeit finden. Sich einen Erledigungstermin setzen.	
5	***Termine nicht einhalten können.*** Chronisches Zuspätkommen. Schwaches Zeitbewußtsein.	Zeit realisitischer einschätzen. Mehr Reservezeit vorsehen. Grundsätzlich Termine 5 Min. zu früh wahrnehmen.	
6	***Schlechte Erklärungen***, dadurch ständige Rückfragen.	Vergewissern, ob man verstanden worden ist.	
7	***Redseligkeit***, von einem zum anderen kommen.	Immer nur ***ein*** Sachthema behandeln.	
8	Entscheidungen nicht rechtzeitig treffen, ***Unentschlossenheit***.	Entscheidungshilfen einsetzen. Risikobereitschaft zeigen.	
9	***Unangenehme Aufgaben*** werden immer wieder ***verschoben***.	Unangenehme Aufgaben möglichst gleich erledigen oder einen festen Termin zur Erledigung setzen.	
10	***Ständig in der Routine*** stecken. Wursteln.	Weniger machen, dafür mehr denken und planen.	

2.5.4 Entspannung

Persönlichkeits-Erfolgsfaktor **(4)**

Wer sich nicht entspannen kann, der kann sich nicht konzentrieren. Die Leistung fällt. Also haben wir in der Entspannungsfähigkeit einen weiteren wichtigen Erfolgsfaktor.

Es ist ein Unterschied, ob Sie als nervöser, unausgeglichener Mensch anderen auf die Nerven gehen oder ob Sie souverän und ruhig die Probleme anpacken. In der Ruhe liegt die Kraft. Im Dis-Streß ruinieren wir uns. Nur nach einer gründlichen Entspannung können wir wieder voll unsere Kräfte einsetzen und zu Höchstleistungen kommen. Gelassenheit, Ruhe und Beherrschung sind Wesenszüge einer starken Persönlichkeit.

Zur Entspannung lassen Sie einmal von allem los. Schließen Sie die Augen oder schauen Sie auf die folgende leere Fläche.

Kurz-Entspannung (1 bis 5 Min.)

Bevor man mit einer Arbeit beginnt, muß eine vorangegangene Arbeit abgeschlossen sein oder weggelegt werden. Man darf nicht von einer Tätigkeit nonstop in eine andere hetzen.

Vor Beginn einer intensiven Arbeit empfehlen wir ein paar Minuten folgende Kurz-Entspannungsübung durchzuführen:

1. ***Position einnehmen.*** Gemütlich ***sitzen***, dabei sich anlehnen oder etwas vorhängen. Hände auf den Schoß, Kopf etwas hängen lassen.	oder	Völlig entspannt auf einem Teppich ***liegen***. Füße und Hände etwas nach außen wenden.
2. ***Kräftig strecken*** und wieder entspannte Haltung einnehmen.		
3. ***Augen schließen***.	oder	***Auf eine leere***, grüne, blaue, weiße oder gelbe ***Fläche*** schauen. „Mit den offenen Augen schlafen."
4. Ruhig und tief ***durchatmen***. (Bauchatmung)		
5. ***An nichts denken***. Die Gedanken fließen lassen, kommen und gehen lassen. „Ich beschäftige mich nicht damit." „Alles ist gut so, wie es ist." Ich habe alle Zeit.	oder	***Sich suggerieren:*** „Ich bin ganz ruhig und entspannt." „Ich komme nahe zu mir selbst." „Aller Ärger verschwindet." „Ich fühle mich wohl." „Ich bin voller Selbst- vertrauen."
6. Nach ein paar Minuten bzw. nach einer gewissen Ruhigstellung und Sammlung der Kräfte kräftig ***durchatmen***, sich ***strecken*** und die ***Augen öffnen***. Wieder voll da sein.		

Entspannungsprogramm

So wie Sie Ihre Arbeit planen, sollten Sie auch Ihre Erholung und Entspannung vorsehen. Es ist nicht wirtschaftlich, ohne Pausen den ganzen Tag zu arbeiten. Es ist auch nicht sinnvoll, ohne Erholungstage das Jahr durchzuarbeiten.

Entwickeln Sie also jetzt hier Ihr Entspannungsprogramm.

Zeitraum	Mögliche Entspannungstechnik (Fügen Sie Ihre eigenen Techniken und Erfahrungen hinzu.)	Vorgesehenes Programm Was?	Wann?
Jahres-laub (2 bis 4 Wochen)	Seelisch-geistig: In eine andere Umgebung, andere Kultur, anderes Land, andere Sprache, andere Leute und neue Kontakte. Körperlich: Ski-Langlauf, Wandern, Schwimmen, Radfahren usw.		
Kurzurlaub (1 bis 2 Wochen)	In der näheren Umgebung ausspannen und abschalten. Etwas Sport, etwas lesen, etwas Gesellschaft. (1 Woche Afrika z. B. wäre keine Erholung, sondern Streß; Tourismus ist keine Erholung.)		
Wochenende oder einmal die Woche	Gartenarbeit, Sauna, Hobbyarbeit, Konzert, Theater, Musizieren, Tanzen, aktiver Sport, Wandern usw.		
Täglich	Wer es kann: Autogenes Training oder Yoga vor und nach der Arbeit. Meditieren, spazierengehen. Pausentechnik beachten. Gymnastik betreiben, laufen, duschen usw.		
Stündlich	Eine Kurzpause mit Strecken und tiefem Durchatmen (1 – 5 Min.). Vor jeder intensiven Arbeit eine Kurz-Entspannung von 1/2 – 1 Min.		

Ideale Urlaube sollten beides enthalten: Einen Erlebnisurlaub gegen die einseitige „Fachverkopfung" und einen körperlichen Erholungsurlaub gegen die starke „Verhockung" des Bürositzers und Autofahrers.

2.5.5 Selbst-Motivation

Persönlichkeits-Erfolgsfaktor **(5)**

Von Nichts kommt Nichts. Ohne Antrieb, ohne Energie geschieht nichts. Um etwas zu bewegen, benötigen wir einen starken Willen und Zuversicht, daß es gelingen wird.

Wie können wir uns selbst motivieren? — Indem wir ***an das Ziel denken***, das wir erreichen wollen und können und ***nicht an die Mühsal***, die damit verbunden ist. Ein Beispiel: Besuch ist angesagt. Zwei Ehepaare sind zum Essen eingeladen. Die Hausfrau, die kocht, kann an die Mühsal denken. Diese Arbeit: „Einkaufen,·Gemüse putzen, im Kochdampf stehen, nach Essen riechen, Haare waschen müssen, Tisch decken müssen, umziehen müssen und danach wieder ein Berg Geschirr spülen müssen. „Müssen, müssen, müssen. Die Hausfrau kann aber auch das Ziel betonen: „Heute abend kommen Anne und Fred und Hermann und Gerti. Ich freue mich, sie wieder zu sehen. Es ist schön mit Freunden zusammen zu sein. Ich werde ein feines Essen zubereiten." Mit dieser Einstellung wird die Hausfrau leicht, geradezu beschwingt die gleiche Arbeit tun. Mit der Einstellung „schon wieder diese Arbeit" ist sie zusätzlich psychisch belastet und schon müde, bevor sie viel getan hat. Mit der negativen Einstellung wird ihr die gleiche Arbeit schwerer fallen und sie wird mit ihrer schlechten Laune noch andere anstecken.

Überprüfen Sie einmal mit der folgenden Checkliste, wie gut Sie sich selbst motivieren können.

Wie gut motiviere ich mich selbst?

Ich motiviere mich: Bitte spontan ankreuzen:

	Ja	Nein
— Indem ich die Vorfreude eines möglichen Erfolges genieße.		
— Indem ich mich frage: Worauf freue ich mich?		
— Indem ich grundsätzlich positiv denke und Miesmacher abwehre.		
— Indem ich einfach anfange, etwas zu tun und dabei genieße, was zu genießen ist. (Der Appetit kommt häufig beim Essen.)		
— Indem ich eine Arbeit suche, die ich gerne mache.		
— Indem ich dasitze, nichts tue und warte, bis ich auf etwas Lust habe.		
— Indem ich mir eine Belohnung aussetze.		
— Indem ich an etwas Schönes denke.		
— Indem ich mich frage: Was ist das Schöne an dieser Sache?		
— Indem ich mein Leben neu gestalte, meine Leitbilder überdenke und „zu neuen Ufern aufbreche".		

	Ja	Nein
– Indem ich mich frage: Warum habe ich keine Lust?		
– Indem ich anderen mein Problem mitteile und mich motivieren lasse.		
– Indem ich mich an meine Erfolge erinnere.		
– Indem ich mir bei Mißerfolgen sage: Ist nicht so schlimm, lerne daraus, die Welt wird schon nicht untergehen. Stehe über den Dingen.		
– Im Glauben an Gott und den Sinn des Lebens.		

Je mehr Ja-Antworten Sie spontan angekreuzt haben, desto besser können Sie sich selbst motivieren.

Übermotivation

Normalerweise haben wir eher das Problem einer zu schwachen Begeisterung, d. h. einer Untermotivation. Es gibt aber auch eine Übermotivation, die krankhafte Züge trägt.

Die Übermotivation zeigt sich in übergroßem Ehrgeiz, Pflichtbesessenheit und Fanatismus. Man kann nicht mehr abschalten, läßt kein anderes Thema zu und arbeitet Tag und Nacht am gleichen Ziel. Man denkt nur noch an eins. Bis der Streß den Übermotivierten eines Tages auf die Matte zwingt oder auf die Couch des Psychiaters.

Die Gefahr der Übermotivation liegt im ungeduldigen Erreichenwollen zu hoher Einzelziele, die eine notwendige Befriedigung anderer Ziele nicht mehr zulassen. Man freut sich nicht mehr über Kleinigkeiten. Das Mittagessen dient der Nahrungsaufnahme. Der Spaziergang dient der Bewegung. Selbst Bekannte und Freunde werden Mittel zum Zweck.

Engagierte Forscher und strebsame Manager sind gelegentlich übermotiviert. Sie sterben geradezu für eine Sache bzw. ein Ideal. Sie übernehmen sich. Sie finden keine Zeit mehr, ihre Kräfte einzuteilen und zu entspannen.

Bei einer gesunden Motivation hätten sie Spaß an der täglichen Arbeit und am Leben. Überengagiert aber quälen sie sich und können keine Ruhe finden. Sie sind überspannt, nervös, mürrisch, böse, ständig unzufrieden.

Vermeiden Sie eine Übermotivation durch bescheidenere, Ihren Möglichkeiten angepaßtere Ziele. Gehen Sie geduldig, schrittweise vor. Genießen Sie die täglichen kleinen Erfolgserlebnisse. So erreichen Sie auch hochgesteckte Ziele.

Griesgrämige Arbeitstiere machen niemandem Freude. Glaubensfanatiker verkehren die wohlgemeinten Ideale auf intolerante Weise ins Gegenteil.

2.5.6 Selbst-Kommunikation, Selbstsicherheit
Persönlichkeits-Erfolgsfaktor **(6)**

Die Selbstkommunikation, die Auseinandersetzung mit sich selbst im Selbstgespräch, führt zur Entscheidungsfähigkeit und Selbstsicherheit. Wer dagegen unsicher ist, sich nicht entscheiden kann, launenhaft und unausgewogen ist, kann kaum Erfolge in der Arbeit haben oder mit anderen angemessen umgehen.

Unsere bipolare Anlage

Nichts auf dieser Welt ist endgültig. Alles ist im Fluß. Alles ist relativ und hängt voneinander ab. Alles hat zwei Seiten. Dabei ist das eine das Gegenstück zum anderen, sein Gegenspieler und Partner zugleich. Das eine ist ohne das andere nicht möglich und das Ganze umfaßt immer beide Seiten. Es ist die bipolare Anlage unserer Welt.

Das bipolare, dualistische Wirken in unserer menschlichen Natur zeigt sich in folgenden Gegensatzpaaren:

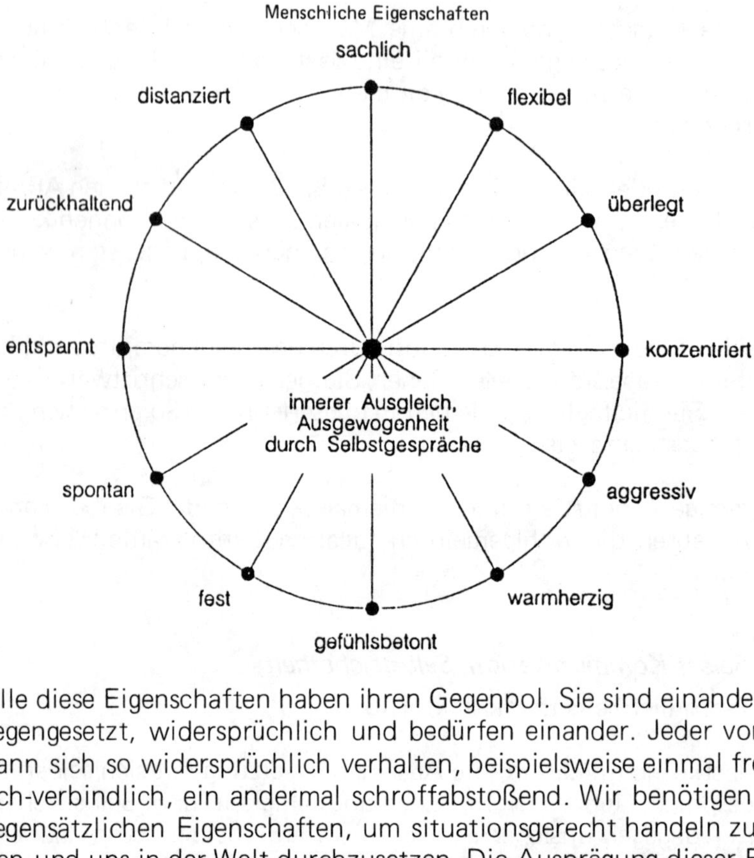

Alle diese Eigenschaften haben ihren Gegenpol. Sie sind einander entgegengesetzt, widersprüchlich und bedürfen einander. Jeder von uns kann sich so widersprüchlich verhalten, beispielsweise einmal freundlich-verbindlich, ein andermal schroffabstoßend. Wir benötigen diese gegensätzlichen Eigenschaften, um situationsgerecht handeln zu können und uns in der Welt durchzusetzen. Die Ausprägung dieser Eigenschaften gibt uns die verschiedensten Verhaltensmöglichkeiten zu anderen. Jeder hat seine speziellen Ausprägungen, die seinen Charakter bilden.

Nun plagt diese widersprüchliche Anlage gelegentlich uns selbst. Beispielsweise tyrannisiert unser Verstand unsere Lebensweise. Alles muß dann logisch, sachlich, rationell sein. Oder das Gefühl vernebelt den Verstand. Oder ein Überehrgeiz läßt uns nicht zur Ruhe kommen. In diesen Fällen müssen wir uns wieder ins Lot bringen und ein ausgewogenes Innenverhältnis herstellen.

Damit dieses dialektische Verhältnis funktioniert und unsere bipolare Anlage nicht auseinanderfällt, bedarf es der Kommunikation im Innenverhältnis wie im Außenverhältnis. Wir müssen mit unseren Widersprüchlichkeiten in uns und im Verhältnis zu anderen immer wieder fertig werden. Können wir dies, dann können wir Selbstvertrauen haben und uns selbst gegenüber sicher sein (= Selbstsicherheit). Dazu müssen wir uns so annehmen, wie wir sind, uns selbst leiden können und Selbstachtung haben. Dies zeigt sich dann auch im Außenverhältnis in einem selbstbewußten und angepaßten Auftreten.

Selbstsicherheit und Ausgewogenheit im Verhalten ist ein Zeichen persönlicher Reife. Ausgewogenheit bedeutet Selbstzufriedenheit, nicht dagegen dumpfe Sattheit oder ständige Aggressivität.

Wenn es uns nicht gelingt, mit uns selbst in Frieden zu leben, wie soll dann die Welt in Frieden leben können? Fängt nicht die Sicherheit der Welt bei unserer Selbstsicherheit an?

Selbst-Kommunikation (Selbstgespräche)

Selbst-Kommunikation heißt, sprechen mit sich selbst; heißt sich mit sich selbst auseinandersetzen. Hier will man alleine mit sich ins Reine kommen und Schwierigkeiten überwinden. Man denkt über sich und seine Beziehungen zu anderen nach. Man führt Selbstgespräche.

Daß man Selbstgespräche führen kann, liegt wiederum in der Anlage des Menschen begründet, der „zwei Seelen in seiner Brust hat".

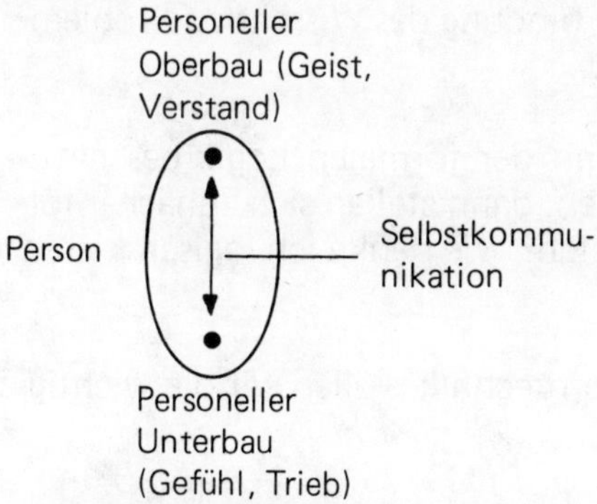

Selbst-Kommunikation ist nicht nur möglich, sondern lebensnotwendig zum Erhalt der Person. Wäre sie blockiert, würde die Person ihre Integrität verlieren und krank werden.

Die Selbst-Kommunikation, das Gespräch zwischen Oberbau und Unterbau, zwischen Verstand und Gefühl findet nicht nur bewußt, sondern auch unbewußt z. B. im Traum statt.

Jedes Problem, das eine Person hat, hat sie als ganze Person, d. h. es sind beide, der Verstand und das Gefühl, angesprochen.

So kann man Probleme vernünftig und gefühlsmäßig bewältigen. Zur Lösung eines persönlichen Problemes müssen beide Seiten in Dialog kommen, miteinander sprechen – ganz ähnlich wie bei zwei verschiedenen Personen.

Dieser Dialog kann z. B. so beginnen: „Einerseits möchte ich selbständig sein, andererseits möchte ich aber auch ein sicheres Einkommen haben." Nun können Sie gefühlsmäßig, wunscherfüllt zum Selbständigsein tendieren und verstandesmäßig, faktisch zum sicheren Einkommen. Sie werden im Selbstgespräch solange den Dialog führen müssen, bis die Vor- und Nachteile beider Möglichkeiten ausdiskutiert sind. Bis Sie mit einem Kompromiß den ausgebrochenen Konflikt beenden bzw. das persönliche Problem lösen. Sie sind wieder mit sich im Reinen, d. h. mit sich selbst einig.

2.5.7 Kritikfähigkeit

Persönlichkeits-Erfolgsfaktor **(7)**

In der Kritikfähigkeit stecken eigentlich zwei persönliche Erfolgsfaktoren: Die Lernfähigkeit, Wissen aufzunehmen und zu behalten (Gedächtnis) und die analytische Denkfähigkeit (Logik). Mit Informationen und Logik können wir kritisch Situationen erfassen. Wir können beurteilen, ob etwas zutrifft oder nicht. Wissen ohne Denkfähigkeit würde nicht viel nutzen. Erst die Verbindung des Wissens zu Problemklärungen, zu Analysen, ist nützlich.

Will man sich nicht philosophisch mit der formalen Logik beschäftigen, sondern praktisch weiterkommen, dann stellen sich zunächst folgende Fragen: Wie lerne ich am besten? Wie denke ich logisch klarer, vorurteilsfreier?

Mit der folgenden Checkliste zur Lerntechnik wollen wir die wichtigsten Lernregeln zusammenfassen.

Regeln zum effektiven Lernen	Überprüfen Sie Ihre Lerntechnik. Was könnten Sie verbessern?
1. Verschaffen Sie sich zunächst einmal einen ***Überblick*** über den Stoff. Lesen Sie dazu das Inhaltsverzeichnis und das Vorwort.	
2. Versuchen Sie irgend ein persönliches ***Interesse*** an dem gebotenen Stoff zu finden. Was kann der Stoff Ihnen bringen? Wie können die Lerninhalte Sie weiterbringen? Lernen Sie also nicht widerwillig.	
3. Setzen Sie sich ***Lernziele*** und geben Sie sich ***Zeitabschnitte*** vor, in denen Sie bestimmte Kapitel beherrschen wollen.	
4. Suchen Sie möglichst viele ***Anknüpfungspunkte*** zu dem, was Sie schon wissen. Gehen Sie vom Bekannten zum Unbekannten.	
5. ***Diskutieren*** Sie Komplexe, schwierige Fragen mit einem Freund oder in einer Gruppe.	
6. Lernen Sie nicht stundenlang ohne Unterbrechung. Machen Sie ***Pausen***. Nach ca. 1 Stunde ist eine Kurzpause zu empfehlen. Nach ca. 3 Std. eine längere Pause. Ohne Pausen ermüden Sie schneller.	
7. Bearbeiten Sie einen großen Lernstoff nicht auf einmal. Wechseln Sie mit ***anderen Tätigkeiten*** ab.	
8. Lassen Sie ***keine Monotonie*** aufkommen. Lernen Sie nicht immer auf die gleiche Weise. Benutzen Sie mehrere Lernwege wie z. B. lesen, hören, sprechen, anfassen, nachahmen, spielen, ansehen.	

Regeln zum effektiven Lernen	Überprüfen Sie Ihre Lerntechnik. Was könnten Sie verbessern?
9. Schalten Sie ***äußere Störungen*** aus. Lassen Sie sich auch durch ***innere Ablenkungen*** (z. B. aufkommende Wünsche) nicht aus der Konzentration bringen. Analysieren Sie diese Ablenkungen und schalten Sie sie aus.	
10. ***Arbeiten Sie mit Bleistift***, Papier, Tonband und unterstreichen Sie in Ihren Lernunterlagen. Beschreiben Sie Ihre Notizblätter nicht zu eng, damit Platz bleibt für Ergänzungen. Seien Sie großzügig im Papiereinsatz.	
11. ***Wiederholen Sie*** nach Möglichkeit laut. Formulieren Sie dabei auch in eigenen Worten.	
12. ***Exzerpieren*** Sie. Machen Sie immer wieder Zusammenfassungen. Fertigen Sie Zwischen-Zusammenfassungen und End-Resümees an. Halten Sie die Quintessenz, das Wichtigste fest.	

Für das Behalten des Gelernten ist auch die zeitliche Reihenfolge der Aufnahme der Inhalte wichtig. Es ist leichter, verschiedenartige Inhalte hintereinander zu lernen als sehr ähnliche Inhalte. Es ist also besser nach dem Lernen einer Sprache, Statistiken zu studieren als mit dem Lernen einer zweiten Sprache fortzufahren. Das Behalten des ersten Lernens ist noch besser, wenn man eine größere, verinnerlichende Pause einlegt, bevor man zur zweiten Lernaufgabe geht. So können störende Überlagerungen vermieden werden.

Abbau von Vorurteilen

Wie kann man sich vor Vorurteilen schützen? Wie kommt man zu besseren, richtigeren Urteilen?

Im Prinzip ist dies einfach: ***Hinterfragen***!

Die Dinge kritisch hinterfragen. Analysieren, was sich wie, wo, wann und warum ereignet hat. Ist das wirklich so? Warum, wieso? Dabei sachbezogen fragen, nicht die Leute kritiseren.

Hier liegt die praktische Schwierigkeit des einfachen Prinzips: Man geht sehr schnell jemandem auf die Nerven, wenn man seine Äußerungen laufend hinterfragt. Es emfpiehlt sich nur besonders wichtige Äußerungen, nämlich diejenigen mit denen wir uns ein Urteil bilden wollen, vorsichtig und sachlich zu hinterfragen.

Zum Beispiel: Mein Gesprächspartner sagt mir, Freiburg sei ein Regenloch. Dort regnet es fast immer. Ich möchte mir jedoch ein sicheres Urteil bilden und hinterfrage: Wie oft und wann haben Sie das festgestellt? Ich hinterfrage weiter, indem ich das Verkehrsamt anrufe und mir die Regentage im Vergleich zu anderen Orten geben lasse. – Jetzt kann ich mir ein besseres Urteil bilden, ob Freiburg ein Regenloch ist oder nicht.

Kritisch sein heißt: Äußerungen, Erkenntnisse wie vor allem auch sogenannte Selbstverständlichkeiten zu überprüfen.

Keine Erkenntnis ist absolut. Wahrheit ist ein Übereinkommen von Wissenschaftlern in einer Sache. Was dieser kritische Kreis für richtig hält, gilt als Erkenntnis. Jede – auch noch so gesicherte Erkenntnis – kann hinterfragt werden. Auch die Wissenschaften entwickeln sich weiter. Sie würden dies nicht können, hätte man absolut sichere Erkenntnisse für alle Zeiten gewonnen.

In der täglichen Praxis werden massenhaft Fehl- und Vorurteile gebildet, weil man nicht kritisch prüft, sondern schnell und gefühlsbetont reagiert. Nun befinden wir uns hier aber auch in einem echten Dilemma: Wir können nicht laufend alles hinterfragen. Wir müssen oft schnell zu Entscheidungen kommen. Wir müssen handeln.

Grundsätzlich gilt: Je weitreichender unsere Urteile sein werden, desto mehr müssen die Prämissen dazu hinterfragt sein. Wenn ich z.B. mein ganzes Geld sicher anlegen will, dann werde ich mir alle möglichen Sicherheitsgarantien geben lassen und diese überprüfen. Wenn ich dagegen z. B. Hunger habe und einen Passanten frage, wo der nächste Kiosk steht, dann werde ich die Antwort des Passanten nicht unbedingt hinterfragen müssen.

Vorurteile können viel Geld kosten und sind beleidigend für die Betroffenen. Versuchen wir also unsere Urteile angemessen durch Hinterfragen zu sichern. Angemessen heißt dabei, daß wir nicht in eine Kritiksucht verfallen sollten, sondern die Bedeutung und mögliche Auswirkung des Urteils im Auge behalten. Vor Vorurteilen soll man sich hüten. Dies ist richtig. Ein Leben ohne Vorurteile gibt es aber nicht. Dies ist die andere Wahrheit.

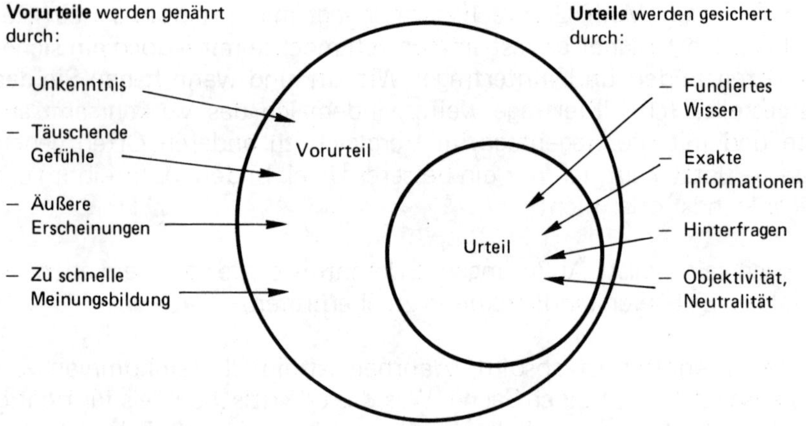

2.5.8 Gestaltungsfähigkeit

Persönlichkeits-Erfolgsfaktor **(8)**

Neben Logik und gesicherten Fakten benötigen wir Vorstellungskraft, Phantasie, um unsere Zukunft zu gestalten und komplexe Aufgaben zu lösen. Intuition kennzeichnet das Genie, Kreativität ist Problemlösungsfähigkeit.

Die Phantasie läßt sich provozieren und entfalten durch knifflige Aufgabenstellungen, durch Übungen, die Dinge einmal anders zu sehen, durch Spielen und Gestalten.

Wenn Sie ein Problem angenommen haben und von einem Lösungswunsch durchdrungen sind, dann arbeitet die Phantasie am besten in einem entspannten, nicht auf ein Ziel fixierten Zustand. Sie entfaltet sich in einem von der Ratio unkontrollierten Zustand, gewissermaßen im Halbschlaf, gelegentlich auch im Schlaf. So ist der Kontakt zum Irrationalen, zum Unbewußten hergestellt. Kekulé hat die Struktur des Benzolkerns erträumt und auch Crick hat das DNS-Molekül durch einen Traum gefunden. Chagall hat die Inhalte seiner Gemälde unmittelbar seinen Träumen entnommen.

Ein in meditativer Haltung entspanntes Denken läßt die Gedanken fließen. Das kreative Denken korrespondiert stark mit Meditation. Entspannung ist wiederum bekanntermaßen Voraussetzung jeglicher Meditation. Äußere Ruhe ist notwendig, um die erlebten Probleme innerlich zu verarbeiten. Bei der Arbeit nennen wir es auch die schöpferische Pause.

Das entspannte Fließenlassen der Gedanken, die lockere Kombination von Gedanken zu Ideen, Vorstellungsbildern und Konzeptionen ist allerdings nicht unbedingt eine hohe kreative Leistung. Der Kontakt mit dem Unbewußten muß auch gesteuert werden und in das bewußte Denken integriert werden. Für eine kreative Leistung ist eine Interaktion von bewußten und unbewußten Vorgängen wichtig. Neben der Stärke der Phantasie entscheidet also ihre Zusammenarbeit mit dem logisch gesicherten Wissen über die Qualität der Kreativität.

Einsatz der Phantasie im Alltag

Wie wichtig Phantasie im täglichen Leben wie für den beruflichen Erfolg ist, wissen Sie. Sehen Sie jetzt Maßnahmen vor zur Entfaltung und zum Einsatz Ihrer Kreativität.

Privat: Maßnahmen / Verhalten

1. Was könnte ich in meiner Freizeit anders machen? ____________________

2. Wie könnte das Zusammenleben mit Familie und Freunden noch abwechslungsreicher sein? ____________________

3. Wie will ich mich verhalten, wenn Freizeitvorschläge von anderen gemacht werden? ____________________

4. Wie könnte ich meinen Urlaub phantasievoller verbringen? ____________________

5. Welche Spiele könnte ich gelegentlich mit jemandem spielen? ____________________

6. Wie könnte ich überhaupt kreativer und abwechslungsreicher leben? ____________________

Beruflich: Maßnahmen / Verhalten

1. Was könnte ich in meiner Arbeit anders oder besser machen? ____________________

2. Wie könnte ich meine Beziehungen zu Kollegen, Mitarbeitern und Vorgesetzten anregender gestalten? ____________________

3. Wie werde ich mich künftig zu „verrückten" Ideen anderer verhalten? ____________________

4. Wie will ich mich verhalten, wenn Änderungen in meiner Arbeit auf mich zukommen? ____________________

5. Wie will ich Probleme künftig sehen? ____________________

6. Wie könnte ich die Leistung für meine Kunden verbessern? ____________________

Gewohnheiten und Kreativität

Gewohnheiten sind kein Beweis für die Richtigkeit unseres Tuns. Weil wir etwas schon immer so gemacht haben, kann nicht begründen, daß es nur so richtig war oder für die Zukunft so bleiben muß. „Das hat sich bewährt", „das geht nicht anders", sind bekannte Ideen-Killer-Phrasen.

Alles was ist, kann auch anders sein.

Alles kann auch besser werden.

Wenn etwas besser werden soll,
dann muß es anders werden.

(Wenn auch nicht alles, was anders wird,
unbedingt besser wird.)

Es ist falsch zu glauben, daß das,
was wir gerade tun, das einzig Richtige ist.

Unsere Selbstverständlichkeiten sind
gelegentlich unsere größten Irrtümer.

Gewohnheiten entlasten von der Arbeit des Nachdenkens, sie erlauben routinemäßiges, schnelles Handeln und geben Sicherheit – das ist ihr Vorteil.

Gewohnheiten halten uns aber auch davon ab, Neues, Unbekanntes auszuprobieren. Wir bleiben beim Alten, wagen keine Unsicherheit. Damit ändert sich nichts und verbessert sich nichts – das ist ihr Nachteil.

Kreativität setzt Änderungsbereitschaft voraus sowie die Fähigkeit, mit Ungewißheiten fertig zu werden. Gewohnheiten, eingefahrene Gleise, Routine stehen dem entgegen.

Im praktischen Leben und für den Berufserfolg benötigen wir wohl beides: Sichernde Gewohnheiten und aufregend Neues.

2.5.9 *Kontaktfähigkeit*

Persönlichkeits-Erfolgsfaktor **(9)**

Ohne Zuneigung, Freundschaft, Liebe wie auch Selbstakzeptanz und Selbstliebe fühlen wir uns nicht ganz wohl. Einsamkeit, Isolierung wie auch eine Selbstentfremdung belasten uns sehr.

Die Kontaktfähigkeit hat zwei Aspekte: Einmal nach innen, zu sich selbst und einmal nach außen zu anderen.

Die Basis für einen Kontakt ist Gefühl, Einfühlungsvermögen und Berührungspunkte. Die folgenden Einfühlungsübungen sollen dies verdeutlichen.

– Wie man sich selbst näher kommen kann –

Machen Sie es sich bequem,
entspannen Sie sich.
Versuchen Sie die folgenden Fragen
ehrlich für sich zu beantworten.
Halten Sie bei jeder Antwort
kurz inne, bevor Sie weitergehen.

Befragen Sie Ihr ***Gefühl***, nicht Ihren Verstand:

1. Was war mein letzter beruflicher Erfolg?
   Wie fühle ich mich, wenn ich daran denke?

2. Wie ist meine körperliche Verfassung?
   Wie fühle ich mich?

3. In der Gesellschaft spielt man gewöhnlich verschiedene Rollen.
   In welcher Rolle fühle ich mich am wohlsten?

4. Inwieweit achte ich mich selbst?
   Was fühle ich?

5. Akzeptiere ich mich mit meinen Leistungsgrenzen?
   Was fühle ich?

6. Akzeptiere ich mich im Aussehen und Alter?
   Was fühle ich?

7. Bin ich mit meiner Autorität zufrieden?
   Was fühle ich?

8. Was will ich?
   Was tue ich?
   Was fühle ich dabei?

— Wie man sich gegenseitig näher kommt —
(Checkliste für einen besseren Partner-Kontakt)

Gemeinsame Erlebnisse vertiefen die Kontakte. Also empfiehlt es sich, Gemeinsamkeiten im Erleben herauszufinden und sie zu verstärken. Bei einer großen Übereinstimmung ist eine lebendige, freundschaftliche Beziehung sicher. Man schwingt zusammen, fühlt sich verstanden. — Legen Sie Ihrem Partner die gleichen Fragen vor. Vergleichen Sie dann Ihre Übereinstimmung.

1. Was tue ich am liebsten in meiner Freizeit?	Was mein Partner?
2. Welche Spiele spiele ich gerne?	Welche mein Partner?
3. Welche Arbeit macht mir Spaß?	Welche meinem Partner?
4. Wovor habe ich am meisten Angst?	Wovor mein Partner?
5. Worüber freue ich mich am meisten?	Worüber mein Partner?
6. Was betrübt mich am meisten?	Was meinen Partner?
7. Wohin fahre ich am liebsten in Urlaub?	Wohin mein Partner?
8. Welche Musik höre ich gerne?	Welche mein Partner?

9. Welche Filme sehe ich am liebsten?	Welche mein Partner?
10. Was esse ich gerne?	Was mein Partner?
11. Welchen Sport treibe ich gerne?	Welchen mein Partner?
12. Was regt mich besonders auf?	Was meinen Partner?
13. Welche Landschaften gefallen mir?	Welche meinem Partner?
14. Für welche Werte trete ich ein?	Für welche mein Partner?

2.5.10 Gesundheit, Vitalität

Persönlichkeits-Erfolgsfaktor **(10)**

„Gesundheit ist zwar nicht alles,
aber ohne Gesundheit ist alles nichts." (Schopenhauer)

Mit einer gesünderen Lebensweise sind Sie weniger erkältet, weniger verspannt, müde, krank. Ihr Kreislauf ist besser, Ihre Vitalität stärker, Ihre Spannkraft größer. Die Zivilisationskrankheiten, Herzinfarkt, Krebs werden weniger wahrscheinlich. Ihre emotionale Ausgeglichenheit wird größer. Ihr Selbstbewußtsein wird durch die körperliche Leistungsfähigkeit gestärkt. Ihre Lebensenergie wird größer. Außerdem sparen Sie Arzt-, Krankenhaus- und Arzneimittelkosten oder Versicherungskosten.

Die vier Hauptelemente einer gesunden Lebensweise sind:

1. Atmung, frische Luft
2. Ruhe und Schlaf
3. Ernährung
4. Bewegung

dazu:

5. Körperpflege (Hygiene)
6. Krankheiten auskurieren
7. Kein Raubbau durch Genußmittel oder Drogen
8. Körperbewußtsein
9. Gesunde Kleidung

1. Atmung, frische Luft

Wir können tagelang ohne Essen auskommen, ohne Luft aber höchstens ein paar Minuten. Dies zeigt schon, wie wichtig richtiges Atmen für unser Leben ist. Es versorgt unseren Körper mit Sauerstoff.

Voraussetzung für ein richtiges Atmen ist natürlich zunächst einmal frische, saubere Luft. Wenn es sich nicht vermeiden läßt, daß Sie die meiste Zeit in schlecht gelüfteten Räumen verbringen, dann sollten Sie jedenfalls in Ihrer Freizeit möglichst viel an der frischen Luft sein. Schlafen Sie, wenn möglich, auch im Winter bei offenem Fenster.

Die Einatmung geht immer durch die Nase, nicht durch den Mund. Grund: Die Nase „filtert" die Luft und wärmt sie vor. Die Ausatmung geht ebenfalls durch die Nase oder durch halb-geöffnete Lippen.

Empfehlung: Atmen Sie (neben Ihrer gewöhnlichen, meist flachen Brustatmung) zwischendurch besonders tief (durch Brust ***und*** Bauch) ein und kräftig wieder aus. Sie können sich zusätzlich dabei strecken oder kurz die Muskeln anspannen. Dies ist der beste (und billigste) Erfrischungsdrink, den Sie nehmen können.

Über das ***Rauchen*** wurde im Zusammenhang mit Atmung, frischer Luft und Gesundheit bereits so viel gesagt, daß wir uns hier kurz fassen können. Es ist wissenschaftlich erwiesen, daß das Rauchen gesundheitsschädlich ist. Das Rauchen sollte also stark reduziert oder aufgegeben werden.

Im weiteren atmen wir auch durch die ***Haut***. Die Haut, unser größtes Organ, ist Schutzorgan, Sinnesorgan, Wärmeregulierungsorgan und Sekretionsorgan (Ausscheidungsorgan). Durch die Haut findet eine stetige Abgabe von Kohlensäure und anderen gasförmigen Giftstoffen statt und eine Aufnahme von Sauerstoff. Die Hautatmung unterstützt und ergänzt die Lungenatmung. Damit die Haut ihre Funktionen in vollem Umfange erfüllen kann, empfiehlt es sich, sie durch Hitze und Kälte, Sonnenschein und Trockenheit (wie in der Sauna) in Übung zu halten. Bewegen Sie sich öfters nackt in Ihrer Wohnung oder im Freien. Schaffen Sie Anreize, positiven Streß, für Ihre Haut. Dies ist durch Sonnenbaden, Luftbaden, Wechselbäder, Trockenbürsten und Massagen möglich.

Das Gebot der ***Körperpflege:*** Einmal täglich ganz duschen. Zur Abhärtung möglichst kalt duschen und dann kräftig abfrottieren mit einem rauhen Handtuch bis zum Eintritt einer leichten Rötung. Morgens und abends die Zähne gründlich reinigen.

2. Ruhe und Schlaf

Der Körper braucht im allgemeinen 8 Stunden täglich Schlaf. Man sollte nach Möglichkeit nicht später als 23.00 Uhr zu Bett gehen. Für ältere Menschen empfiehlt sich ein Mittagsschlaf.

Bei ***Einschlafschwierigkeiten*** empfehlen wir: Vor dem Einschlafen keinen Kaffee, keinen schwarzen Tee und keine schwer verdaulichen Speisen mehr zu sich nehmen. Aufregung vermeiden. Wer bis Viertel vor elf noch einen spannenden Krimi im Fernsehen angeschaut hat, kann schwerlich schon um elf in tiefem Schlummer sein. Nicht bis zur letzten wachen Minute arbeiten oder lernen. Mindestens die letzte halbe Stunde vor dem Einschlafen sollte der Entspannung dienen bzw. der Schlafvorbereitung.

3. Ernährung

Eine ausgewogene Nahrung mit genügend Eiweiß, Fett, Kohlenhydraten, Mineralien, Spurenelementen, Vitaminen usw. dient der gesunden Ernährung.

Je weniger ***Alkohol*** Sie zu sich nehmen, desto besser. Der Alkoholgenuß in der Größenordnung von einem 1/4 l Wein täglich ist jedoch für einen gesunden Menschen nicht nur unschädlich, er kann sogar das Wohlbefinden fördern.

Empfehlung zur Gewichtsabnahme

1. Nehmen Sie lieber langsam, dafür aber konsequent ab.
2. Bewegen Sie sich mehr. Einmal am Tag richtig schwitzen.
3. Essen Sie generell von allem etwas weniger. Kleine Bissen, kleine Gläser. Reste liegen lassen. Essen Sie Salate vor der Hauptmahlzeit. Trinken Sie bei Heißhunger zur Überbrückung Mineralwasser.

a) ***Meiden*** Sie Zucker: Schokoladen, Torten, Limonaden . . .
Meiden Sie Alkohol: Likör, Whisky, Dessertwein . . .
Meiden Sie Fett: Schmalz, Pommes frites, Speck . . .

b) ***Bevorzugen*** Sie Milchprodukte: Quark, Käse, Joghurt . . .
Mageres Fleisch: Kalter Braten, Corned Beef, Schinken
Salate, Obst, frisches Gemüse, Müsli, Vollkornbrot, Kartoffeln

c) Nehmen Sie zum Süßen kalorienfreie Süßstoffe.

4. Denken Sie nicht den ganzen Tag an das Essen. Es gibt auch noch andere Lebensfreuden. Genießen Sie diese mehr.

4. Bewegung

Bewegungsarme Büromenschen betreiben am besten Ausgleichsgymnastik. Zusätzlich ist besonders zu empfehlen: Wandern, Laufen und Schwimmen.

Außerdem können Sie sich auch bei der Arbeit mehr bewegen; z. B. gehen Sie bis zur 3. Etage grundsätzlich zu Fuß.
Betreiben Sie auch eine kleine Pausengymnastik.
In aller Regel benötigen wir 1 Std. sportliche Bewegung am Tag.

Krank durch falsches Verhalten?

Auf einem gesundheitspolitischen Seminar in Heidelberg wurde von den Experten geschätzt, daß ca. 50 % aller Krankheiten auf eigenes falsches Verhalten zurückzuführen sind.

Überlegen Sie sich einmal, was das auch für Sie bedeuten kann und ziehen Sie Ihre Konsequenzen daraus.

2.5.11 *Ausdrucksfähigkeit*

Persönlichkeits-Erfolgsfaktor **(11)**

Eine gute Ausdrucksfähigkeit ist für unsere Sozialisation, d. h. für unsere gesellschaftliche wie berufliche Eingliederung wichtig. Wenn wir nicht mit den anderen sprechen können, weil wir nichts zu sagen haben, uns schlecht ausdrücken oder nicht hinhören können, wie sollen wir dann z. B. Freundschaften schließen oder Geschäftskontakte halten.

Wir müssen wissen, was wir wollen und dies im Gespräch einander mitteilen können. Sonst können wir uns nicht verständlich machen, also einander nicht verstehen, also keine Beziehung (Sozialisation) finden. Finden wir keine Beziehung zu anderen, dann kann sich unsere Persönlichkeit nicht entwickeln, es kann also auch keine Individualisation stattfinden.

Eine passende, gute Rhetorik und ein richtiges Auftreten sind für unsere Selbstentwicklung und Willensdurchsetzung wichtig. Nicht nur was man sagt, sondern auch wie man es sagt, ist für unseren Gesprächs- oder Redeerfolg entscheidend. Wer sich nicht ausdrücken kann, kann keinen Eindruck hinterlassen.

Wir geben Ihnen im folgenden ein ***Formblatt zur rhetorischen Selbstverbesserung***. Benutzen Sie dazu ein Tonband, beobachten Sie sich im Spiegel und sprechen Sie vor einer Kameraaufzeichnung (videorecorder).

Beobachten Sie gute Redner. Prüfen Sie die Wirkungen Ihrer eigenen Vortragsweise, indem Sie Kollegen, Bekannte und Freunde um Kritik bitten. Lernen Sie Ihre persönliche und berufliche Vorstellung auswendig.

Benutzen Sie das Formblatt ein Jahr lang – etwa alle drei Monate – zur Überprüfung Ihres rhetorischen Fortschritts. Was danach noch an Details zur Verbesserung übrig bleibt, werden Sie kaum noch verbessern können. Akzeptieren Sie die verbleibenden kleinen Schwächen oder kehren Sie sie ins Positive um als Ihre persönliche Note.

Rhetorische Selbstverbesserung

Verhalten	Beurteilungskriterien (Das Hervorgehobene ist allgemein wünschenswert)
Auftritt, Körpersprache	
Kleidung	***der Umgebung angepaßt***, nicht zu elegant, nicht zu sportlich
Pflege	Haare ***gewaschen***, Haarschnitt angepaßt, Wäsche frisch, nicht zu parfümiert
Körperhaltung	keine verschränkten Arme, ***aufrecht, gelockert,*** nicht zu stramm
Kopfhaltung	***Kopf mit Blickrichtung bewegen***, nicht steif, nicht „herumwandernd"
Gang	***ruhig schreitend***, nicht schleichend, springend oder gar hüpfend
Haltung der Hände	nicht auf dem Rücken verschränkt, nicht in die Tasche gebohrt, nicht hängend oder zu Fäusten geballt, besser ***zur Brust hin angehoben***
Gestik	***Hände formulieren mit, Gestik angepaßt***, nicht zu viel gestikulierend
Mimik	mit der Gesichtsmuskulatur, mit ***Mund, Stirn*** und ***Augen*** das, was Sie sagen, unterstützen
Blick-Kontakte	Halten Sie ***schweifende Blickkontakte zu allen***, schauen Sie nicht starr über die Köpfe weg oder gar auf den Boden
Stand beim Sprechen	***sicher, breit auf zwei Beinen***, nicht unruhig umherlaufend oder von einem Bein auf das andere hüpfen
Atmung	***ruhiges, tiefes Durchatmen***, nicht nach Luft schnappen oder nervös kurzatmen

Verhalten	Beurteilungskriterien (Das Hervorgehobene ist allgemein wünschenswert)
Sprechweise	
Stimme, Klang	nicht zu hoch, nicht zu tief, nicht zu schnell, dünn oder singend; ***angenehme Mittellage*** halten
Sprechtempo	***flüssig*** sprechen, nicht langsam, einschläfernd oder abgehackt, hastig, schnell
Betonung, Lautstärke	***abwechelnd*** sprechen, mal laut, mal leise, mal schnell, mal langsam; die Lautstärke soll wechseln, nicht monoton sein oder alles betonend; wichtige Aussagen stark hervorheben, dabei kräftig sprechen aber nicht schreien
Artikulation	***deutlich***, nicht nuschelnd oder abgehackt stotternd, setzen Sie auch Akzente
Äh-Sprachmarotten	Modewörter wie klasse, Vor-Ort oder Sprachmarotten wie Äh, nicht-wahr, gell, ehrlich, sollten Sie vermeiden
Dialekt	versuchen Sie, ***starken Dialekt*** zu ***vermeiden***, kleine dialektische Beiklänge sind jedoch besser als gekünsteltes Hochdeutsch
Sprechpausen	***nicht ununterbrochen*** sprechen, Denk- und Verschnaufpausen einlegen, dem Zuhörer ein kurzes Nachempfinden ermöglichen

Verhalten	Beurteilungskriterien (Das Hervorgehobene ist allgemein wünschenswert)
Vortragsweise	
Wortwahl	wünschenswert: ***ausgeprägter, variantenreicher Wortschatz,*** weniger Fremdwörter
Satzbau	***kurze, einprägsame Sätze***, keine langen verschachtelten mit und . . . und verbundenen Sätze
Leitgedanken	***„Roter Faden"***, keine großen Abschweifungen, nicht zu viele Details, Stichwortzettel
Logische Gliederung	***Überblick geben***, Zusammenfassungen machen
Anschaulichkeit	***Bilder, Beispiele***, weniger trockene Fakten und Formeln, nicht zu theoretisch
Appelle ans Gefühl	***Gefühle*** der Zuhörer mit Fragen und Appellen ***einbeziehen.*** Selbst Gefühle zeigen.
Verbindlichkeit	***eigene Vorstellung, charmante Ansprache, Namensnennungen***
Zuhören	
Anhören von Wünschen	***Wünsche der Angesprochenen aufnehmen***
Hinhören auf Reaktionen	***Reaktionen der Zuhörer registrieren.*** Fragen wie weit man verstanden ist; sich selbst in der Vortragswirkung beobachten
Gesamtwirkung	Wirkte der Redner ***sympathisch, kompetent, selbstsicher***? Hatte er einen guten Einstieg, eine gut erfaßbare Darstellung und einen guten Abgang? Beeindruckte er die Zuhörer?

Wie können Sie Ihre Zuhörer fesseln?

1. Durch ein Thema, das die Zuhörer interessiert und mich bewegt.

2. Durch eine blumige Darstellung mit anschaulichen Beispielen (nicht sachlich und fach-theoretisch).

3. Durch Anwendungsbeispiele, die zeigen, welchen immensen Nutzen die Zuhörer aus dem Dargelegten ziehen können.

4. Indem Sie als Redner viele Blickkontakte halten.

5. Indem Sie die Zuhörer schätzen, achten, ihnen Vertrauen und Zuversicht geben.

6. Indem Sie nicht alles zu ernst nehmen, Humor zeigen und Situationskomik nutzen. Eine Anekdote, ein passender Witz wird immer dankbar aufgenommen.

7. Indem Sie rhetorisch „aufdrehen", emotional reden, stark betonen, mal laut — mal leise, mal schnell — mal langsam reden — und vor allem Sprechpausen einlegen. Eine längere Sprechpause hat einen dramatischen Effekt, insbesondere wenn Sie zuvor übertrieben, untertrieben, provoziert oder eine rhetorische Frage gestellt haben.

8. Indem Sie den Standort wechseln und plötzlich aus einer ganz anderen Ecke sprechen.

2.5.12 Persönliche Wirkungskontrolle, Beeindruckbarkeit

Persönlichkeits-Erfolgsfaktor **(12)**

Die aufmerksame Wahrnehmung der Umwelt und der anderen, mit denen wir leben und arbeiten, ist für unsere eigene Entwicklung wichtig. Wir müssen auf andere eingehen können und uns anpassen können. Dazu müssen wir auch wissen, wie wir gesehen werden und ankommen.

Selbsterfahrung im Alltag

Gelegentlich bekommen wir es häufiger zu hören, als es uns lieb ist: „Wie Du wieder herumläufst." „Sei doch ein bißchen netter." „Höre doch einmal zu." Der Ehepartner, Freunde und Kollegen sagen es hundertmal, aber es kommt nicht an. Wir sind harthörig, meinen, schon alles zu wissen und merken nicht, wie die Liebe in fortgesetzter Mißachtung des anderen stirbt. Wir werden beziehungslos – und damit wirkungslos.

Nur im aktiven Hinhören können wir unsere Wirkung auf andere erfahren. Dazu sind folgende Fragen zu stellen:

Stimmt das wirklich, was er sagt?

Habe ich mich so verhalten?

Wie, wo und wann hat er das erkannt?

Wie hat es auf ihn gewirkt?

Wenn Sie beispielsweise von einem Zusammensein mit Freunden oder Bekannten nach Hause fahren, kann Ihnen auch der Ehepartner sagen, was er über Sie gehört hat. (Hier muß der Ehepartner selbstverständlich aufpassen, daß er klar wiedergibt, was er erfahren hat und nicht, wie er selbst den Partner sieht).

Gelegentlich lassen uns die anderen jedoch im Dunkeln stehen. Sie sagen uns nichts, kritisieren nicht, wenden sich einfach ab. Wir wissen nicht, wo wir dran sind, haben keine Orientierung, können auf nichts eingehen. In diesem Falle müssen wir „feed back", d. h. Rückmeldungen oder Antworten auf unser Verhalten erbitten.

Fragen Sie also: Was halten Sie von meiner Arbeit? Wie sind Sie mit mir zufrieden? Fragen Sie Ihren Ehepartner und alle wichtigen Bezugspersonen konkret: „Was gefällt Dir an mir? Was stört Dich an meinem Verhalten?

Ohne dieses „soziale feed back", ohne die Rückmeldungen Ihrer Bezugspersonen ist eine Entwicklung Ihrer Persönlichkeit unmöglich! Sie müssen wissen, wie Sie ankommen. Sie müssen es ganz besonders von den Personen wissen, mit denen Sie leben und arbeiten. Sonst haben Sie keine Orientierung und wissen nicht, ob Sie ankommen oder nicht. Werden Sie nicht angenommen, dann werden Sie keinen Erfolg haben, weder beruflich, noch privat.

Bringen Sie sich also immer wieder in Erfahrung. Sie müssen wissen, wie Sie auf andere wirken, sonst laufen Sie Gefahr, sich falsch zu verhalten. Sie kaufen in bester Absicht die falschen Geschenke, sagen die falschen Worte, benehmen sich daneben. Sie können das Richtige nur tun, wenn Sie wissen, was die anderen von Ihnen erwarten. Sie können sich selbst nur verändern und anpassen, wenn Sie wissen, wie Sie wirklich wirken. Geben Sie sich nicht mit unverbindlichen Komplimenten zufrieden. Stellen Sie den anderen zur Rede, wenn er sich drücken will oder Sie in Unkenntnis lassen will.

Haben Sie wenig Kontakt zu anderen oder ist eine Befragung Ihrer Bezugspersonen schwierig, dann sollten Sie an sogenannten Selbsterfahrungsgruppen oder an einem unserer Seminare teilnehmen, damit Sie sich in der Wirkung auf andere besser kennen lernen.

Die Selbsterfahrung, die Sie täglich sammeln können, wird sich auf ein paar wesentliche Aussagen über Sie verdichten. Diese Meinung der anderen über Sie kann in einigen Punkten sehr negativ sein und wird Sie vielleicht auch überraschen. Nehmen Sie diese Meinung der anderen so, wie sie ist. Fragen Sie nach, um sicher zu sein, aber diskutieren Sie nicht dagegen. Bedanken Sie sich für jede Rückmeldung zu Ihrem Verhalten. Nur so kommen Sie weiter.

Die Meinung der anderen über Sie ist subjektiv, im Guten wie im Schlechten. Die Rückmeldungen werden gelegentlich für Sie unverständlich sein. Sie werden es kaum fassen können, welch unterschiedliche Eindrücke ein und dasselbe Verhalten hinterlassen kann. Aber dieses Image, das Sie bei den anderen hervorrufen gilt. Es ist so, auch wenn es Sie bestürzt. Es kommt nicht darauf an, was Sie gemeint haben, sondern was Sie bewirkt haben.

Akzeptieren Sie die Aussagen über Sie so, wie sie sind. Welche Konsequenzen Sie daraus ziehen wollen, ist Ihre Sache.

Wenn Sie also im Alltag etwas besser hinhören, mehr um klare Rückmeldungen bemüht sind und das erhaltene feed back auch so akzeptieren, wie es ist, dann gewinnen Sie an Selbsterkenntnis, die bekanntlich wiederum der erste Schritt zu einer besseren Wirkung ist.

Geben Sie umgekehrt auch anderen Rückmeldungen. Sie öffnen und verbessern damit die Kommunikation. Nicht nur Sie haben ein Recht zu wissen, wie Sie gesehen werden, auch die anderen wollen wissen, wie sie bei Ihnen ankommen.

> „Der Mensch gerät in große Gefahr,
> wenn er seine einseitig gewonnene Erfahrung
> zum alleinigen Maßstab seines Handelns macht."
>
> (Hebbel)

2.6 Leitsätze für die eigene Lebensführung — Vorschläge —

Wir formulieren unsere Thesen in Form von Leitsätzen für die Praxis, als Richtschnur für unser Handeln. Entsprechend unserem Denkmodell zur Persönlichkeitsentfaltung und den dargelegten einzelnen Erfolgsfaktoren können wir vereinfachend folgende Leitsätze für ein befriedigendes Leben bzw. eine erfolgreiche Selbstverwirklichung zur Überlegung empfehlen:

1. Eine Lebensphilosophie pflegen

Überprüfen Sie in schwierigen Situationen und mindestens einmal jährlich gründlich Ihr Leitbild, Ihre Lebensphilosophie, Ihren Lebenssinn. Wie wollen Sie leben? Auf was kommt es Ihnen grundsätzlich an? Für welche Werte treten Sie ein? Achten Sie dabei die Gesetze Ihres Landes und die Werte der Gemeinschaft in der Sie leben und arbeiten wollen.

2. Sich selbst angemessene Ziele setzen

Erfassen Sie Ihre Wünsche und Ihre Fähigkeiten. Erfassen Sie die Wünsche und Möglichkeiten der anderen mit denen Sie zusammenleben und zusammenarbeiten. Passen Sie sich ohne Aufgabe Ihrer Lebensphilosophie an die Wünsche der anderen an. Helfen Sie anderen, damit diese auch Ihnen helfen.

Beruflich können Sie die größten Erfolge erwarten, wenn Sie sich mit Ihren Stärken für die Lösung der dringendsten Probleme anderer einsetzen.

3. Konzentriert bei einer Sache sein

Eine Sache nach der anderen ganz erledigen. Es ist ergiebiger, weniger Dinge richtig zu tun, als viele Dinge anzufangen und nicht fertig zu bringen. Eine fertige Sache können Sie verkaufen, zehn angefangene nicht.

„Tue, was Du tust", sagt ein bekanntes Schlagwort. Sie können sich das vornehmen und jede Arbeit wird so nebenbei noch zu einer Konzentrationsübung. Die Folge: Sie sind psychisch beisammen, nicht zerrissen und bewirken in der Sammlung Ihrer Kräfte mehr. So arbeiten Sie schneller und fehlerfreier.

4. Entspannt und in Ruhe handeln

In der Ruhe liegt die Kraft. Sorgen Sie dafür, daß Sie nicht in Hektik und Dis-Streß geraten. Legen Sie am Tag Pausen ein. Erholen Sie sich abends und am Wochenende. Gehen Sie nicht von einer Arbeitshektik in eine Freizeithektik. Nehmen Sie sich täglich ca. eine halbe Stunde Zeit zur vollen Entspannung. Loslassen können, seinlassen können, bringt Gelassenheit.

5. Das Leben genießen

„Das Leben ist schön, man muß es nur seh'n." Genießen Sie, was zu genießen ist. Denken Sie positiv und suchen Sie Ihre Freude in der Arbeit. Betonen Sie die schönen Seiten des Lebens, um Kraft zu haben, auch Probleme anzugehen.

6. *Mit sich selbst reden*

Wenn Sie nicht wissen, was Sie wollen, wenn Sie sich innerlich nicht sicher sind, dann sprechen Sie mit sich selbst. Eigene, innere Konflikte können nicht andere für Sie lösen. In einem Wunsch- und Fähigkeitsdialog und einer guten Beurteilung der Situation, kommen Sie immer wieder zu einem angemessenen Verhalten nach außen und zu einer inneren Ausgeglichenheit.

7. *Mit Wissen und Logik kritikfähig sein*

Alle Aussagen von Menschen sind subjektiv und meist mit einer gewissen Absicht verbunden. Viele Dinge sind oberflächlich jedoch nicht zu erfassen. Also: hinterfragen Sie! Informieren Sie sich. Vermeiden Sie zu schnelle Urteile. Qualifizieren Sie Ihre Aussagen, indem Sie gründlich nachdenken.

8. *Phantasievoll leben, kreativ sein*

Der beste Nährboden für Ihre Kreativität ist ein abwechslungsreiches, phantasievolles Leben. Tun Sie nicht immer das gleiche. Legen Sie sich nicht zu sehr in Gewohnheiten fest. Bleiben Sie locker, beweglich und an neuen Dingen interessiert. Träumen Sie von einer besseren Welt. Sie haben auch die Welt, die Sie sich vorstellen können und wollen.

9. *Kontakte pflegen, Gefühle zeigen*

Es ist ein Irrtum zu glauben, daß die sachliche Leistung alleine entscheidet. Kontakte und sich zusammen wohl fühlen sind genauso wichtig. Pflegen Sie gute Beziehungen und echte Freundschaften. Gehen Sie auf Probleme, Wünsche und Interessen von anderen ein. – Fragen Sie sich selbst täglich: Wie geht es mir? Hören Sie hin, was Ihr Gefühl dazu sagt.

10. Körperbewußt, gesund leben

Mit dem richtigen Körperbewußtsein halten wir unseren Körper gesund, wendig, kräftig. Wir werden nicht fett, feist und schlapp. Wir bleiben vital bis ins hohe Alter und vergreisen nicht so schnell. Pflegen Sie also Ihren Körper und bewegen Sie sich. Ernähren Sie sich richtig. Sorgen Sie für viel frische Luft und einen ungestörten Schlaf. Treiben Sie keinen Raubbau durch Genußmittel oder Drogen und kurieren Sie Krankheiten aus. Leben Sie auch umweltbewußt. Eine verschmutzte, kranke Natur ist keine Lebensgrundlage.

11. Sich klar ausdrücken

Wer sich nicht ausdrücken kann, kann keinen Eindruck machen. Sagen Sie anderen deutlich, was Sie bewegt, was Ihnen gefällt und nicht gefällt, was Sie können und wollen. Wie sonst sollen andere Sie verstehen und auf Sie eingehen können? Täuschen Sie dabei andere nicht, um nicht ent-täuscht zu werden.

12. Hinhören, sich beeindrucken lassen

Sie müssen wissen, wie Sie von anderen gesehen werden, um auf sie eingehen zu können und sich anzupassen. Hören Sie hin, was andere, mit denen Sie leben und arbeiten über Sie sagen. Fragen Sie nach Rückmeldungen zu Ihrem Verhalten. Kommt Ihr Verhalten an oder nicht? Akzeptieren Sie die Sichtweisen anderer. Lassen Sie sich auch beeindrucken.

3 Team-Management, Mitarbeiterführung und Organisationsentwicklung

3.1 Begründung der Führungsaufgabe

3.1.1 Fachwissen und Führungswissen

Fachwissen ist beispielsweise die Kenntnis des Steuerrechts, der Datenverarbeitung, der Ziegelherstellung oder einer Ingenieurtechnik. Fachwissen wird an Schulen, Akademien und Universitäten gelehrt sowie in Lehrwerkstätten bei handwerklichen Berufen.

Führungswissen wird nur selten an Schulen vermittelt. In der Praxis versteht man unter Führungswissen im allgemeinen nur die Mitarbeiter-Führungserfahrung.

Führung ist ein sozialer, seelisch-geistiger Prozeß, der mit dem Verstehen der Interdependenz der Menschen und Aufgaben beginnt und über die Identifikation mit der Aufgabe und der Gruppe zur Integration und Interaktion führt.

Das Hauptproblem der Führung ist es, eine Situation zu schaffen, in der die Mitarbeiter bereitwillig den Führer als den Träger ihrer kooperativen Bemühungen akzeptieren. Führung ist ein soziales Verhältnis und Verhalten zugleich. Eine gute Führung merkt ein Mitarbeiter nicht – es ist für ihn eine Selbstverständlichkeit. Er benötigt sie sogar, um sich zurechtzufinden.

Die Aufgabe der Führung ist letztlich, immer wieder zu Entscheidungen zu kommen, denen Handlungen folgen. Probleme sollen gelöst werden. Ziele sollen erreicht werden.

- Führen heißt: ***Verschiedene Interessen und Fähigkeiten zur Erreichung eines Zieles koordinieren.***

Die *Führungsarbeit* beinhaltet im einzelnen:

- Ein Ziel finden und setzen (Willensbildung).
- Den Willen durchsetzen, um das Ziel zu erreichen.
- Maßnahmen ergreifen, die dazu notwendig sind:
  - o Die Mitarbeiter begeistern, an der Zielerreichung tatkräftig mitzuwirken, motivieren.
  - o Organisieren, delegieren, kontrollieren, beurteilen.
  - o Miteinander reden, helfen, anleiten, unterstützen.
  - o Wissen vermitteln, informieren, unterrichten.
  - o Ideen gewinnen, gemeinsam planen und entscheiden.
  - o Die Arbeiten koordinieren.

Führungswissen muß man lernen, um das reichlich vorhandene Fachwissen zur Lösung von Problemen einsetzen zu können.

Führungsmodelle, Konzepte und Techniken,
die Führungskräften helfen, ihre Führungsaufgabe wahrzunehmen.

Wir beschränken uns auf eine Aufzählung der bekanntesten Führungskonzepte. In der Praxis hat jedes Unternehmen sein eigenes Führungskonzept. So verschieden die Ansätze auch sind, in einem Punkt sind sich alle Führungslehren heute einig: Der Unternehmenserfolg basiert ursächlich auf einer gekonnten Unternehmensführung.

Die Führungslehren im einzelnen:

Das ***Harzburger Modell*** von ***Höhn*** empfiehlt die Organisation in ***Stab und Linie*** und betont die ***Delegation*** und Kompetenzabgrenzung.

Die Führungstheorien von ***Urwick, Humble, Odiorne*** betonen das MbO (Management by Objectives), das Führen durch ***Zielsetzung***.

Das Modell der ***Team-Organisation*** von ***Likert*** spricht besonders den Teamgeist an.

Das ***systemorientierte St. Galler Management-Modell*** von ***Ulrich*** sieht das Unternehmen als ein produktives, sozio-technisches System mit internen und externen Querverbindungen. Systemtheorie und die

Kybernetik von Wiener sollen eingesetzt werden. Das Systemdenken soll gefördert werden.

Das *verhaltensorientierte* Management von ***Brightford*** versucht das MbO, Job Enrichment und den Managementprozeß in einer integrierten Methode zusammenzufassen.

Die Führungsinstrumente der *Japaner* wie ***Quality Circle*** und ***gemeinsame Entscheidungsfindung*** wollen insbesondere die Mitwirkung aller Mitarbeiter sichern.

Die Führungslehren von ***Gregor, Maslow, Herzberg, Frankl*** heben die ***Motivation*** hervor.

Watzlawik, Jackson, Gordon sehen die ***Kommunikation*** bzw. Konferenztechniken als den Kern der Führung.

Das *Grid-Modell* von ***Blake und Mouton*** betont die gleichgewichtige ***Aufgaben- und Mitarbeiterorientierung.***

Hall untersuchte den Führungsstil von 16 000 Managern und kam zu dem Schluß, daß ***Kommunikationsverhalten, Motivationstechniken*** und eine ***positive Grundeinstellung*** den Führungserfolg bestimmen.

Das *3-D-Modell* von ***Reddin*** setzt zur Beziehungs- und Aufgabenorientierung als *3. Dimension die Effektivität*. Jeder Stil kann effektiv sein oder auch nicht. Den – in allen Situationen – idealen Führungsstil gibt es nicht.

Hersey und Blanchards situative Führungstheorie berücksichtigt den *„Reifegrad"* eines Mitarbeiters.

Das Modell der ***themenzentrierten Interaktion*** (TZI) von ***Cohn*** ist ein Führungsansatz, der aus der Psychotherapie stammt.

Die *EKS-Strategielehre* von ***Mewes*** aktualisiert die Bedeutung einer Marktstrategie.

Die *Organisationsentwicklungs*-Modelle von ***Porter/Lawler/Hackmann, French/Bell, March/Simon, Sievers*** u. a. haben alle das Lernziel ***Kooperation.***

Mc Kinsey berichtet im Handelsblatt von den ***7 S-Faktoren***, die eine gute Führung kennzeichnen: Strategie, Stammpersonal, spezielle Fähigkeiten, Führungs-Stil, Struktur, Selbstverständnis und Systeme (MIS u. a.). Vergl. auch ***Peters/Waterman.***

Probst betont die Effektivität der ***Selbstorganisation.***

Womack/Jones/Roos unterstreichen in ihrer Automobilindustriestudie die Bedeutung der ***Teamarbeit***.

Wir wollen im folgenden keine theoretische Diskussion der verschiedenen Modelle durchführen, sondern alle erkannten, erfolgswirksamen Führungsfaktoren systematisch erfassen und entsprechende Führungshilfen für die Praxis geben.

3.1.2 Sozial-psychologische Begründung — Gegenseitigkeit

Wer sich selbst nicht führen kann, kann wohl kaum andere überzeugend führen. Eine gute Selbstführung eines Vorgesetzten wirkt vorbildlich auf einen Mitarbeiter. Eine starke Persönlichkeit, die weiß, was sie will, kann auch andere von ihren Zielen überzeugen. Eine starke Persönlichkeit ist dazu psychisch belastbar und kann die Interessen anderer berücksichtigen, ohne Angst zu haben, von anderen „aufgefressen, eingesteckt, untergebuttert oder überrumpelt" zu werden. Sie geht nicht in der Gruppe unter, sondern geht ein Verhältnis auf Gegenseitigkeit ein, das ihr erlaubt, ***ihre Interessen und die Interessen ihrer Mitarbeiter zu vertreten.***

In einer kooperativen Führungskonzeption ist der Mitarbeiter am Führungsprozeß beteiligt. Der Mitarbeiter hat Einfluß auf das Führungsverhalten des Vorgesetzten und er erleichtert die Führungsarbeit des Vorgesetzten durch eine gute Selbstführung.

Das Selbstmanagement ist deshalb auch Bestandteil unseres Managementkonzeptes. Eine gute Selbstführung, entwickelte Fähigkeiten und Verantwortungsbereitschaft von Vorgesetzten und Mitarbeitern sind die Voraussetzung für eine kooperative Führung und partnerschaftliche Zusammenarbeit.

Basierend auf einem hinreichend gut funktionierenden gegenseitigen Verhältnis werden dann immer wieder Sachaufgaben in Angriff genommen und Probleme gelöst.

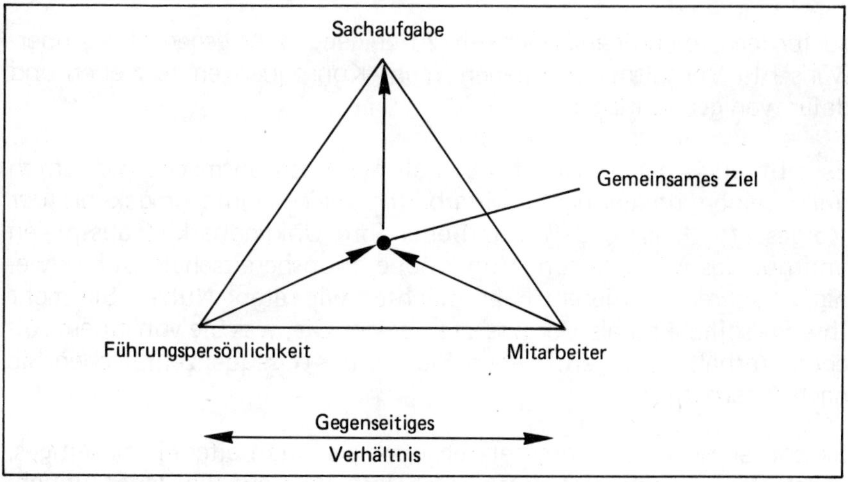

Je besser der Mitarbeiter mitspielt, je stärker er als Persönlichkeit ist, je klarer er weiß, was er will, desto ergiebiger kann die Zusammenarbeit werden.

Der Vorgesetzte hat (auch) die Mitarbeiter, die er verdient. Die Mitarbeiter haben (auch) den Vorgesetzten, den sie verdienen.

Die obigen Sätze beschreiben die praktische Folge des gegenseitigen Verhältnisses.

So mancher Mitarbeiter könnte jedoch einwenden: „Was kann ich dafür, daß ich diesen Vorgesetzten habe. Er wurde mir, ohne mich zu fragen, vor die Nase gesetzt."

Aber auch Vorgesetzte könnten klagen: „Ich bekomme Mitarbeiter einfach zugewiesen. Ich kann sie nicht auswählen, wie ich will. Ich kann auch (auf Grund von Vereinbarungen mit der Gewerkschaft) Mitarbeiter nicht entlassen, wie es aus meiner Sicht nötig wäre."

Es gibt also eine hierarchisch bedingte Positionsmacht des Vorgesetzten im Betrieb, man könnte auch von Amtsautorität sprechen, die das gegenseitige, freie Beeinflussungsspiel stark behindern kann. Es kann dadurch zu einem einseitigen Diktat von Arbeits- und Verhaltensanweisungen eines Vorgesetzten kommen, mit langen Leidenszeiten des betroffenen Mitarbeiters. In diesem Falle möchten wir jedoch auffordern, mehr Persönlichkeit zu zeigen, mehr gegen dieses unerwünschte Verhältnis anzugehen, mehr Konsequenzen zu ziehen und dafür weniger zu klagen.

Es gibt auch den umgekehrten Fall der Positionsmacht von unten durch einen unkündbaren Mitarbeiter. Hier könnte umgekehrt der Vorgesetzte klagen, daß Mitarbeiter ihre Unkündbarkeit ausspielen und nur das Nötigste tun. Von Kooperationsbereitschaft ist hier wenig zu spüren. In diesem Falle möchten wir raten: Nutzen Sie mehr Ihre Persöjlichkeit als Vorgesetzter, zeigen Sie, was Sie von einem solchen Verhältnis halten, ziehen Sie mehr Konsequenzen, suchen Sie nach Alternativen.

Sie sollten weder als Vorgesetzter, noch als Mitarbeiter ein einseitiges, durch Positionsmacht beeinflußtes, Verhältnis auf die Dauer hinnehmen. Wir wollen doch ein kooperatives Zusammenarbeiten. Also müssen wir auch selbstbewußt dafür eintreten.

Die Notwendigkeit einer Führung hängt aber auch von der Strukturiertheit der Aufgabe ab. Bei sehr stark strukturierten Routineaufgaben, sollten selbstführungsfähige Mitarbeiter weitgehend sich selbst kontrollieren. Die Koordination liegt letztlich bei der Führungskraft.

Bei unstrukturierten Aufgaben, z. B. bei der Suche nach neuen Wegen oder sinnvollen Unternehmenszielen, ist der Bedarf an einer koordinierenden Führung größer. Bei kreativer Arbeit empfiehlt es sich jedoch, eine Spielphase zu gewähren.

Auf der anderen Seite können Arbeitsüberlastung und Zeitdruck eine vorübergehend stärker disziplinierende Führung rechtfertigen. Wir wissen allerdings auch, daß Arbeitsüberlastung als Ausrede gebraucht wird, um diktatorisches Vorgehen zu rechtfertigen. Der Führungsstil, den wir uns wünschen, ist wohl der kooperative Führungsstil mit jeweils notwendigen, situativen Ausnahmen.

– ***Führungsstil***

Führungsstil ist die durch das Selbstverständnis der Zeit geprägte Art und Weise, den Willen zu steuern. Man unterscheidet im wesentlichen drei Stile:

Autoritär (diktatorisch), kooperativ (demokratisch) und egalitär (selbst überlassen).

Die Zukunft wird im ***kooperativen Führungsstil*** mit Teambildung gesehen. Der so hervorragende Erfolg Japans beispielsweise basiert (neben einer langfristigen Strategie) auf Teamarbeit.

Es gilt als erwiesen, daß der anordnende, ***autoritäre*** Führungsstil wie auch das ***Sich-selbst-überlassen*** der Mitarbeiter keine fruchtbaren Dauerführungsstile sind, sondern nur in Ausnahmefällen geeignet sind, gute Leistungsergebnisse zu bringen. Die engste Zusammenarbeitsform ist die ***Teamarbeit.***

Führungsstil der Zukunft, Trend

1 — Teamarbeit, Orientierung auf kooperative Zusammenarbeit.
Nicht: Nebeneinander oder isoliert gegeneinander arbeiten.

2 — Zielorientierung aller Arbeit.
Nicht: Initiative nur von der Spitze her.

3 — Konflikte managen, Spannungen produktiv nutzen.
Nicht: Sozialutopie, Ideal der Spannungslosigkeit anstreben.

4 — Minimum an Stufen in der Hierarchie.
Nicht: Distanzierung der Mitarbeiter durch Rangstufen.

5 — Kommunikation fördern.
Nicht: Anordnungen in eine Richtung.

6 — Wahrheit und Offenheit in den Beziehungen untereinander.
Nicht: Scheinargumente, Nutzung der Machtposition.

7 — Erfolgserlebnisse geben, mehr anerkennen.
Nicht: Ständig kritisieren und besserwissen wollen.

8 — Erkenntnisse der zukünftigen Anforderungen und Möglichkeiten.
Nicht: Falsche Projektion von Vergangenheitswerten in die Zukunft.

9 – Nutzung von kreativem Denken aller Mitarbeiter.
Nicht: Warten auf günstige Verhältnisse.

10 – Systematische Entscheidungstechnik.
Nicht: Entscheidung durch Fingerspitzengefühl.

11 – Aktion aufgrund integrierter Pläne.
Nicht: Reaktion, Abhängigkeit von den Ereignissen.

12 – Weitere Verselbständigungen der einzelnen Mitarbeiter.
Nicht: Zentralisation von Aufgaben und Verantwortung auf der einen Seite und sinnentleerte Arbeitszersplitterung auf der anderen Seite.

3.1.3 Wirtschaftliche Begründung
(Produktivität, Rentabilität)

Wir müssen Menschen führen, um verschiedene Interessen und Fähigkeiten zur Erreichung eines Zieles zu koordinieren. Tun wir das nicht, dann geht der Betrieb pleite. 90 % aller Insolvenzen lassen sich auf Managementfehler zurückführen, z. B. auf ein unzureichendes Informationssystem oder auf einen autokratisch-bürokratischen Führungsstil oder auf mangelnde Kreativität und Flexibilität der Mitarbeiter.

Wir benötigen und wollen Mitarbeiter, die u. a.

– Aufgaben übernehmen können
– selbstverantwortlich Aufgaben durchführen können
– vertrauenswürdig sind
– sich engagieren können und mitdenken
– sich ehrgeizig Ziele setzten
– sich informieren, anpassen und laufend sich selbst verbessern
– die Arbeit bejahend nach Lösungen suchen
– miteinander anstatt in Rivalität arbeiten

Da dies aus der Verschiedenheit der Mitarbeiter jedoch nicht automatisch läuft, benötigen wir ein Zusammenarbeitskonzept, das u. a.

— das Miteinander regelt und den Arbeitsprozeß leitet
— die Mitarbeiter motiviert, sich für die anstehenden Aufgaben einzusetzen
— die passenden Aufgaben auf die passenden Mitarbeiter verteilt
— die Mitarbeiter zum selbstverantwortlichen Arbeiten anregt
— das gegenseitige Verstehen fördert
— die rationelle Zusammenarbeit fördert

Die wirtschaftliche Notwendigkeit eines Führungskonzeptes liegt in der Führungsaufgabe, die menschliche Leistungsfähigkeit und Leistungsbereitschaft konzentriert und zielgerichtet zur Lösung von Problemen einzusetzen. Um verschiedenes Fachwissen zusammenzuführen, benötigt man Führungswissen.

Je weniger Führungsaufwand man dabei braucht, desto ***billiger*** wird die Führung.

Je einfacher und durchsichtiger die Führung ist, desto ***schneller*** wird sie sich durchsetzen.

3.1.4 Politische Begründung

(Humanität, Demokratie)

Dem heutigen ***demokratischen Selbstverständnis*** widerspricht es, autoritär oder egalitär führen zu wollen. Es wäre nicht nur letztlich unwirtschaftlich, sondern würde als unwürdig empfunden werden.

Immer besser geschulte und selbstbewußtere Mitarbeiter erwarten eine Führung, die dem weiter fortgeschrittenen Bildungsstand gerecht wird.

Überall wurden und werden — z. T. sogar respektlos — Hierarchien und formelle Autoritäten abgebaut. Gängelungen, Anordnungen, ständige Kontrollen und persönliche Vorgesetzte, die über Wohl und Wehe eines Mitarbeiters selbstherrlich entscheiden, passen nicht mehr in unsere Zeit.

Partnerschaft wird gefordert im Arbeitsbereich wie im privaten Bereich. Eine auf selbstbewußten Persönlichkeiten beruhende Kooperation wird bejaht.

„Jeder hat das Recht auf die freie Entfaltung seiner Persönlichkeit..."
— Grundgesetz.

In der von allen westlichen Staaten unterzeichneten Menschenrechtskonvention sind die gleichen Gedanken zum Schutz und zur Entfaltungsmöglichkeit des einzelnen enthalten.

Diese politischen Proklamationen sind wichtig und sind in den Gesetzen der einzelnen Staaten auf verschiedene Weise festgeschrieben. Sie sagen aber nicht, ***wie*** das menschliche Zusammenspiel entsprechend dem politischen Willen geschehen kann. Dafür gibt es Führungskonzepte, Führungsmodelle und neuerdings Konzepte zur Organisationsentwicklung.

Ein solches Konzept mit praktikablen Vorschlägen liegt hier vor Ihnen.

3.2 Team-Managementkonzept

Zum Management gehört beides: Menschenbezogenes Führen und sachbezogenes Arbeiten.

- Aufgabenstellung mit Zielsetzung zur Organisation und Koordination des Arbeitsprozesses.

- Selbstverantwortung für übernommene Aufgaben.

- Zusammenarbeitskonzept (Kommunikation, Motivation, Konfliktbewältigung), um Reibungsverluste zu minimieren und zu engagieren.

- Organisation der Arbeit, um die Ziele immer besser zu erreichen.

- Führungs- und Leistungsbeurteilung zur neuen Aufgabenstellung.

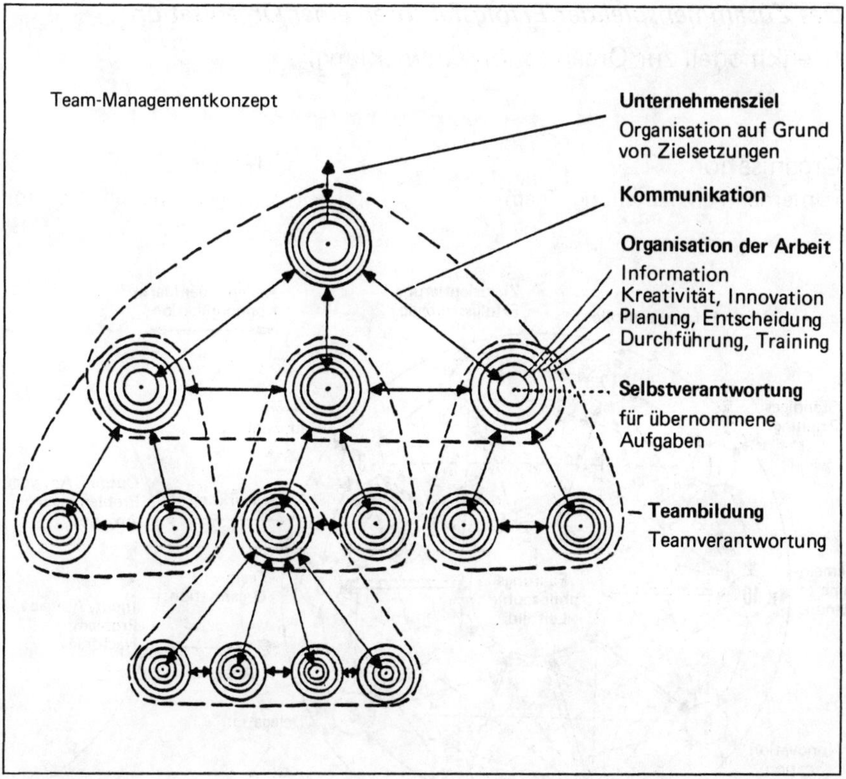

Das Team-Managementkonzept hat als strategisches Ziel, die körperlichen, seelischen und geistigen Kräfte sowie den Willen der Mitarbeiter und Teamleiter zu entwickeln und erfolgsorientiert einzusetzen. Es folgt den Grundsätzen einer stetigen ***Organisationsentwicklung***.

Das Zusammenspiel der Erfolgsfaktoren einer Organisation

(Denkmodell zur Organisationsentwicklung)

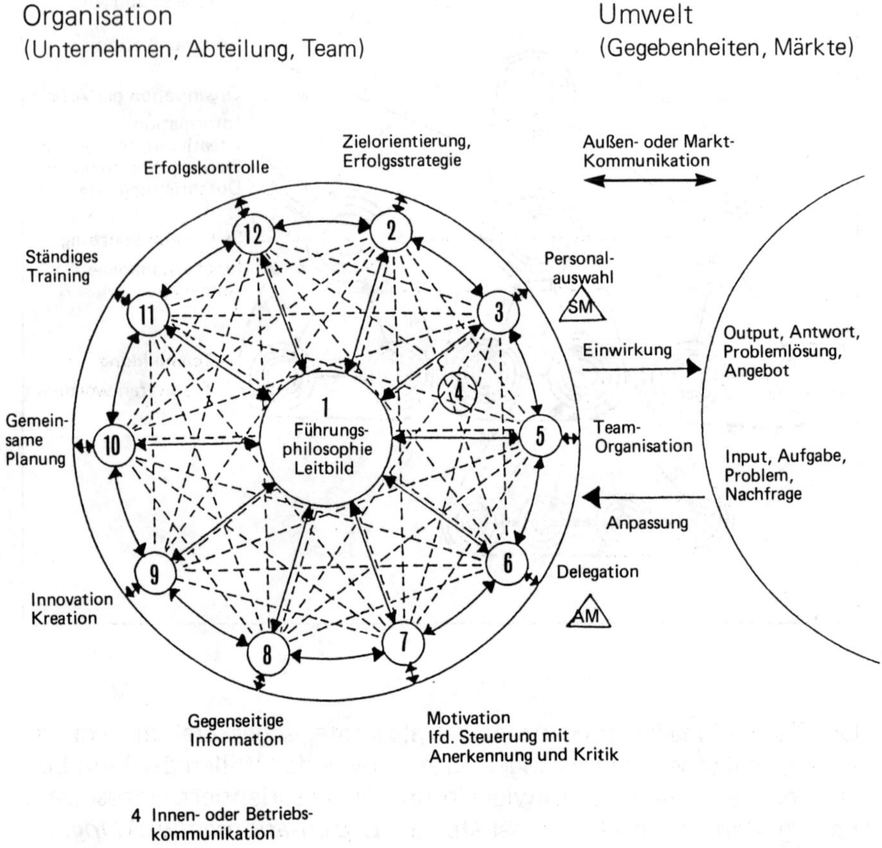

Die Faktoren, die die Stärke einer Organisation, eines Unternehmens, einer Abteilung oder eines Teams ausmachen, sind:

Gesellschaftsbild, Ziel- und Marktorientierung, Mitarbeiterqualifikation, Team-Organisation, Delegation, Motivation, Information, Innovation, Planung, Training, Erfolgskontrolle und Kommunikation als Katalysator.

Diese Faktoren beeinflussen sich gegenseitig und stehen untereinander im Austausch, angeregt durch ein Problem oder eine Aufgabe in einer bestimmten Situation.

Alle Faktoren wirken nach innen hin (zur Gruppe) und nach außen hin (zum Markt, zur Umwelt und Gesellschaft). Alle Faktoren sind wichtig. Es wäre falsch, das Heil in der Perfektionierung eines Faktors suchen zu wollen.

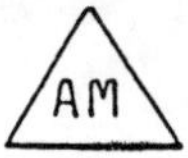

Durch ein systematisches Arbeiten (Arbeits-Methodik) werden dann in Team- und Einzelarbeit die anstehenden Aufgaben bewältigt.

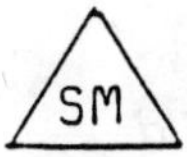

Eine starke, kooperative Persönlichkeit mit einer guten Selbstführung (Selbstmanagement) stärkt die Gruppe und erfordert weniger Führungsaufwand.

Was für eine Persönlichkeit im einzelnen gilt, gilt prinzipiell auch für eine Organisation insgesamt: Die Erfolgsfaktoren sind letztlich nicht Kapital, Rechtsform, Rohstoffversorgung oder maschinelle Ausstattung, sondern die Handlungsfähigkeit in der jeweiligen Situation. Diese Handlungsfähigkeit ergibt sich aus dem Willen bzw. der Leistungsbereitschaft und der Leistungsfähigkeit, die im einzelnen in den Erfolgsfaktoren erfaßt ist.

Selbstverständlich sind Kapital, Rohstoffe usw. wichtig, sie sind aber nicht die eigentliche Ursache eines Unternehmenserfolges, sondern Hilfsmittel dazu. Genauso wenig wie ein mit Geld verwöhntes Kind nicht unbedingt eine starke Persönlichkeit wird, genauso wenig macht Kapital eine Organisation erfolgreich. Wieviele vergeudete Gelder haben unfähige Betriebe schon erhalten? Wieviele Kapitalspritzen waren vergeblich?

Untersucht man spektakuläre Pleiten oder das Dahinsiechen von großen und kleinen Unternehmen, dann ist selten der Zufall daran schuld, sondern in aller Regel die Unfähigkeit des Geschäftsleitungsteams. (Wenn man überhaupt von einem Team sprechen kann.) Es fehlt an Managementfähigkeiten.

Spektakuläre, überraschende Konkurse sind allein schon durch ein geregeltes Informationssystem zu vermeiden. Ertragsschwäche, mangelnde Konkurrenzfähigkeit sind ursächlich durch eine bessere Ziel- und Marktorientierung, bessere Teamarbeit, mehr Innovation und abgestimmtere Planung anzugehen.

Es gilt also dafür zu sorgen, daß Führungskräfte und Mitarbeiter hohe Managementfähigkeiten haben. Nicht die äußeren Umstände sind schuld, wenn ein Unternehmen nicht gedeiht, sondern vor allem die Verantwortlichen. Warum sind auf dem gleichen Markt einige erfolgreich und andere nicht?

3.3 Die Organisations-Erfolgsfaktoren im einzelnen

3.3.1 Führungsphilosophie, Gemeinschaftsbewußtsein, Leitbild

Organisations-Erfolgsfaktor **(1)** (Vergl. Seite 76)

Der erste Faktor ist der umfassende Gesamtfaktor und mehr als die Summe der folgenden Einzelfaktoren. Er steht im Mittelpunkt als Ausgangspunkt und Halt der Einzelfaktoren. Der Gesamtfaktor ist das Leitbild, die Philosophie des Zusammenlebens.

Der Mensch benötigt zum Zusammenleben Sitten, Verhaltensregeln, Gesetze, also klare Vorstellungen. Eine Organisation ist ein System von Verhaltensregeln, ob geschrieben als Verhaltenskodex oder ungeschrieben als gemeinsame Werte.

Weil der Mensch auch zum Bösen fähig ist und weil der technische Fortschritt (vom Faustkeil bis zur Nukleartechnik) das Leben auch gefährdet, benötigen wir eine reflektierende Ethik. Aus dieser Reflektion über das wünschenswerte Zusammenleben entstehen Sitten und Gebräuche, eine Kultur, eine Zusammenlebensphilosophie, ein Gesellschaftsbild oder ein politisches Bewußtsein, das wiederum seinen Niederschlag in Gesetzen und Verhaltensregeln findet. Dieses Gesellschaftsbild ist der integrierende Gesamtfaktor, der Ausgangspunkt der Einzelfaktoren ist und wiederum von den Einzelfaktoren beeinflußt wird. Aber auch die Einzelfaktoren untereinander stehen in Wechselwirkung.

Wie wir wissen, reicht Fachwissen allein nicht aus, um in einer Gemeinschaft wirksam mitzuarbeiten oder eine Gruppe zu führen. Sie benötigen also zu Ihrem Fachwissen ein Führungskonzept, das dem Bewußtsein der Gruppe entspricht. Die Kenntnis gesellschaftlicher Werte und der Vorstellungen über das Zusammenleben ist wichtig. Der Führungsstil muß dem heutigen demokratischen Selbstverständnis entsprechen. Die Vorstellung über die Art und Weise des Zusammenlebens ist der erste Ausgangspunkt einer Organisationsentwicklung.

Was hält Menschen in einer Gemeinschaft zusammen? Welches sind die verbindenden Werte? Für was treten die Mitglieder ein? Welcher Glaube, welches Gesellschaftsbild teilen sie? – Inwieweit identifizieren sich die Mitglieder mit ihrer Organisation? Wissen alle Mitglieder, wie sie sich verhalten sollen, auf was Wert gelegt wird? Welchen Umgang, welche gemeinsame Kultur pflegen sie? Besteht ein Wir-Gefühl? Kann somit immer wieder ein Interessensausgleich über den Gemeinschaftssinn stattfinden? Fühlt man sich gegenseitig verpflichtet?

3.3.2 Zielanalyse, Zieldiskussion

Organisations-Erfolgsfaktor **(2)**

Welche Ziele haben Sie als Unternehmer oder als Führungskraft in Ihrem Bereich? Was sind Ihre Leitbilder, Ihre Vorstellungen, die Sie verwirklichen möchten?

Um zu einer Zieldiskussion und anschließend zu einer Zielvereinbarung zu kommen, müssen wir uns zunächst einmal klar darüber werden, was wir wollen.

Die Begeisterung für eine Unternehmensidee, der Wille, die besten Produkte für einen bestimmten Abnehmerkreis herzustellen, der Wille zu wachsen, Werte zu verwirklichen, selbständig zu sein, Gewinne zu machen, Nutzen zu bieten, wer zu sein, ein gutes Image zu haben, sind treibende Kräfte, ohne die kein Unternehmen lebt. Wir sagen, was wir wollen und formulieren es in einem oder mehreren Zielen.

Alles Arbeiten beginnt mit der Feststellung: Was will ich, was ist mein Ziel. Ohne diese Feststellung wäre die folgende Arbeit sinnlos. Das Ziel meiner Arbeit kann natürlich auch sein, erst einmal erreichbare, realistische Ziele zu finden.

> „Wer kein Ziel hat,
> braucht sich nicht zu wundern,
> wenn er ganz woanders ankommt. . ."

Für eine Führungskraft ist das Finden und anschließende Verfolgen von Zielen mit den Mitarbeitern der eigentliche Kern der Führungsaufgabe. Gemeinsame Ziele sind die Kristallisationspunkte der Zusammenarbeit. Wie kommen wir zu diesen Zielen?

Denken Sie nach und schreiben Sie Ihre Wunsch-Ziele auf ein Blatt Papier. Ordnen Sie nach Sachzielen (Ihren Aufgabenbereich betreffend), nach organisatorischen Zielen (die Zusammenarbeit betreffend) und nach persönlichen Zielen (die eigene Entwicklung betreffend). Das gleiche tun Ihre Mitarbeiter. Anschließend setzen sie sich zusammen, diskutieren und einigen sich auf gegenseitig abgestimmte, gemeinsame Ziele. Dies qualifiziert die Ziele, gibt Sinn und motiviert.

Aufbau einer Erfolgsstrategie

1. Zunächst müssen wir wissen, was wir wollen. Wir benötigen ***Leit-Ziele***. Dazu machen wir eine ***Zielanalyse*** und diskutieren unsere Vorstellungen.

2. Entsprechend unseren Vorstellungen und Zielen führen wir eine ***Umwelt- und Marktanalyse*** durch. Dabei wird die Nachfrage begründet und die bestehende Konkurrenz erfaßt.

3. Jetzt können wir eine ***Stärken- und Schwächen-Analyse*** des Betriebes im Vergleich zur Konkurrenz im Einzugsgebiet anfertigen.

4. Wir suchen und entwickeln ***mögliche Angebote für mögliche Zielgruppen***.

Aufbau einer Erfolgsstrategie

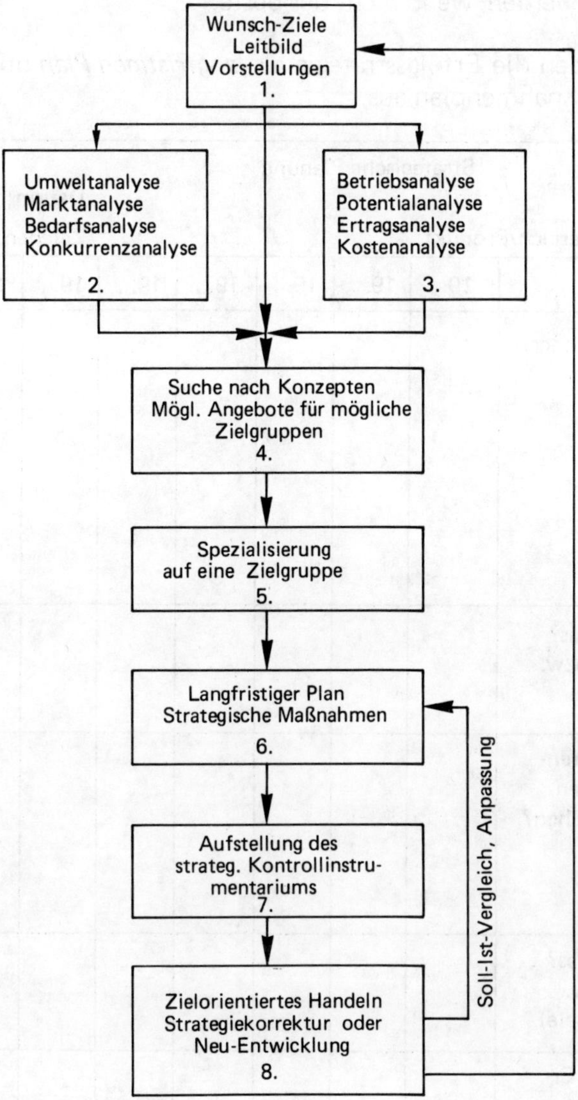

Merke: Sind die langfristigen Ziele falsch, ist alles falsch!

5. Wir *spezialisieren* und konzentrieren uns zunächst auf den Bedarf einer bestimmten Zielgruppe, um hier einer der bedeutendsten Anbieter zu werden, wenn nicht der beste.

6. Wir arbeiten die Erfolgsstrategie als *langfristigen Plan* und strategischen Maßnahmenplan aus.

Strategische Planung Für Firma/Bereich/Produkt:					Datum: Zeichen:			
	19. .	19. .	19. .	19. .	19. .	19. .	19. .	19. .
Welche Leistungen können wir erbringen? Für welche Zielgruppe?								
Was bringt das? (Leistungs- bzw. Umsatz-Ziel)								
Welche Anstrengungen müssen wir dazu machen?								
Was kostet das? (Kosten- bzw. Aufwands-Ziele)								
Mit welchen Ergebnissen können wir also rechnen? Marktanteil								

7. Zur Überprüfung der Strategie und ständigen Marktanpassung stellen wir das ***strategische Kontrollinstrumentarium*** auf. Kontrollpunkte sind u. a.: Die Entwicklung des Marktes, Erfolge neuer Produkte, Entwicklung der Erträge, des Marktanteils und des Image, Anzahl der Stammkunden, Nachbesteller, Reklamationshäufigkeit, Zahlungsweise der Kunden, Konkurrenzentwicklung, Erfolgskontrolle von Werbeaktionen und Preisänderungen.

8. ***Zielorientiertes Handeln***. Es folgt die Durchführung der geplanten Maßnahmen und die Feststellung deren Auswirkungen. Die Strategie wird überprüft, geändert, verstärkt oder neu entwickelt.

Unsere Erfolgsstrategien sind ausgearbeitete Angebotskonzepte an unsere möglichen Leistungsabnehmer. Dabei müssen wir ständig unsere Leistungen in bezug auf die Wünsche unserer Kunden optimieren. Die Probleme der Kunden müssen wir erfassen und Lösungen dafür bieten. Gute Lösungen führen dann zu unserem Erfolg.

3.3.3 Mitarbeiterauswahl

Organisations-Erfolgsfaktor **(3)**

Auswahlkriterien

Im Anforderungskatalog, der auch als Grundlage für die Stellenanzeige dient, werden vor allem die berufsspezifischen, fachlichen Anforderungen festgehalten. Bei der Auswahl eines Bewerbers müssen Sie jedoch auch seine charakterlichen Eigenschaften erfassen. Sie müssen erkennen, ob er zu Ihrem Team paßt, ob er kooperativ mitarbeiten kann und will.

Fachwissen und berufsspezifische Erfahrung erkennen Sie aus den Zeugnissen, Beschäftigungsnachweisen, Arbeitsproben und Darstellungen von bisher gelösten Problemen. Sie können den Bewerber außerdem fragen, wie er bestimmte Aufgaben lösen würde oder ihm Probeaufgaben zur Durchführung stellen bzw. seine Fähigkeiten testen.

Persönliche Fähigkeiten und kooperatives Verhalten sind besonders wichtige Kriterien zur Auswahl von Führungskräften. Aber auch Fachmitarbeiter ohne Führungsverantwortung sollen selbstverantwortlich arbeiten und sich kooperativ verhalten können.

So wie die fachlichen Qualifikationen nur in bezug auf die Aufgabe beurteilt werden können, können wir die persönlichen, menschlichen Qualifikationen nur in bezug auf die Verhaltenserwartungen des Unternehmens oder des Teams, mit dem der Bewerber zusammenarbeiten soll, beurteilen. Es gibt keine Persönlichkeitsbeurteilung an sich, keine absolute, sondern nur eine relative, von den Werten des Teams und seines Leiters abhängige Beurteilung. Die Auswahl von Führungskräften und Mitarbeitern ist von den Werten, Verhaltensweisen und dem Führungsstil des Unternehmens abhängig. Die Mitarbeiter sollen nicht nur die Aufgaben bewältigen können, sie sollen auch in die Gruppe passen, sich mit den Werten der Gruppe identifizieren können. Führungskräfte müssen die Firmenkultur, die gemeinsamen Werte, nach innen und außen vertreten können.

Die im folgenden aufgeführten Anforderungen an die Persönlichkeit dienen im allgemeinen einer kooperativen Zusammenarbeit und begünstigen eine effektive Teamführung. Wie Sie bei der Mitarbeiterauswahl diese Anforderungen gewichten, ergänzen und verfeinern, hängt von Ihren Wertvorstellungen ab.

Anforderungen an die Persönlichkeit	Wie erfahre ich sie?
Zielstrebigkeit	Hat der Bewerber längere Zeit bestimmte Ziele verfolgt? Zeigt sich eine Beständigkeit oder liegen viele Berufs- und Stellenwechsel vor? Welche Zielvorstellungen hat er? Weiß er, was er will? (U, G)
Selbstvertrauen	Wie tritt er auf? Angemessen, unterwürfig oder arogant? Wie reagiert er auf ungewöhnliche Fragen? Über- oder unterschätzt er sich ständig? Zeigt er Realismus und gesunden Menschenverstand? Stellt er angemessene Forderungen? (Beobachtung im Vorstellungsgespräch)
Kommunikationsfähigkeit	Hört er zu? Hat er die Anzeige richtig gelesen? Geht er auf Fragen ein? Zeigt er Interesse? Wie drückt er sich aus? Schriftlich? Mündlich? (Anschreiben, U, G)
Integrationsfähigkeit	Ist er ein Einzelgänger oder Mitglied in Vereinen? Pflegt er Geselligkeiten? Wie waren seine Beziehungen zu seinen Kollegen, Mitarbeitern und Vorgesetzten? Gab es viele Schwierigkeiten? Warum? Denkt er nur an sich? (G)
Verantwortungsbereitschaft	Wie steht er zur Erfüllungspflicht von einmal übernommenen Aufgaben? Wie sieht er die Eigenverantwortung? Sind seine Verantwortungsbereiche über die Jahre größer geworden? (G, U)
Fleiß, Energie, Einsatzwille	Welche Anstrengungen hat er bisher unternommen, um weiter zu kommen? Warum will er wechseln? Welches Interesse zeigt er an Entwicklungsmöglichkeiten? Ist er bereit, auf Freizeit zu verzichten und auch Sonderaufgaben anzunehmen? (G, U)

Anforderungen an die Persönlichkeit	Wie erfahre ich sie?
Körperliche Belastbarkeit	Wie ist sein Gesundheitszustand, seine körperliche Verfassung? (Ärztliche Untersuchung.) Treibt er Sport? Hält er sich fit? (G, U)
Äußere Erscheinung	Wie ist er gekleidet? Wie sieht er aus? Wie ist seine Haltung? Paßt er so zu unserer Gruppe, zu unseren Kunden? (Beobachtung)
Loyalität, Aufrichtigkeit	Wie äußert er sich über seine bisherigen Arbeitgeber? Gibt er Geheimnisse preis? (Auskünfte einholen.) Verleugnet er seine wahren Bedürfnisse? Will er scheinheilig nur für die Firma da sein? (G)
Seelische Belastbarkeit	Wie geht er mit größeren Problemen um? Wie reagiert er auf Kränkungen, Beleidigungen? Wie verkraftet er Mißerfolge? Zeigt er sich ausgewogen, kontaktfreudig, geduldig, beherrscht? (G, Auskünfte, Referenzen)
Lernbereitschaft, geistige Beweglichkeit	Hat er an Weiterbildungsveranstaltungen teilgenommen? Was liest er? Sieht er über seinen Fachhorizont hinaus? Welche außerfachlichen Interessen hat er? Was hält er von einem gründlichen Einarbeitungsplan? (U, G)

U = Bewerbungsunterlagen
G = Vorstellungsgespräch

3.3.4 Kommunikation

Organisations-Erfolgsfaktor **(4)**

Unter Kommunikation verstehen wir einen gegenseitigen Austausch: Miteinander sprechen, sich gegenseitig Briefe schreiben, Meinungen austauschen, miteinander fühlen und erleben. Kommunikation ist hier nach Watzlawik Interaktion.

Alles Verhalten in einer zwischenmenschlichen Situation hat Mitteilungscharakter. Gleichgültig, wie man sich verhält, ob man spricht oder sich abwendet, es ist Kommunikation. In einer zwischenmenschlichen Situation gibt es keine Nicht-Kommunikation. Antwortet der andere auf eine Mitteilung nicht, so heißt das nicht, daß er sich nicht verhalten hätte. Keine Antwort ist bekanntlich auch eine Antwort.

A ⇄ B   **A = Sender, B = Empfänger**

Kommunikation

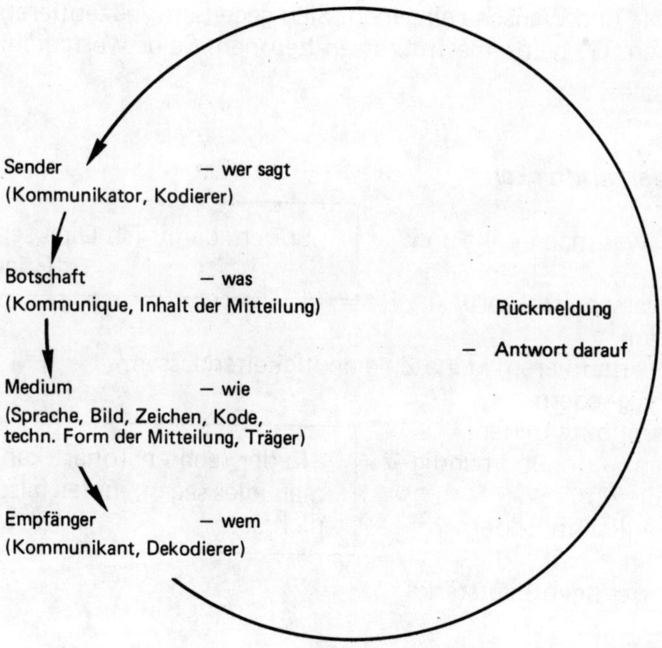

Kommunikation ist, allgemein gesagt, ein Verhalten, das anderen etwas mitteilt. Das Verhalten jedes einzelnen wirkt auf das Verhalten der anderen ein und wird wiederum vom Verhalten der anderen bedingt. Wir haben somit eine Kreisförmigkeit des Verhaltens.

Wie man zu einem guten Dialog kommt

1. Gemeinsames Interesse sichern

Durch Befragen, Hinschauen, Hinhören sich versichern, daß der Gesprächspartner an dem Thema überhaupt Interesse hat. Gegebenenfalls versuchen, ihn für das Thema zu begeistern. Z. B.:

– Ich habe eine Neuigkeit für Sie.
– Ich habe da ein Problem. Können Sie mir dabei helfen?
– Was halten Sie von . . . ?
– Ich würde gerne Ihre Meinung zu . . . hören.

Auf Ängste und Wünsche eingehen. Sich gegenseitig akzeptieren. Toleranz zeigen. Gemeinsame Interessen betonen. Selbstwertgefühl nicht verletzen.

2. Sich klar ausdrücken

> „Sprich, damit ich Dich sehe."
> (Goethe)

– Sagen, was man denkt und fühlt.
– Angemessene Rhetorik einsetzen.
– Begriffe definieren, keine Zweideutigkeiten lassen.
– Logisch gliedern.
– Schwerpunkte bilden.
– Prägnant, kurz und bündig formulieren.
– Anschaulich in Bildern sprechen.
– In der richtigen Lautstärke reden.

> „In der rechten Tonart kann man alles sagen, in der falschen nichts." (Shaw)

– Mit dem Körper zugewandt sprechen. Ansprechen.
– Blickkontakt halten.
– Sich freundlich und verständnisvoll zeigen.
– Keine unklaren Fremdwörter.
– Fachsprache nur unter Fachleuten.
– Auf die Verständnisfähigkeit des anderen einstellen.

3. Zuhören, hinhören

– Sich innerlich auf das Thema einstellen.
– Sich nicht mit anderen Dingen beschäftigen, sondern sich ganz auf den Gesprächspartner konzentrieren.
– Blickkontakte halten. Zuwenden.
– Durch Kopfnicken und Mimik zeigen, daß man zuhört.
– Nicht ins Wort fallen. Aussprechen lassen. Zeit geben.
– Die Meinung des anderen akzeptieren.
– Nicht laufend urteilen. Erst einmal alles anhören.
– Hinhören auf das, was wirklich gemeint ist. Nicht an einer belanglosen Äußerlichkeit hängen bleiben.
– Notizen machen. Mitdenken, Mitfühlen.
– Wenn möglich, Zwischenfragen stellen. Verständnisfragen stellen.
– Einfühlen in das, was den anderen bewegt.
– Zeigen, ob und wie man das Gesagte verstanden hat.
– Sich an einer Schlußdiskussion beteiligen.

4. „Feed back" geben

Eine gute Stellungnahme, Rückmeldung oder Antwort ist:	nicht dagegen:
– unmittelbar, direkt	– zu spät, mittelbar über andere
– in der Ich-Form	– in der Man-Form
– annehmbar, erwünscht	– aufgedrängt
– konkret, spezielle Stellungnahme	– abstrakt, allgemeine Phrase
– beschreibend	– bewertend, interpretierend
– nützlich, bereichernd	– selbstbestätigend
– faßbar, deutlich	– zu viel, fachchinesisch

Jeder Mensch ist eine Welt für sich. Jeder hat seine Erfahrung und sieht die Dinge anders, selbst wenn er die gleichen Worte benutzt. Reden wir also besser miteinander, damit wir uns verstehen.

- ***Über die Kommunikation läuft unsere gesamte Entwicklung.***

Je besser wir miteinander sprechen, aufeinander eingehen und zuhören, desto besser wird unsere gesellschaftliche und wirtschaftliche Entwicklung sein. Eine gestörte Kommunikation hat dagegen gestörte Verhältnisse zur Folge.

Wieviele Ehe scheitern, weil der Partner nicht richtig zuhört? Wieviele Arbeitsverhältnisse werden aufgelöst, weil der Mitarbeiter oder Vorgesetzte nicht hinhört?

Entwickeln Sie also Ihre Dialogfähigkeit. Hören Sie intensiv zu, geben Sie offene Antworten, sagen Sie Ihre Meinung, damit Ihr Gesprächspartner weiß, wie Sie die Dinge sehen und empfinden. Drängen Sie ihm aber Ihre Meinung nicht auf.

3.3.5 Team-Organisation

Organisations-Erfolgsfaktor **(5)**

Es ist ein Unterschied, ob Sie eine Gruppe von rivalisierenden Einzelkämpfern haben oder ein organisiertes, zusammenspielendes Team.

Allgemeine Organisationsgrundsätze

1. Die Organisation ist Mittel zum Zweck.
   Der Zweck ist, ***Ziele*** zu erreichen.
2. Die Organisation muß ***praktikabel*** sein,
   von jedem ***verstehbar*** und ***überschaubar*** sein.
3. Die Organisation muß ***wirtschaftlich*** sein,
   ihre Einrichtung muß mehr bringen als sie kostet.

4. Die Organisation muß *menschlich* sein und
   dem einzelnen Entfaltungsmöglichkeiten lassen.

5. Die Organisation muß dem gesellschaftlichen und gesetzlichen Willen entsprechen.
   Sie muß *demokratisch* sein.

6. Die Organisation muß klare ***Regelungen*** schaffen, ohne alles regeln zu wollen. Die ***Kommunikation*** darf nicht verbaut werden. Im Gegenteil: Sie sollte durch die Organisation angeregt werden.

7. Die Organisation muß ***flexibel*** sein und sich Veränderungen schnell anpassen können.

Diesen allgemein anerkannten Grundsätzen entspricht die Team-Organisation am besten. Sie berücksichtigt in optimaler Weise wirtschaftliche und menschliche Gesichtspunkte. Die Team-Organisation fördert den Teamgeist, fördert die Kommunikationsfähigkeit wie das Zugehörigkeitsgefühl und führt daher zu besseren Problemlösungen und überdachteren Entscheidungen als die Stab-Linien-Organisation oder Matrix-Organisation mit Mehrfachunterstellungen.

Teambildung

Eine Gruppe ist nach unserer Definition ein Team, wenn die Kommunikation und Zusammenarbeit auf ein Ziel hin orientiert ist. Alle Gruppenmitglieder stehen in gegenseitigem Erfahrungsaustausch zur Erreichung eines Zieles.

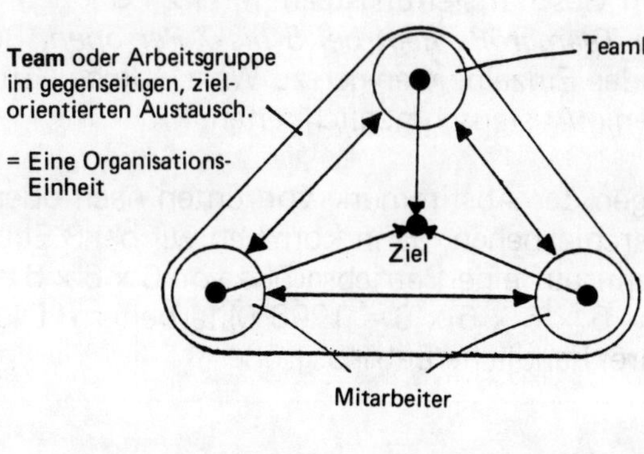

Wir benötigen zur Teambildung also:

– eine Aufgabe, ein Thema oder ein ***Ziel*** und
– einen gegenseitigen Austausch, d. h. ***Kommunikation*** ↔ und
– einen ***Leiter***, der Aufgaben delegiert und kooperativ führt.

Wenn das einzelne Teammitglied nicht weiß, was es will und nicht zu einem Wissens- und Erfahrungsaustausch bereit oder fähig ist, dann kann kein funktionsfähiges Team gebildet werden.

Das Teammitglied muß also in das Team passen, fachlich und menschlich, vom Wollen und Können her.

Das Team ist die Zusammenarbeitsform, die am ehesten unseren demokratischen Vorstellungen entspricht. Das beinhaltet auch die Einzelarbeit im Sinne des Teams. Teamarbeit und Einzelarbeit ergänzen sich, ja bedingen sich gegenseitig.

Mit Recht stehen wir heute den Einzelkämpfern wie den „Gruppomanen" skeptisch gegenüber. Hier ist nicht das Entweder-oder richtig, sondern das Sowohl-als-auch: Teamarbeit ***und*** Einzelarbeit.

Teamgröße, Betriebsgröße

Ein Team besteht aus mindestens 2 bis maximal 12 Personen. Je gleichartiger die Aufgaben, desto größer kann das Team tendenziell sein. Eine Verkaufsmannschaft kann u. U. bis zu 12 Mitgliedern haben. Je verschiedenartiger die Aufgaben sind, desto kompakter sollte das Team sein. Ein Geschäftsleitungsteam mit 12 Personen ist ungünstig. ***Die optimale Teamgröße liegt bei 5 bis 7 Personen.*** Bei großen Gruppen kommt der Einzelne weniger zu Wort. Kleine Gruppen bieten dagegen zu wenig Austauschmöglichkeiten.

Wollen wir – wegen der Abstimmung von unten nach oben – möglichst wenig Hierarchieebenen, dann kommen wir bei 3 Ebenen (und 6 Personen je Team) auf eine Betriebsgröße von 6 x 6 x 6 = 216 und bei 4 Ebenen von 6 x 6 x 6 x 6 = 1296 Mitarbeitern. Dies ist eine noch überschaubare, handliche Betriebsgröße.

Teamformation nach der Zielhierarchie

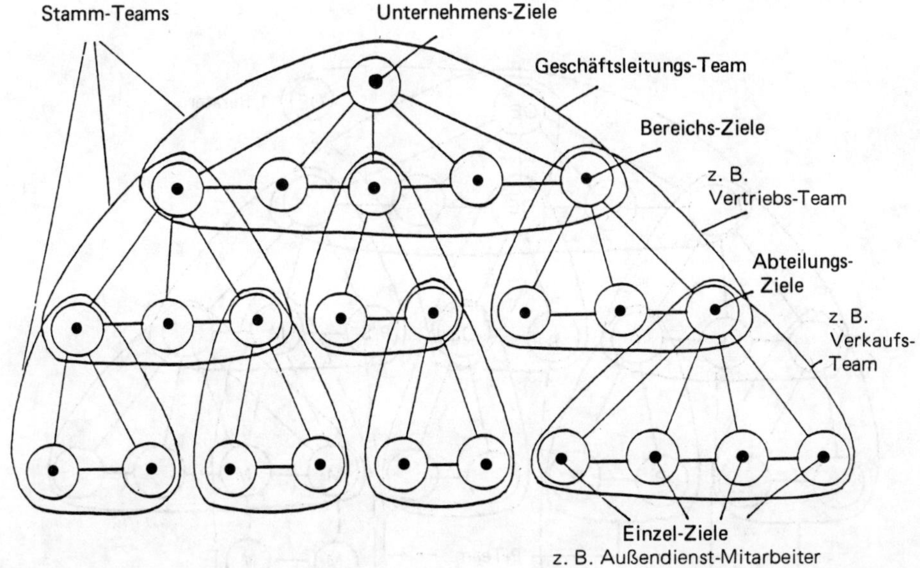

Projekt-Teams

Entsprechend den anstehenden Aufgaben können fallweise Projekt-Teams aus Mitgliedern anderer Teams und mit freien Mitarbeitern oder externen Beratern gebildet werden.

Z. B.:
- Projekt-Team zur Entwicklung eines neuen Produkts (P)
- Projekt-Team zur Organisations-Entwicklung (OE)
- Projekt-Team für eine internationale Messe (M)
- Projekt-Team zur Einrichtung einer Schreibzentrale (S)

Die Projekt-Teams lösen sich mit der Beendigung des Projekts wieder auf. Während der Projektarbeit müssen die Teammitglieder von ihren normalen Arbeiten entsprechend freigestellt werden. Es können auch Mitarbeiter in mehreren Projekt-Teams arbeiten. Der Teamleiter des „Stamm-Teams" muß selbstverständlich damit einverstanden sein.

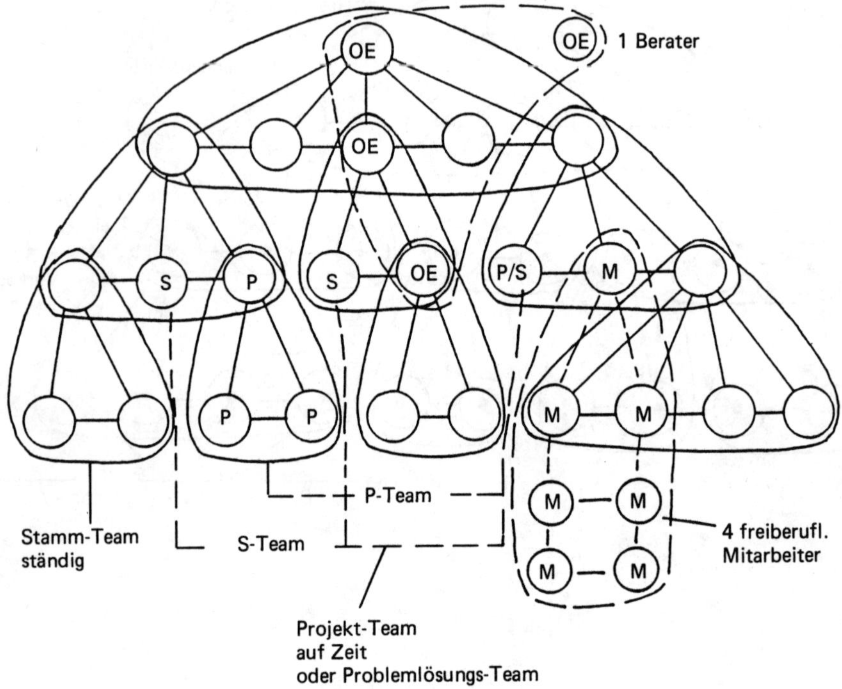

Organisation eines Konzerns

Zur Organisation eines Großunternehmens empfehlen wir folgende Vorgehensweise:

1. Den Märkten entsprechend nach ***Produktbereichen*** gliedern, um zu überschaubaren Unternehmen zu kommen.

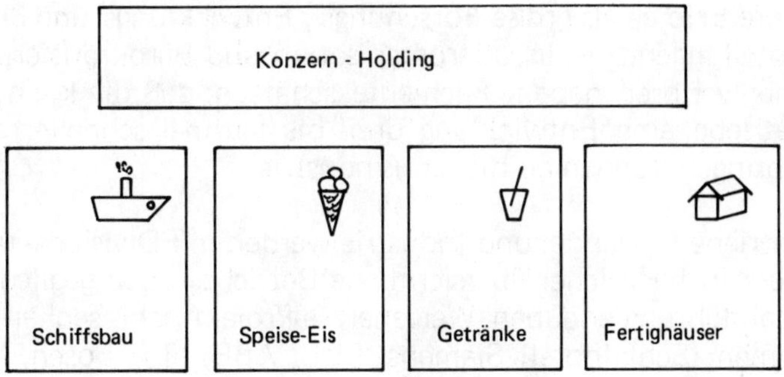

2. Funktionale *Team-Gliederung* innerhalb den Unternehmen wie besprochen.

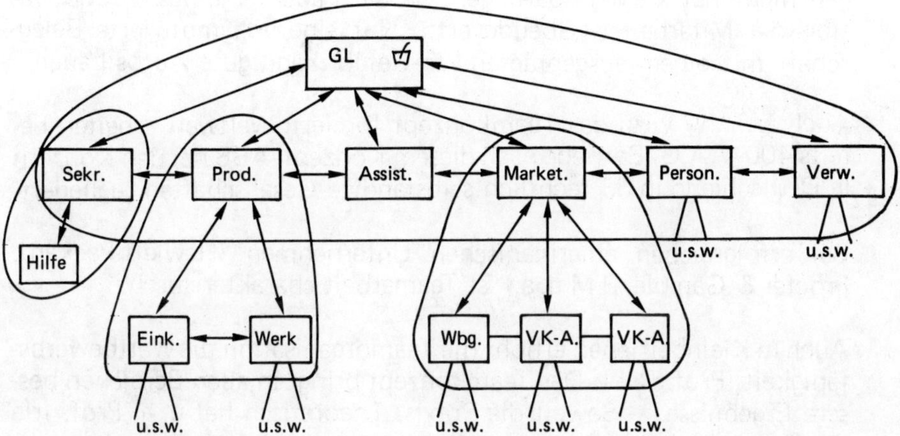

Erfolge mit dem Teamkonzept

Alte Führungsweisen und Organisationsstrukturen werden immer mehr durch Teambildungen überwunden, von der untersten bis zur obersten Führungsebene:

Selbständige vom Konzern ausgegliederte Innovations- bzw. Venture-Teams (z. B. bei Siemens, General Electric, Xerox, Olivetti) bringen schnellere Erfolge als große Forschungs-, Entwicklungs- und Planungs-Stabsabteilungen, die in Überorganisation und Bürokratisierung ihre Dynamik verloren haben. Fachleute schätzen, daß die kleinen Venture-Betriebe eine Entwicklung drei- bis fünfmal schneller auf den Markt bringen können als die Großindustrie.

Großbetriebe in Handel und Industrie werden mit Divisions- und Profitcenters in handliche, übersichtliche Betriebsgrößen gegliedert, die eine Teamführung erlauben. Wertanalyse-Projektteams senken bei vielen Firmen (Schlafhorst, Siemens, SEL, ABB, ITT, Bosch, Mannesmann-Rexroth u. a.) drastisch die direkten Produktkosten wie auch die Gemeinkosten.

Qualitätszirkel auf der untersten Führungsebene (z. B. bei Hoechst, MAN, Ford, NTN, BMW, Hannen, Zeiss, VW, Opel, Vorwerk) bringen nicht nur Geldeinsparungen, sondern auch eine bessere Motivation der Mitarbeiter. Goeudevert: „Nur eine voll motivierte Belegschaft mit einem ausgeprägten Wir-Gefühl kann gute Autos bauen."

Auch bei VW wird das Teamkonzept forciert. Weltweit arbeiten bereits 400 V.A.G.-Betriebe nach diesem Konzept. ABB hat den Konzern in Deutschland in 33 rechtlich selbständige Gesellschaften gegliedert.

Bei erfolgreichen amerikanischen Unternehmen (Hewlett-Packard, Procter & Gamble, 3 M u. a.) ist Teamarbeit charakteristisch.

Auch in Kleinbetrieben erhöht die Teamorganisation die Wettbewerbsfähigkeit. Prof. Rühl: Das Teamkonzept bringt in allen Bereichen bessere Ergebnisse. — Soweit die Praxis. Theoretisch hat u. a. Prof. Irle das Stab-Linien-Prinzip widerlegt.

3.3.6 Delegation

Organisations-Erfolgsfaktor **(6)**

Nach der Diskussion der verschiedenen Zielvorstellungen müssen wir versuchen, sie so genau wie möglich in einem Ziel zu formulieren. In der Zielvereinbarung müssen der Teamleiter (bzw. Vorgesetzte) *und* der Mitarbeiter, der das Ziel erreichen soll, damit einverstanden sein.

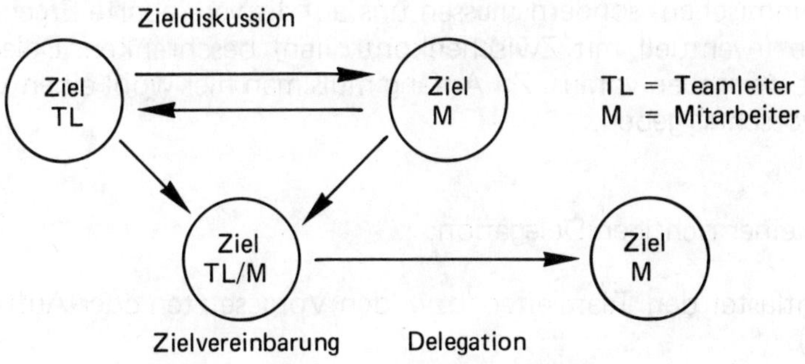

Ist eine Aufgabe mit Zielvereinbarung delegiert, dann hat der Mitarbeiter alle notwendigen Kompetenzen, die Aufgabe durchzuführen. Er trägt hierfür auch die Verantwortung.

Delegation ist die Übertragung von Aufgaben (Arbeitszielen) zur ***selbständigen*** Erledigung. Zur Erledigung der Aufgabe muß der Mitarbeiter jedoch kompetent sein, d. h. er muß die Arbeiten können und er benötigt die dazu notwendige Entscheidungsfreiheit. Hat der Mitarbeiter die Kompetenz, dann ist er für die Erreichung des akzeptierten Zieles voll verantwortlich. Verantwortlich sein heißt: Selbst entscheiden und für die Folgen seines Handelns einstehen.

Delegation	=	Aufgabe	+	Kompetenz	+	Verantwortung
(Zielvereinbarung)		(Ziele)		(Fähigkeiten, Befugnisse)		(Entscheidungswille, Einstehen für die Folgen)

Daraus folgt: Eine Aufgabe zu übertragen und nicht die notwendige Entscheidungsfreiheit dazu zu geben, ist falsch. Der Mitarbeiter kann so nicht verantwortlich gemacht werden.

- ***Nur wer entscheiden kann, ist auch verantwortlich.***

Verantwortliche Mitarbeiter können Partner sein. Gelegentlich müssen wir Mitarbeiter zum selbständigen Handeln und zur Verantwortungsübernahme ermuntern. Wir dürfen uns dann nicht ständig in ihre

Arbeit einmischen, sondern müssen uns auf die vereinbarte Ergebniskontrolle (eventuell mit Zwischenkontrollen) beschränken. Delegieren setzt Vertrauen voraus. Zu Anfang muß man hier wohl einen Vertrauensvorschuß geben.

Vorteile einer richtigen Delegation:

o Sie entlastet den Teamleiter (bzw. den Vorgesetzten oder Auftraggeber).

o Der Mitarbeiter (bzw. Auftragsinhaber) weiß, was er tun soll.

o Der Mitarbeiter kann in seinem Bereich selbständig handeln und sich selbst kontrollieren.

o Der Mitarbeiter ist motiviert, weil er bei der Zielvereinbarung beteiligt war. Er steht hinter seiner Arbeit.

o Die Ziele sind realistischer gesetzt, weil sie besser ausdiskutiert sind.

o Der Teamleiter kann mit großer Wahrscheinlichkeit mit guten Arbeitsergebnissen rechnen.

Die Delegation wird — am besten schriftlich — in einer Aufgabenstellung festgehalten.

Diese Aufgabenstellung kann sein:

— Eine Dauer-Aufgabenstellung
(Stellen-, Arbeitsplatz- oder Funktionsbeschreibung).

— Eine fallweise Aufgabenstellung
(Auftragserteilung, Arbeits- oder Projektauftrag).

Der Delegationsbereich wird mit der Aufgabenstellung abgegrenzt. Mit der Zielvereinbarung und Übertragung der Aufgabe geben wir dem Mitarbeiter die Möglichkeit, selbständig zu arbeiten.

- o Der Teamleiter in einem kooperativ, partnerschaftlich geführten Betrieb muß darauf achten, daß er sich nicht in die delegierten Arbeiten einmischt und auf diese Weise die Delegation zurücknimmt und damit die Verantwortung wieder auf sich nimmt.
  Auch sollte er keine Rückdelegation von Mitarbeitern annehmen. Ausnahme: Dauernde Arbeitsüberlastung.

- o Der Mitarbeiter in einem kooperativ, partnerschaftlich geführten Betrieb muß Verantwortung übernehmen und darf nicht ständig versuchen, zurück zu delegieren, d. h. nicht bei Unannehmlichkeiten und Schwierigkeiten die Arbeit und Verantwortung wieder an den Auftraggeber zurückgeben wollen.

Zusammenarbeit ist ein gegenseitiger, sozialer Prozeß. Der Vorgesetzte bzw. Teamleiter hat die Mitarbeiter, die er verdient. Die Mitarbeiter haben den Teamleiter, den sie verdienen. Ein Teamleiter, der nicht delegiert, kann von Mitarbeitern darum gebeten werden. Ein Mitarbeiter, der keine Verantwortung übernehmen will, kann dazu überzeugt werden.

> Trotz aller Partnerschaft in der Arbeit, ist es manchmal richtig mit Anordnung und Gehorsam zu führen. Dies ist der Fall bei einem Notstand. Wenn es brennt, dann muß – ohne Diskussion – schnell gehandelt werden. Der Teamleiter hat Anweisungsbefugnis.

Team-Organisation und das Ansprechen des Menschen als Sozialwesen in seinem Kommunikations- und Kontaktbedürfnis ist die eine Wahrheit. Die andere Wahrheit ist, den Menschen als Individualwesen zu achten und ihn in seinem Bedürfnis nach Anerkennung, Selbständigkeit und Selbstverantwortung anzusprechen.

Mit der Übertragung von Aufgaben zur selbständigen und selbstverantwortlichen Erledigung werden viele Arbeiten wirtschaftlicher erledigt als in Teamarbeit und gleichzeitig die unternehmerische Initiative (Eigenwille) des Einzelnen gestärkt. Damit dieser Eigenwille sich nicht in eine sture Eigenwilligkeit verwandelt, haben wir die Teameinbindung in der Team-Organisation vorgesehen.

3.3.7 Motivation

Organisations-Erfolgsfaktor **(7)**

Wer gut motivieren kann, gewinnt ein gutes Betriebsklima und eine hohe Leistungsbereitschaft. Mit den qualifiziertesten Mitarbeitern wird man dagegen keine Erfolge haben, wenn diese nichts tun wollen.

Zur Motivation im Alltag

Wann haben Sie ein Motivationsproblem? – Wenn Sie sehen, daß jemand lustlos arbeitet. Wenn jemand nicht richtig bei der Sache ist. Wenn jemand nicht will.

Wann haben Sie kein Motivationsproblem? – Wenn jemand mit aller Energie arbeitet. Wenn er dennoch nichts erreicht, ist eine Schulung zu empfehlen. Vergl. Kapitel: Training.

Im Führungsalltag müssen Sie immer wieder motivieren und die Leistungsbereitschaft von Mitarbeitern stimulieren. Dabei müssen Sie den Willen der Leute berücksichtigen.

- ***Den Willen eines Menschen zu mißachten, ist der schwerste Führungsfehler überhaupt.***

Umgekehrt gilt dies auch für Sie als Mitarbeiter. Auch Sie sollten zur Arbeitsfreude Ihres Vorgesetzten beitragen und seinen Willen ansprechen.

Jemandem seinen Willen lassen, heißt ihm Freiheit geben. Unternehmerische Freiheit läßt uns Dinge ausprobieren, Tatendrang, Einfallsreichtum, Risiko- und Verantwortungsbereitschaft werden angeregt. Je mehr eine Führungskraft die Wünsche, Werte und Überzeugungen von Mitarbeitern zu einer gemeinsamen Sache verbinden kann, desto williger, einsatzfreudiger und eifriger ist das Team.

Fragen Sie also immer wieder nach den Wünschen, Werten und Vorstellungen der Teammitglieder. Legen Sie die unternehmerische Energie frei. Begeistern Sie, indem Sie Chancen aufzeigen, Wünsche zu erfüllen und Werte zu verwirklichen.

Mögliche Bedürfnisse, Wünsche, Motive des Mitarbeiters (Beweggründe zum Handeln)	*Befriedigungsmöglichkeiten,* mögliche Motivationsmittel (Ansprache der Beweggründe, Anregung der Handlungsbereitschaft)
Sinnvolle, interessante Arbeit	Entsprechende Aufgabe übertragen, Arbeitsplatzgestaltung, Arbeitsplatzwechsel, zusätzliche Aufgaben, Sonderaufgaben
Körperliche Bedürfnisse nach Luft, Wärme, Bewegung, Essen, Trinken, Gesundheit, Unversehrtheit	Klimaanlage, Luftbefeuchter, Gymnastik-Pausen, Kantine, Automaten, ergonometrisch gestaltete Arbeitsgeräte, Unfallschutz
Kontakt, Kommunikation	Teamarbeit, Einladung zu Besprechungen, Kollegenkontakte, Kundenkontakte, gemeinsame Veranstaltungen
Bestätigung, Anerkennung („Wer sein")	Angemessene Entlohnung, Anerkennungsgespräch, Prämien, Auszeichnungen, Dankschreiben, Einladung, angemessenes Geschenk, Firmenwagen
Unabhängigkeit, Gestaltungsfreiraum	Einzelarbeit, Delegation, Gleitzeit, Selbstkontrolle, Entscheidungsbefugnisse, Entwicklungsaufgaben
Sicherheit	Langfristiger Arbeitsvertrag, Pensionskasse
Information, Bescheid wissen	Firmenmitteilungen, Informationsgespräche

Anerkennung und Bestätigung

Mit Anerkennung, Bestätigung, Kritik und Mißbilligung gestalten wir laufend unsere Zusammenarbeit und wirken auf unser Leistungsniveau ein.

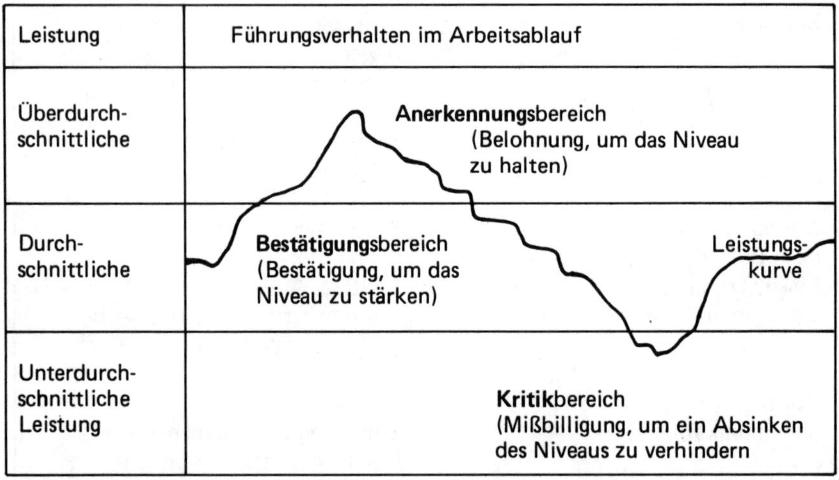

Sinn und Zweck der Anerkennung ist es, für besondere Leistungen dem Mitarbeiter ein größeres Erfolgserlebnis zu geben, damit er sein Verhalten beibehält. Werden besondere Leistungen nicht zur Kenntnis genommen, dann wird die Motivation geschwächt.

Sinn und Zweck der Bestätigung ist es, öfters zum Ausdruck zu bringen, daß man gerne miteinander arbeitet und eine gute Arbeit leistet. Auch wenn es nur die üblichen, durchschnittlichen Leistungen sind, die man erbringt, ist eine öftere Bestätigung angebracht.

Selbst für ein Kritikgespräch ist eine grundsätzliche Anerkennung nötig, wenn der Kritisierte bereit sein soll, die Kritik anzunehmen und sein Verhalten zu ändern.

Schaffen Sie mit viel Anerkennung und Bestätigung zuerst die gute Atmosphäre. Dann können Sie auch schnell und unproblematisch ein wirksames Kritikgespräch führen.

3.3.8 Organisation der Information

Organisations-Erfolgsfaktor **(8)**

Die gegenseitige Information ist zu organisieren. Rechtzeitige und gesicherte Informationen sind die Voraussetzung zum richtigen Mitdenken der Mitarbeiter und zur Entscheidungsfindung. Das Informationssystem muß einen hohen, aktuellen Wissensstand sichern.

Das gegenseitige Informationsverhalten kann verbessert werden, psychologische Informationswiderstände können abgebaut werden. So wird der Informationsfluß gesichert (siehe folgende Seite).

Ein Informationssystem für ein Team, eine Abteilung oder ein Unternehmen läßt sich aufbauen, indem man zunächst einen ***Katalog*** erstellt, der für jeden Mitarbeiter zeigt, ***welche Informationen er von wem*** erhält und welche er ***an wen*** gibt.

Informationssystem (Informationseingang) **Katalog zu Aufgabenbereich:**			**Datum:** **Zeichen:**	
Welche Informationen?	**Art**	**Von wem? Woher?**	**Bezugskosten**	**Wann? (Termin)**

Informationssystem (Informationsausgang) **Katalog zu Aufgabenbereich:**			**Datum:** **Zeichen:**	
Welche Informationen?	**Art**	**An wen? Wohin?**	**Ausgabe-kosten**	**Wann? (Termin)**

Bei der Informationsweise geschieht es in manchen Unternehmen, daß die oberen Hierarchieebenen überinformiert und die unteren Ebenen unterinformiert sind. Beides ist nicht wirtschaftlich. Die einen wissen zuviel von zu vielen Details und die anderen wissen zu wenig von dem, was wichtig ist.

Genügend Informationen für jeden Aufgabenbereich sind anzustreben. Nicht alle möglichen Daten, weil dies zu teuer wird, aber auch nicht möglichst wenige, weil die darauf gegründeten Pläne zu schlecht werden.

Informationswiderstände psychologischer Art	Überwindungsmöglichkeit
– Man will den anderen nicht informieren, damit er Fehler macht.	Überprüfung der Teamwilligkeit.
– Man hält Informationen zurück oder gibt sie nur zögernd heraus, um einen Vorsprung für sich zu gewinnen.	Training zur Entwicklung der Teamfähigkeit.
– Man überflutet andere mit Informationen, um zu zeigen, wie tüchtig man ist.	Mehr bestätigen und anerkennen.
– Man hat Angst, daß andere Mängel im Arbeitsbereich entdecken.	Sich nicht kritisch prüfend zeigen.
– Man hat Angst, daß andere mit den Informationen gekränkt sein könnten.	Klar machen, daß Informationen eine Hilfe sind.
– Man glaubt, für dumm angesehen zu werden, wenn man nach Informationen fragt.	Den Fragenden als intelligenten, interessierten Menschen anerkennen.
– Man läßt sich nicht informieren, weil man glaubt, alles besser zu wissen.	Informationen nicht als Besserwissen abgeben, sondern sachlich.
– Man fühlt sich kontrolliert, wenn man Informationen geben soll.	Deutlich machen, daß Informationsnachfrage keine Kontrolle ist. Nicht mit Kontrollmine fragen. Keine Beurteilung abgeben.

Informations-Rechte und Informations-Pflichten von Mitarbeitern und Teamleitern

1. ***Jeder*** (Mitarbeiter und Teamleiter) ***hat das Recht von jedem anderen Mitarbeiter*** im Unternehmen ***Informationen zu verlangen, die zur Erfüllung seiner Aufgabe dienlich sind.*** Er muß sich die Informationen holen („Holschuld").

   Bei Erstinformationen ist der Teamleiter zu fragen, ob der betreffende Mitarbeiter Informationen geben darf. Das Team kann sich somit vor unnötiger Ausfragerei und unnötiger Arbeit schützen. Außerdem: Manche Informationen sind geheim (Datenschutz / Betriebsgeheimnisse).

   Der Mitarbeiter, der Informationen anfordert, muß seinen Informationsbedarf begründen. Wird die Begründung und Informationsabgabe abgelehnt, kann sich der Mitarbeiter bei dem betreffenden Teamleiter beschweren.

2. ***Jeder*** (Mitarbeiter und Teamleiter) ***hat die Pflicht, andere Mitarbeiter mit Informationen zu versorgen, wenn er sieht, daß andere sie für ihre Arbeit benötigen.***

   Es besteht hier eine „Bringpflicht", da andere Mitarbeiter nicht wissen können, welche Informationen ein Mitarbeiter für sie hat. Derjenige, der die Informationen geben muß, kann damit einverstanden sein, daß die Informationen geholt werden, auch in seiner Abwesenheit z. B. Einsicht in Karteikästen.

   Im Arbeitsteam soll jeder über die grundsätzlichen Aufgaben und Probleme des anderen informiert sein. Dabei sind Informationen über die Gesamtentwicklung im Arbeitsbereich auszutauschen, nicht jede einzelne Begebenheit. Für den Teamleiter sind diese Informationen wichtig, um den Gesamtüberblick zu behalten und koordinieren zu können. Für die Mitarbeiter sind diese Informationen wichtig, damit sie selbst koordinieren können, mitdenken können und Doppelarbeiten vermieden werden.

3.3.9 Organisation der Innovation

Organisations-Erfolgsfaktor **(9)**

Auch die Kreativität im Betrieb ist zu organisieren und anzuregen. Neue Produkte können entwickelt werden, neue Märkte können gewonnen werden. Unbeweglichkeit kann dagegen das Ende bedeuten. Fing nicht jedes Unternehmen einmal mit einer Idee an?

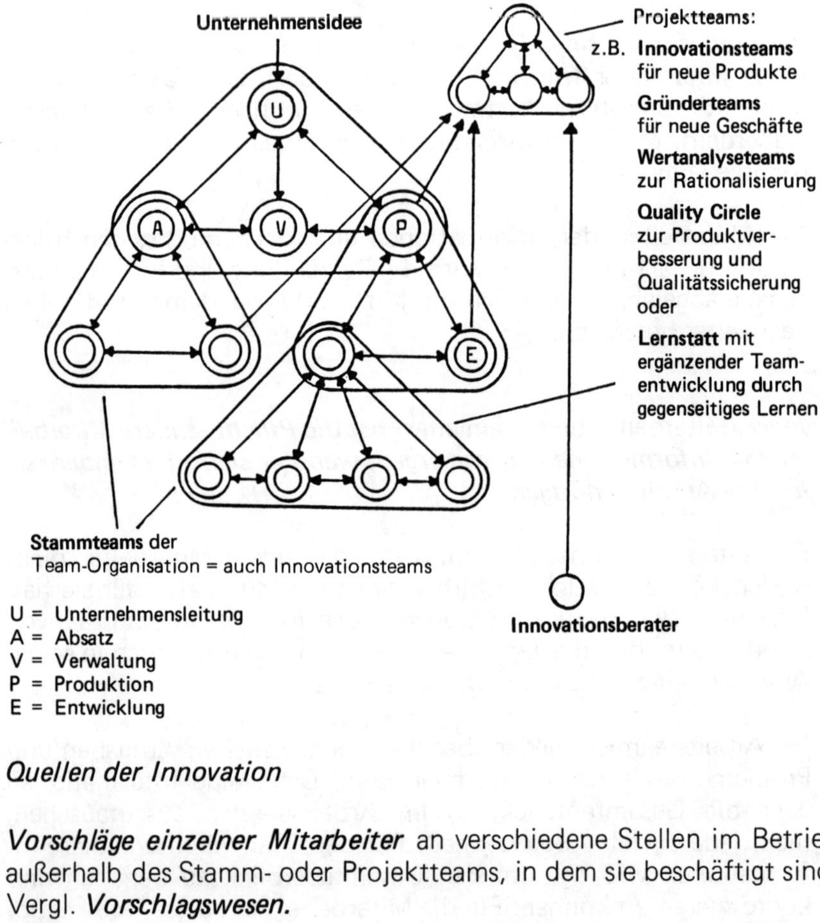

Quellen der Innovation

Vorschläge einzelner Mitarbeiter an verschiedene Stellen im Betrieb außerhalb des Stamm- oder Projektteams, in dem sie beschäftigt sind. Vergl. ***Vorschlagswesen.***

Vorschläge von Experten außerhalb des Unternehmens oder ***Lizenzgebern.***

Jedes Stammteam ist in der Teamorganisation auch ein Analyseteam, ***Innovationsteam,*** Planungsteam, Entscheidungs- und Durchführungsteam in seinem Arbeitsbereich. Dazu sind die Verfahren des Team-Management und der Arbeitsmethodik hilfreich.

Jeder Mitarbeiter ist in seiner delegierten Aufgabe Analytiker, ***Innovator***, Planer, Entscheider und Durchführer.

Abbau von Kreativitätsblockaden

Als Teamleiter muß man wissen, was bei den Mitarbeitern zu Kreativitätsblockaden führen kann, was ihnen erschwert oder gar unmöglich macht, phantasievoll mitzuarbeiten.

Die schöpferische Begabung von Mitarbeitern wird bisher nur wenig benutzt. Im Gegenteil: Durch Erziehung, Ausbildung, Arbeitsgestaltung und Führungsstil wird sie oft blockiert.

Wollen wir jedoch beispielsweise zu neuen Leistungen und Produkten kommen, neue Absatzwege erschließen, rationellere Fertigungsmethoden finden oder vorhandene Mittel besser nutzen, dann kommt es darauf an, Kreativitätsblockaden aufzuheben und zu neuen Lösungen durch eine größere geistige Beweglichkeit zu kommen.

Die schlimmste Blockade liegt wohl in der ***eigenen Bequemlichkeit***, in eingefahrenen Denk- und Verhaltensmustern, in ***Gewohnheiten***, die Änderungen nicht zulassen wollen. Sie kennen die bekannten Killerphrasen:

— Das ist Theorie. Das ist unpraktikabel.
— Das läßt sich so nicht machen.
— Wir haben die besten Erfolge damit, warum sollten wir das ändern.
— Das kostet zu viel.
— Das haben wir schon einmal versucht.
usw.

Ohne weiter nachzudenken wird eine Idee getötet, weil man die Unbequemlichkeit spürt, oft mühsam erworbene Verhaltensweisen ändern zu müssen.

Denken wir an die Möglichkeit, daß es uns mit den neuen Ideen besser gehen kann, daß es sich lohnen kann, einmal etwas anderes zu machen und eine alte Gewohnheit aufzugeben. Dies hilft die Gewohnheits-Blockade zu überwinden. Außerdem sollte der Ideengeber uns etwas Zeit geben, damit wir uns mit dem Neuen und Ungewohnten auseinandersetzen und befreunden können.

Eine zweite Blockade liegt u. U. in unserer Arbeit selbst. Es gibt Arbeiten, die aufgrund einer technokratischen ***Arbeitsteilung*** so gestaltet sind, daß sie keine Phantasie mehr erfordern. Im Gegenteil sogar: Es darf gar nichts geändert werden.

Die extremsten Beispiele hierfür bieten die Fließbandtätigkeiten. Bei 100 % Routinearbeit, bei endgültiger Festlegung aller Tätigkeiten ist keine Kreativität gefragt. Wer aber keine interessanten, problematischen Aufgaben hat, kann keine Kreativität entwickeln.

Mit einer Änderung oder Erweiterung der Aufgaben (job enrichment, job enlargement) kann das Interesse an der Arbeit angeregt werden und die Blockade, die die Arbeit selbst darstellt, überwunden werden. Ein bekanntes Beispiel dazu: Putzfrauen übernahmen den Einkauf ihrer Putzmittel und Geräte, die Organisation ihrer Arbeit und die volle Verantwortung für ihre Tätigkeit. Resultat: Die Büros waren sauberer, die Kosten für den Betrieb niedriger. Die Putzfrauen hatten plötzlich Ideen und Einfälle zur Bewältigung ihrer Arbeit, die sie früher nicht hatten.

Für Führungskräfte stellt sich das Problem einer zu uninteressanten Arbeit weniger. Vielleicht arbeiten sie auch deswegen freiwillig mehr.

Eine dritte Blockade kann das ***Verhalten des Vorgesetzten*** sein, wenn dieser autoritär führt. Das autoritäre Verhalten zeigt sich darin, daß der Mitarbeiter ausführen soll, was sich der Vorgesetzte ausgedacht hat. Der Vorgesetzte weiß es grundsätzlich besser. Er hat die Ideen. Es ist für den Mitarbeiter geradezu ein Vergehen, eigene Ideen zu äußern. Andere autoritäre Vorgesetzte befehlen, Ideen zu haben. Dies läuft selbstverständlich auch nicht.

Die Vorgesetzten-Blockade läßt sich mit einem kooperativen Führungsstil, mit der hier empfohlenen Teamführungsweise, überwinden.

Es gibt aber auch sog. ***kulturelle Blockierungen***, Blockaden, die ***außerhalb des Betriebs*** liegen, die umweltsbedingt sind. Dies sind ***vor allem Gesetze*** und Normen, die keine Abweichungen zulassen. Viele technische Teile müssen normgerecht sein. Das Mitbestimmungsgesetz, Verkehrsregelungen, Verhaltensnormen müssen beachtet werden, auch wenn im Einzelfall eine andere Verhaltens- oder Vorgehensweise besser wäre.

Je mehr im Staat oder im Betrieb gesetzlich geregelt ist, desto mehr Kreativitätsbarrieren haben wir. Die Folgen sind: Formalismus, Technokratie und Erstarrung der Organisationen. Wir kennen die Schwerfälligkeit von Konzernen, wir kennen die Schwerfälligkeit der Gesetzesmaschinerie beispielsweise in der Steuerbearbeitung, bei Prozessen, beim Hausbau und auch in Betrieben.

Wir dürfen nicht alles regeln und in Gesetze fassen. Ordnung und Sicherheit ist nur eine Seite. Kreativität, Bewegung und Fortschritt ist die andere Seite. Ein Zusammenleben und ein Zusammenarbeiten, das ausschließlich auf Ordnung und Einhaltung von Gesetzen basiert, ist weder wirtschaftlich noch human.

Eine intakte Gesellschaft, eine gute Ehe, ein gutes Betriebsklima lebt auch von den täglichen, neuen Einfällen, von der Phantasie in der Gestaltung der Beziehungen, nicht nur vom Eherecht oder Betriebsverfassungsgesetz.

Man kann kulturelle Blockaden abbauen, indem man nicht alles und jedes bis ins Detail mit Gesetzen und Normen regelt, sondern sich auf ausreichende Grundregeln einigt und der Ausgestaltung der Beziehungen und Aufgaben im täglichen Leben genügend Freiheit läßt. Bestehende Gesetze können auch aufgehoben werden, wenn sie sich als unzweckmäßig erweisen bzw. wenn wir es wollen.

3.3.10 Organisation der Planung

Organisations-Erfolgsfaktor **(10)**

Damit nicht unkoordiniert und nur improvisierend darauf losgearbeitet wird, müssen wir die Planung vorsehen und organisieren. Ohne eine gemeinsame, abgestimmte Planung ist ein Gesamtoptimum der Leistungen nicht zu erreichen, die Kräfte werden nicht bestmöglich genutzt.

Planungsaufgaben hat jeder

Jeder Mitarbeiter einer Organisation, vom Geschäftsführer über alle Hierarchiestufen bis zum Sachbearbeiter plant ***seine*** Arbeit in Abstimmung mit den übergeordneten Zielen. Jeder muß sich überlegen, wie er seine Ziele finden und erreichen kann, wie er seine Aufgaben bestmöglich erledigen kann.

Unternehmensplanung in allen Teilbereichen kann nicht die Aufgabe von Spezialisten oder Stabsleuten sein bzw. bei einem kleineren Unternehmen ausschließlich „Chefsache". Dies würde bedeuten, daß Führungskräfte oder Mitarbeiter das vollziehen müßten, was nicht sie, sondern ein anderer ausgedacht hat. Sie würden also nicht ***ihre*** Arbeit verrichten. Welche Motivationsprobleme eine solchermaßen sinnentleerte Arbeit nach sich zieht, weiß jeder, der einmal in einer Stab-Linien-Organisation gearbeitet hat. Der andere Nachteil einer Planung durch Stabsleute ist die übliche Realitätsferne. Sie planen in aller Regel nicht realistisch, sondern idealistisch.

Die Ziele, die erreicht werden sollen, müssen die Verantwortlichen selbst planen und untereinander abstimmen. Dabei können selbstverständlich bei Bedarf Planungsspezialisten mit ihren Methoden helfen, bestimmte Rechenarbeiten übernehmen und als Diskussionspartner für die Verantwortlichen dienen. Der Plan selbst sollte aber ein Handlungsentwurf derjenigen sein, die die damit verbundenen Aufgaben durchführen und die Zielerreichungen auch weitgehend selbst kontrollieren.

Der Zweck der Planung ist, überlegt und vorausbedacht die Zukunft zu bewältigen und weniger Spielball der Verhältnisse zu sein, weniger aufwendig improvisieren zu müssen.

Arbeitstechnisch ist es sinnvoll, einmal in Einzelarbeit zu überlegen und zu rechnen und dann wiederum in Teamarbeit sich am runden Tisch abzustimmen. Um die Planungstätigkeit nicht im Alltag untergehen zu lassen, muß auch sie im Terminplan festgehalten werden. Es ist manchmal besser, einen Auftrag nicht zu bearbeiten und sich dafür Zeit für strategische, langfristige Überlegungen zu nehmen. ,,Wer sich keine Zukunftsüberlegungen macht, wird keine Zukunft haben.'' Wer keine wohlüberlegte Strategie hat, kann am einzelnen Tag nicht entscheiden, was wichtig ist und was nicht.

Ausgangspunkt einer Unternehmensplanung in allen Teilbereichen ist eine formulierte Unternehmensphilosophie. Sie wird vom Geschäftsleitungsteam erarbeitet und in unternehmenspolitischen Richtlinien oder Leitsätzen dargestellt. Dieses langfristige Konzept bildet den Rahmen zur Entwicklung von Unternehmensstrategien und Leistungs- bzw. Produktplanungen.

In der Diskussion der Zielvorstellungen der nachgeordneten Stellen wird dann nach gegenseitiger Abstimmung ein realistisches Ziel gesetzt. Es folgen Budgets mit detaillierten Kosten- und Leistungsvorgaben.

Dieser Planungsprozeß geht von Team zu Team durch das ganze Unternehmen. Dabei werden die Pläne auch horizontal untereinander abgestimmt, d. h. koordiniert.

Zeitraum der Planung

Jeder Mitarbeiter, insbesondere jede Führungskraft und ganz besonders die oberste Führungsebene muß ihre Aufgaben planen. Die Geschäftsleitung denkt langfristig. Sie entwirft die grundsätzliche Richtung und ist für das jährliche Gesamtergebnis verantwortlich. Auf den unteren Führungsebenen sind die Planungszeiträume kurzfristiger und beziehen sich auf Teil-Aufgaben des Unternehmens.

Die dargestellten ,,idealen'' Schwerpunkte des jeweiligen Planungszeitraumes verschiedener Hierarchie-Ebenen sind in der Praxis von Unternehmen zu Unternehmen selbstverständlich verschieden.

Eines ist aber klar und entspricht aller Erfahrung: Wenn ein Geschäftsführer oder Bereichsleiter sich im Tagesgeschäft verliert, wird er keine Zukunftsperspektiven entwickeln können. Die Folge: Er

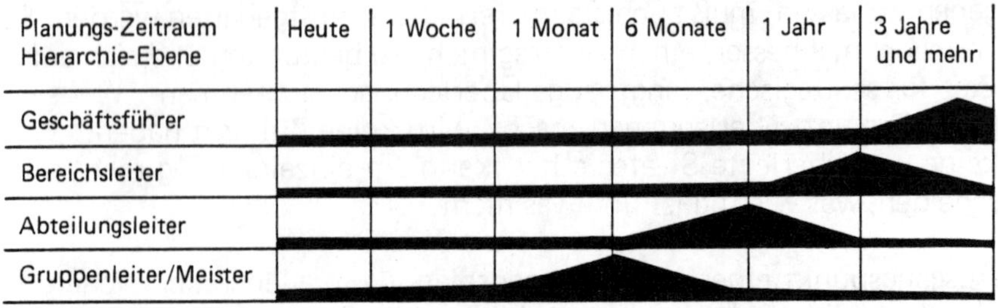

kann seinen Mitarbeitern nicht sagen, in welcher Richtung sie überlegen sollen. Er kann ihnen keine Planungsziele geben. Die Führung entgleitet ihm. Die Mitarbeiter sind wohl oder übel gezwungen, auf eigene Faust zu handeln.

Macht dagegen ein Verkäufer, Meister oder Sachbearbeiter sich laufend Gedanken darüber, was in 10 Jahren sein wird, dann fällt das nicht in seinen Aufgabenbereich. Er konzentriert sich nicht auf die Tagesarbeit und verliert seine Zeit an Probleme, die er gar nicht bewältigen kann.

Selbstverständlich hat ein Geschäftsführer, wenn er sich nicht von den Ereignissen treiben lassen will, auch einen Tagesplan und viele Tätigkeiten über das Jahr terminiert. Seine Hauptsorge wird aber der Zukunft gelten. Die großen Investitionen rentabilisieren sich erst in vielen Jahren.

Umgekehrt wird sich ein Verkäufer auch über die Unternehmensentwicklung und seine Karriere im Unternehmen Zukunftsgedanken machen, leben wird er aber vom Tagesgeschäft. Seine Arbeits-Investitionen rentabilisieren sich täglich.

Zeiträume für die Planungsarbeiten

Die kurzfristige Planung basiert auf der langfristigen Planung.

3.3.11 Training, Schulung

Organisations-Erfolgsfaktor **(11)**

Es gibt grundsätzlich zwei Möglichkeiten ein starkes, leistungsfähiges Team zu haben: Die geeigneten Mitarbeiter auswählen (siehe Personalauswahl) und vorhandene Mitarbeiter weiter zu qualifizieren durch Training und Schulung. Beide Möglichkeiten sollten Sie als Führungskraft nutzen. Weiterbildung ist ein wesentlicher Erfolgsfaktor.

Kleinere Schulungen im Verkauf, eine Arbeitsunterweisung in der Produktion, eine Unterrichtung aus Ihrem Fachgebiet und ähnliches Können Sie selbst durchführen.

Wir müssen ein Leben lang lernen und selbst wiederum andere unterrichten. Unsere Lern- und Lehrfähigkeit entscheidet über unsere Anpassungsfähigkeit an die immer schneller werdende Entwicklung auf allen Gebieten. Im Lernen liegen die Überlebenschancen für Organisationen wie für den Einzelnen. Warum werden viele Unternehmen von technischen Entwicklungen überholt? Warum kommen Einzelne nicht mehr mit? Weil sie nicht lernoffen sind, weil ihnen nichts Neues einfällt, weil sie mit Verfahren und Verhaltensweisen aus vergangenen Jahrzehnten operieren.

Sie haben als Führungskraft die Aufgabe, Ihre Organisation nicht nur willig, sondern auch fähig zu halten. Dies geht nicht, ohne ein ständiges Lernen im technischen wie im sozialen Bereich. Sie sind als Führungskraft für die Qualifikation Ihrer Mitarbeiter wie für Ihre eigene, ständige Weiterbildung verantwortlich. Sie müssen sich und Ihr Team nicht nur zu einer hohen Leistung führen, sondern auch dafür sorgen, daß Sie und Ihr Team im künftigen Wettbewerb bestehen.

Wenn Sie gelegentlich einmal für ein paar Stunden aus Ihrem Fachbereich andere unterrichten wollen, kann Ihnen die folgende Kurzanleitung zum Unterrichten helfen.

Die Wirksamkeit einer Schulung hängt nicht so sehr, wie man oft glaubt, von den rhetorischen Fähigkeiten ab, sondern vielmehr von den pädagogischen und didaktischen Fähigkeiten des Referenten bzw. Trainers. Nicht der Trainer soll mit einem unterhaltsamen Vortrag im Mittelpunkt stehen, sondern das Lernergebnis bzw. der Nutzen für die Teilnehmer. Der Trainer hat vor allem die Aufgabe, das Lernen zu organisieren und pädagogisch geschickt zu unterrichten. Dabei ist der Vortrag ein Mittel.

Kurzanleitung zum Unterrichten für Führungskräfte

1. Unterrichten Sie nur aus Ihrem ***speziellen Fachgebiet***, in dem Sie sich bestens auskennen.

2. Unterrichten Sie nur Mitarbeiter bzw. ***Lernende***, deren Beruf und Arbeit Sie ***kennen***.

3. Vereinbaren Sie vor der Schulung ***Lernziele***, die erreicht werden sollen. Sichern Sie so das Zuhören und die Mitarbeit der Lernenden.

4. ***Unterteilen Sie den Stoff*** auf einem A 4-Blatt in einzelne Lernschritte. Notieren Sie dazu die möglichen Anschauungsmittel und die benötigte Zeit für den jeweiligen Lernschritt.

5. ***Bei mehr als 20 Teilnehmern*** müssen Sie einen Vortrag halten. Bei weniger als 20 können Sie, im Halbkreis sitzend, das Referat mit Diskussionen auflockern. Der Stoff kann in kleinem Kreise in Konferenzform erarbeitet werden.

6. Nach etwa einer Stunde sollte eine kurze ***Pause*** sein.

7. Regen Sie mit Fragen zum Mitdenken an. Geben Sie ***anschauliche Beispiele***. Sprechen Sie die Probleme der Lernenden an. Stellen Sie kleine Aufgaben zur Bearbeitung in der Gruppe oder als Einzelaufgabe.

8. Halten Sie Blickkontakte zu den Anwesenden. Sprechen Sie ***lebendig, natürlich*** und nicht dozierend von oben herab.

9. Zeigen Sie den Lernenden immer wieder den ***Nutzen,*** den sie aus Ihren Darlegungen ziehen können. Zeigen Sie die ***Konsequenzen*** bei Unwissenheit oder falschem Verhalten.

10. Lassen Sie sich am Ende einer Schulung eine ***Beurteilung*** geben. So können Sie sich laufend selbst verbessern.

Checkliste zur Unterrichtsführung			Datum: Zeichen:
Beobachten Sie sich selbst, wie Sie ankommen und verstanden werden. Bitten Sie Kollegen und Lernende um Kritik über Ihre Unterrichtsführung.			
Unterrichtstechnik und Verhalten		Ja	Zu verbessern – im Detail was?
Didaktik	1 Frage ich nach dem Kenntnisstand?		
	2 Kenne ich das Sachgebiet im Detail?		
	3 Kenne ich die Lernenden genau?		
	4 Vereinbare ich klare Lernziele?		
	5 Unterteile ich den Lehrstoff in Lernschritte? Zeiteinteilung günstig?		
	6 Sehe ich Zielerreichungskontrollen vor?		

Unterrichtstechnik und Verhalten		Ja	Zu verbessern – im Detail was?
Pädagogik	7 Zeige ich Nutzen, Anwendungsmöglichkeiten?		
	8 Spreche ich die Probleme der Lernenden an? Frage ich nach deren Interessen?		
	9 Rege ich zur Mitarbeit an?		
	10 Stelle ich klare Fragen, Aufgaben?		
	11 Bringe ich anschauliche Beispiele?		
	12 Nutze ich gegebene Unterrichtsmittel?		
Rhetorik	13 Ist meine Sprache einfach, verständlich?		
	14 Ist meine Sprechweise nicht monoton?		
	15 Setze ich dynamisch Gestik und Mimik ein?		
	16 Halte ich Blickkontakte?		
	17 Ist meine körperliche Haltung angemessen?		
	18 Ist die Kleidung passend?		
Lernpsychologie	19 Bestätige ich richtiges Verhalten?		
	20 Lobe ich? Gebe ich Erfolgserlebnisse?		
	21 Kritisiere ich Schwächen sachlich analysierend, helfend?		
	22 Zeige ich Konsequenzen von bestimmtem Verhalten?		
	23 Bin ich humorvoll, geduldig, verständnisvoll, charmant?		
	24 Doziere ich nicht allwissend von oben herab?		

3.3.12 *Erfolgskontrolle*

Organisations-Erfolgsfaktor **(12)**

Kontrolle ist zwar nicht besser als Vertrauen, wie so mancher wohl glaubt, aber sie ist eine wichtige Arbeits- und Führungshilfe und damit ein Erfolgsfaktor.

Kontrolle als Soll-Ist-Vergleich

Sinn und Zweck der Kontrolle ist, die Erreichung eines Zieles zu sichern, indem Abweichungen vom Ziel analysiert werden.

Kontrolle ist immer Soll-Ist-Vergleich, d. h. das in der Durchführung erreichte Ist wird dem in der Aufgabenstellung vorgegebenen Ziel (Soll) gegenübergestellt. Ohne Ziel, sei es schriftlich festgehalten oder nur mündlich vereinbart, wäre eine Kontrolle Selbstzweck, eine beziehungslose Information. Die Kontrolle dient der Zielverfolgung.

Die Kontrolle ist ein Teil eines kybernetischen Regelkreises:

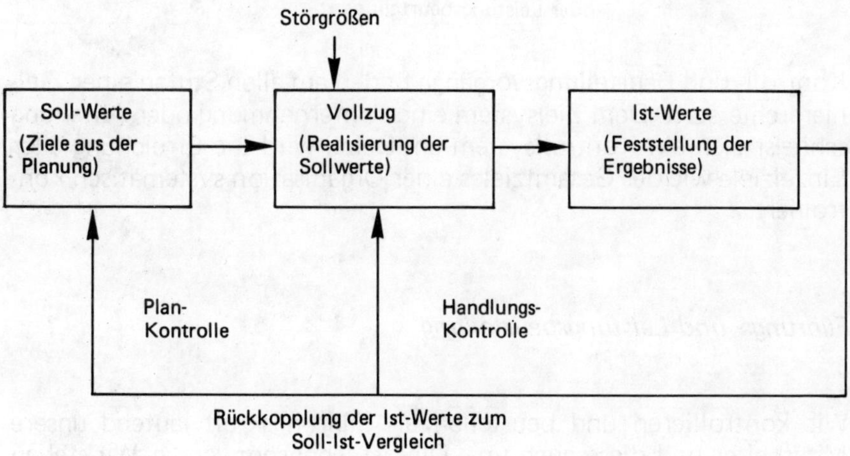

Entsprechen die Ist-Werte den Soll-Werten, dann ist die Arbeit erfolgreich,

- wenn die Ist-Werte wirklich stimmen (z. B. nicht „frisiert" sind, nicht falsch aufgenommen sind),

- wenn die Soll-Werte angemessen gesetzt sind (nicht utopisch hoch, nicht unterfordernd niedrig).

Kontrollbereiche und Kontrollverfahren

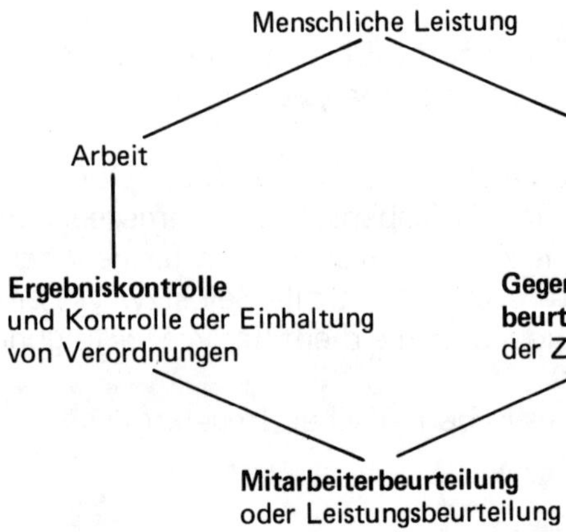

Kontroll- und Beurteilungsvorgänge finden auf allen Stufen einer Zielhierarchie statt. Dem Zielsystem einer Unternehmung oder Abteilung schließt sich ein Kontrollsystem an. Dabei wird die Erreichung aller Einzelziele wie des Gesamtzieles einer Organisation systematisch kontrolliert.

Führungs- und Leistungsbeurteilung

Wir kontrollieren und beurteilen als Führungskraft laufend unsere Mitarbeiter und diese auch uns. Dies ist lebensnotwendig. Wir stehen also nicht vor der Frage, ob wir eine Mitarbeiterbeurteilung brauchen oder nicht, sondern lediglich, ob wir diese schriftlich anfertigen sollen oder nicht.

Vorteile einer schriftlichen, systematischen, objektivierten Mitarbeiterbeurteilung:

Für den Mitarbeiter

- o Er kennt die Kriterien, nach denen er beurteilt wird.
- o Er weiß, wie man ihn beurteilt und was man von ihm hält.
- o Er kann so an sich arbeiten und seine Leistung verbessern.
- o Er kann seine Beurteilungen jederzeit vorweisen und ist nicht von augenblicklichen, subjektiven Beurteilungen abhängig.

Für den Vorgesetzten bzw. Vorgeordneten oder Teamleiter

- o Er kennt die Leistungen seiner Mitarbeiter besser.
- o Er weiß, was die Mitarbeiter von ihm halten.
- o Er weiß, wie er neue Aufgaben verteilen kann.
- o Er weiß, wie er vorhandene Mittel zur Weiterbildung am besten einsetzen kann.
- o Für Entlohnungsverhandlungen sind die Beurteilungen die wesentliche Voraussetzung.
- o Die geeigneten Anwärter für eine Position werden leichter gefunden.

Für die Mitarbeiter und den Vorgeordneten sind die Beurteilungen eine gute Vertrauensbasis. Beide gewinnen eine bessere Selbstkenntnis. Sie machen sich gegenseitig nichts vor. Lügen, Intrigen, Falschheit und Mißtrauen im gegenseitigen Umgang werden weitgehend unterbunden.

Schriftliche Beurteilungen sind eine wichtige Führungshilfe.

Sinn aller Konsequenzen, die den Beurteilungen folgen müssen, ist nicht, jemanden zu entwürdigen, sondern seinen Willen zu stärken und seine Fähigkeiten zu entwickeln, um mit ihm die gesteckten Ziele zu erreichen.

Die Ziele der integrierten Managementmethodik sind grundsätzlich immer 3-fach:

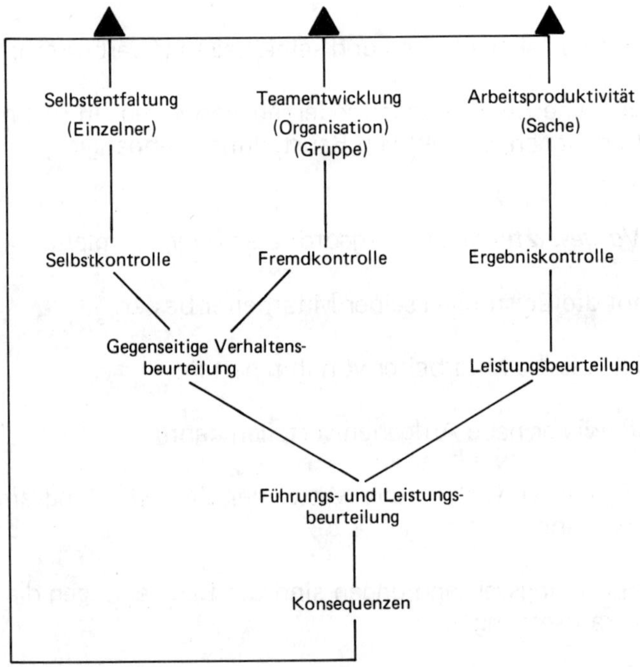

3.4 Leitsätze für eine kooperative Führung und Zusammenarbeit

Wir formulieren unsere Thesen in Form von Leitsätzen für die Praxis, als Richtschnur für unser Handeln. Entsprechend unserem Denkmodell zur Organisationsentwicklung und den dargelegten einzelnen Erfolgsfaktoren können wir zusammenfassend folgende Leitsätze zur innerbetrieblichen Diskussion empfehlen. Wir haben die Führungsleitsätze für Führungskräfte (Teamleiter), Mitarbeiter und Kollegen auf der gleichen Ebene verfaßt, da an einer kooperativen Zusammenarbeit alle beteiligt sind. Alle können die Führungsleitsätze als Maßstab für ihr eigenes Verhalten wie für das Verhalten der anderen heranziehen.

Führungsleitsätze für Teamleiter (Vorgesetzte) — Vorschläge —

1. Kooperativen Führungsstil pflegen

Sie leben und arbeiten in einer Gesellschaft. Ihre Produkte und Dienstleistungen erbringen Sie in dieser Gesellschaft für diese Gesellschaft. Also müssen Sie die politischen Werte, die Kultur, Gesetze, Sitten und Moral dieser Gesellschaft achten.

Das gleiche gilt auch für unsere Organisation. Unsere eigenen Betriebsvereinbarungen, Verhaltensregeln, Sitten und Gebräuche sollten Sie achten und damit auch den Gemeinschaftssinn und unsere Unternehmenskultur pflegen. Ein — dem heutigen demokratischen Selbstverständnis entsprechender — kooperativer Führungsstil ist erwünscht.

2. Klare Ziele vereinbaren

Setzen Sie sich selbst klare Ziele und diskutieren Sie diese Ziele mit den Zielen Ihrer Mitarbeiter. Vereinbaren Sie klare und erfüllbare Ziele.

Klare und gewollte Ziele führen zu einer engagierten Arbeit und erlauben eine Selbstkontrolle.

3. Mitarbeiter sorgfältig auswählen

Wählen Sie die Mitarbeiter aus, die den anstehenden Aufgaben fachlich und persönlich gewachsen sind. Führen Sie neue Mitarbeiter gründlich ein.

Mitarbeiter sollen ihren Fähigkeiten und Wünschen entsprechend eingesetzt werden.

4. Offen miteinander sprechen

Pflegen Sie eine offene Kommunikation. Jeder Mitarbeiter soll Ihnen sagen können, was er denkt und fühlt. Ebenso sollen Sie Ihren Mitarbeitern offen Ihre Meinung sagen.

So können Sie auf die Dauer unnötige Spannungen und Reibereien vermeiden.

5. Zusammenarbeit organisatorisch sichern, Teamgeist pflegen

Bilden Sie mit Ihren Mitarbeitern ein Team. Achten Sie auf ein kooperationsfreundliches Verhalten.

Wichtige und alle betreffende Maßnahmen sollen gemeinsam entschieden werden.

6. Aufgaben mit Verantwortung übertragen

Stecken Sie mit jedem Mitarbeiter in Ihrem Team einen Verantwortungsbereich ab. Delegieren Sie Aufgaben zur selbstverantwortlichen Durchführung.

Respektieren Sie dabei die Entscheidungen eines Mitarbeiters. Wenn er verantwortlich ist, muß er im Rahmen seines Delegationsbereichs auch entscheiden können.

Sehen Sie bei Abwesenheit eine Stellvertretung vor.

7. Angemessen entlohnen und motivieren

Wir alle arbeiten, um unsere materiellen und immateriellen Bedürfnisse zu befriedigen.

Entlohnen Sie gerecht und leistungsbezogen.

Neben dem Geld ist auch die Anerkennung und Bestätigung wichtig.

Eine eventuell notwendige Kritik soll weiterhelfen und nicht entmutigen.

8. Informationen geben

Der Mitarbeiter soll rechtzeitig und umfassend alle Informationen erhalten, die er zur Erfüllung seiner Aufgaben benötigt. Außerdem sollte er Informationen erhalten, die es ihm ermöglichen, seine Arbeit in einem größeren Zusammenhang zu sehen.

Gegenseitige Informationen sind zur Koordination der Arbeiten nötig.

9. Zu Ideen anregen

Fördern Sie das kritisch-konstruktive Mitdenken. Aufgeschlossenheit gegenüber neuen Ideen, Anregungen und Vorschlägen von Mitarbeitern führt zu besseren Problemlösungen und zu größerem Einsatzwillen von Mitarbeitern.

10. Geplant arbeiten

Gehen Sie planvoll und systematisch vor. Nicht ein voreiliges und hektisches Arbeiten bringt bestmögliche Ergebnisse.

Regen Sie in Ihrem Bereich die Planungstätigkeit an. Stimmen Sie die Pläne untereinander ab.

11. Fähigkeiten weiterbilden

Das Lernen endet nicht mit der Schule. Der soziale und technische Fortschritt verlangt ein ständiges Lernen.

Ein Unternehmen, eine Abteilung und der einzelne Mitarbeiter müssen sich ständig neuen Gegebenheiten anpassen. Sie müssen immer wieder neue, angepaßte Problemlösungen liefern, sonst verlieren sie im Wettbewerb.

Ermöglichen Sie Ihren Mitarbeitern eine ständige Weiterbildung.

12. Erfolgskontrolle durchführen

Sehen Sie Selbstkontrollen der Mitarbeiter vor und kontrollieren Sie in angemessenen Zeitabständen die Leistung Ihres Teams.

Besprechen Sie die Arbeitsergebnisse. Suchen Sie gemeinsam nach den Ursachen von Planabweichungen.

Vereinbaren Sie neue Ziele.

Fördern Sie das selbständige Arbeiten der Mitarbeiter und den Teamgeist. Führen Sie kooperativ und der Situation angepaßt.

Verhaltensleitsätze für Mitarbeiter — Vorschläge —

1. Kooperativen Zusammenarbeitsstil pflegen

Arbeiten Sie selbstbewußt mit und tragen Sie zur Entwicklung Ihres Teams bei. Pflegen Sie die gemeinsamen kulturellen Werte und achten Sie die Gesetze des Landes.

2. Klare Ziele vereinbaren

Setzen Sie sich selbst klare Ziele und diskutieren Sie diese Ziele mit den Zielen Ihres Teamleiters.

Vereinbaren Sie klare und erfüllbare Ziele.

3. Die passende Arbeit annehmen

Übernehmen Sie sich nicht. Nehmen Sie die Arbeit an, die Ihren Fähigkeiten und Neigungen am besten entspricht.

4. Offen miteinander sprechen

Pflegen Sie eine offene Kommunikation. Sagen Sie klar und deutlich, was Sie meinen. Hören Sie anderen Mitarbeitern und Ihrem Teamleiter zu.

So tragen Sie dazu bei, daß unnötige Spannungen und Reibereien vermieden werden.

5. Zusammenarbeit sichern, Teamgeist pflegen

Zeigen Sie als Mitarbeiter in einem Team ein kooperationsfreundliches Verhalten. Tragen Sie mit Ihrem Wissen und Ihren Ideen zu einer guten Zusammenarbeit bei.

6. Verantwortung tragen

Versuchen Sie nicht gleich, einmal übernommene Aufgaben zurückzugeben, wenn diese schwierig werden.

Hören Sie bei Ihrer Entscheidungsfindung alle Betroffenen an. Berücksichtigen Sie bewährte Arbeitsverfahren und Richtlinien. Stehen Sie zu Ihren Entscheidungen und akzeptieren Sie auch die Folgen.

7. Einsatzwillen zeigen

Zeigen Sie eine positive Einstellung zur Arbeit, so daß man gerne mit Ihnen zusammenarbeitet.

Geben Sie gelegentlich auch Ihrem Teamleiter und Ihren Arbeitskollegen eine Anerkennung, wenn es sein muß auch eine Kritik.

8. Informationen geben

Es besteht eine Informationspflicht. Geben Sie rechtzeitig alle Informationen, die Sie besitzen und die andere benötigen, weiter.

Nennen Sie auch Ihre Informationswünsche.

Gegenseitige Informationen sind zur Koordination der Arbeiten nötig.

9. Ideen bringen

Jeder, der engagiert mitarbeitet, hat Ideen zur Verbesserung der Leistungen.

Haben Sie Mut, auch ausgefallene Ideen zu äußern.

10. Geplant arbeiten

Planen Sie Ihre Arbeiten. Erst denken, dann handeln.

Übereiltes, unsystematisches Handeln kostet Geld.

11. Fähigkeiten entwickeln

Entwickeln und trainieren Sie Ihre Fähigkeiten. Bilden Sie sich weiter.

So bleiben Sie konkurrenzfähig.

12. Erfolgskontrolle durchführen

Kontrollieren Sie Ihre Arbeiten. Teilen Sie Ihre Kontrollergebnisse dem Teamleiter mit.

Sehen Sie in der Kontrolle des Teamleiters eine willkommene Hilfe zur Erreichung der vereinbarten Ziele.

Diskutieren Sie Planabweichungen und vereinbaren Sie u. U. neue Ziele.

Je selbständiger Sie arbeiten und je mehr Teamgeist Sie dabei zeigen, desto besser wird sich eine kooperative, leistungsstarke Zusammenarbeit entwickeln.

Verhaltensleitsätze für Kollegen — Vorschläge —

Zur Pflege des Mannschaftsgeistes gehört auch die Pflege des Verhältnisses von Mitarbeitern untereinander.

1. Kooperative Zusammenarbeit pflegen

Helfen Sie sich gegenseitig in der Arbeit und pflegen Sie einen guten Kontakt untereinander.

2. Ziele untereinander abstimmen

Stimmen Sie Aufgaben und Ziele, die Sie mit Ihrem Teamleiter vereinbart haben, auch untereinander ab.

3. Sich gegenseitig ergänzen

Ergänzen Sie sich untereinander mit Ihren Fähigkeiten.

4. Offen miteinander sprechen

Sprechen Sie offen und ehrlich mit Ihren Kollegen, Verhindern Sie unnötige Mißverständnisse.

5. Teamverantwortung tragen

Tragen Sie auch Verantwortung für das ganze Team mit, nicht nur für übernommene Einzelaufgaben.

6. Nicht ständig einmischen

Helfen Sie sich gegenseitig, aber respektieren Sie den Aufgabenbereich Ihres Kollegen. Halten Sie Arbeitsabsprachen auch untereinander ein.

7. Sich gegenseitig motivieren

Ermutigen Sie gelegentlich auch Ihren Kollegen. Geben auch Sie ihm Anerkennung. Er sollte sich freuen mit Ihnen arbeiten zu dürfen.

8. Informationen geben

Geben Sie Ihren Kollegen bereitwillig Informationen, wenn Sie sehen, daß sie die Informationen für ihre Arbeit benötigen. Halten Sie Informationstermine ein.

9. Ideen bringen

Regen Sie Ihre Kollegen mit Ideen an. Helfen Sie sich gegenseitig bei der Lösung von Problemen.

10. Geplant arbeiten

Planen Sie Ihre Arbeit und stimmen Sie sich auch untereinander ab.

11. Weiterbildung unterstützen

Unterstützen Sie die Weiterbildung Ihrer Kollegen. Lernen Sie auch von Ihren Kollegen. Tauschen Sie Ihr Wissen aus.

12. Zusammenarbeit überprüfen

Über Ihre Zusammenarbeitsweise untereinander sollten Sie mindestens einmal im Jahr gründlich sprechen.

4.1 Sinn und Zweck der Arbeitsmethodik

Mit der Arbeitsmethodik wollen wir rationeller und ergiebiger arbeiten, Kosten senken, die Produktivität erhöhen und bessere Renditen erzielen, kurz: Wirtschaftlicher arbeiten. Ziel ist die Rationalisierung und Weiterentwicklung (Innovation) in allen Gebieten.

Die Arbeitsmethodik ist insbesondere zur Lösung von komplexen Aufgaben nützlich. Sie ist allgemeingültig, interdisziplinär, fachübergreifend. Sie stellt kein neues Fachwissen dar, sondern ist ein Teil des allgemeinen Managementwissens, des methodischen Denkens und systematischen Vorgehens. So wird hier nicht der Arbeitsmethodiker ausgebildet, sondern vielmehr Fach- und Führungskräften eine allgemeine Problemlösungs- und Zielerreichungs-Methodik geboten.

Es geht hier auch nicht um menschliche Beziehungsgestaltung und Motivation, sondern um ein sach- und aufgabenbezogenes Arbeiten, das bereits eine starke Motivation und ein gutes Betriebsklima voraussetzt. Man kann erst an eine Sache herangehen, wenn man weiß, was man will. Von der Zielformulierung bis zur Zielerreichung ist jedoch ein weiter Weg. Diesen Arbeitsweg rationell und effektiv zu beschreiten, ist Sinn und Zweck der Arbeitsmethodik.

4.2 Konzept der 4-Phasen-Arbeitsmethode

Die 4-Phasen-Arbeitsmethode faßt bewährte Arbeitstechniken in einem System zusammen. Die Methodik ist in ***Einzel- oder Teamarbeit*** einzusetzen.

Die Arbeitsmethodik in 4 Phasen ist eine Hilfe für die eigene Arbeit wie für die konsequente Zusammenarbeit. Hier wird bewußt gemacht, wie ein ***produktiver Arbeitsprozeß*** abläuft. Durch diese Einsicht und im praktischen Durchlauf der 4 Phasen wollen wir bestmögliche Arbeitsergebnisse erreichen.

Diese Methode ist prinzipiell ***für die Bearbeitung von kleinen Aufgaben wie von großen Projekten*** nützlich.

So wie nach der Gestaltlehre das Ganze mehr als die Summe seiner Teile ist, ist auch diese Arbeitsmethodik mehr als die Summe aller einzelnen Arbeitstechniken. Erst durch einen abgestimmten Zusammenschluß aller wesentlichen Arbeitstechniken in einem praktikablen System erreichen wir größtmögliche Arbeitserfolge.

Das System ist dazu ein offenes System. Dies erlaubt Ihnen eigene, erprobte Arbeitstechniken einzubringen oder auch nur Teile der Methodik bereits nutzbringend einzusetzen.

Die Arbeitsmethodik ergänzt Ihr Fachwissen. Sie verlangt nicht den Spezialisten.

4.2.1 Begründung, Aufbau und Ablauf der 4-Phasen-Arbeitsmethode

Begründung

Arbeit = Kräfteeinsatz.

Systematische Arbeit ist systematischer Kräfteeinsatz, hier in 4 Schritten oder Phasen.

Die 4 Phasen basieren auf den Erkenntnissen der Psychologie über die Anlage der menschlichen Persönlichkeit. In ihr sind ***vier Grundkräfte*** integriert:

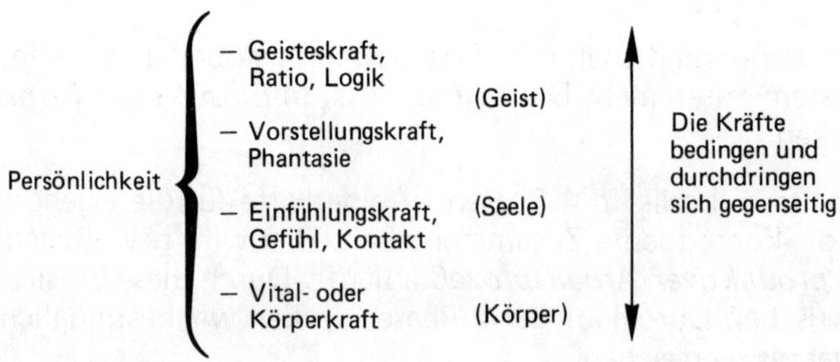

AUFBAU DER 4-PHASEN-ARBEITSMETHODE

Der gesunde Mensch ist ein bedürftiges Wesen und von Natur aus mit Kräften ausgestattet, seine Bedürfnisse zu befriedigen. Die Nutzung der Kräfte im Arbeitsprozeß ergibt unsere Leistungen. Alles, was wir sind und haben, restlos alles, verdanken wir unseren Fähigkeiten und Kräften. In der 4-Phasen-Arbeitsmethode werden alle Kräfte systematisch erfaßt und zielgerecht eingesetzt.

	Grundkräfte des Menschen		Nutzung der Kräfte im Arbeitsprozeß bei jeder Aufgabe			Arbeitstechniken, die Kräfte provozierend und einsetzend	
Persönl. Leistungsstärke	1 Geisteskraft, Ratio, Logik	Willensstärke	1. Phase: Analysen dazu zuvor: I Informationen sammeln	Rückmeldung	Willensbildung	Informationstechniken, Analysentechniken	Organisation des Arbeitsprozesses
	2 Vorstellungskraft, Phantasie		2. Phase: Konzepte dazu zuvor: Ideen entwickeln		Ziel	Ideenentwicklungs- und Konzeptionstechniken	
	3 Einfühlungskraft, Gefühl, Kontakt		3. Phase: Real-Planung dazu zuvor: Zeit und Mittel einschätzen			Zeit- und Real-Planungstechniken	
	4 Vital- oder Körperkraft		4. Phase: Realisation dazu zuvor: Entscheidungen treffen		Willensdurchführung	Entscheidungs- und Durchführungstechniken	

Einsatz der Kräfte →

← Stärkung der Kräfte

Alle Kräfte sind einzusetzen, sonst wird die Persönlichkeit einseitig und verliert an Leistungskraft. Je besser die Integration der Kräfte, desto größer ist das Engagement der gesamten Persönlichkeit. Alle Kräfte verlangen – um nicht zu verkümmern – danach, eingesetzt zu werden. (Vergl. Recht auf Arbeit, Arbeitsfreude, Selbstverwirklichungsdrang).

Die Arbeitsmethodik in vier Phasen folgt dem Aufbau der menschlichen Persönlichkeit. Mit dieser Methode denken und handeln wir systematisch. Das sich immer mehr konkretisierende Ziel lenkt den Einsatz der Kräfte, die Rückmeldungen ermöglichen einen fortschreitenden Lernprozeß. – Jede Aufgabe, die größte und die kleinste, gleichgültig welchen fachlichen Inhalts, wird so bearbeitet.

In der 4-Phasen-Arbeitsmethode sind die vielfältigen bestehenden Arbeitstechniken in einem abgestimmten Ablauf zusammengefaßt. – Für jede Phase gibt es Arbeitstechniken, die von jedem angewandt werden können.
Mit der Verantwortung und der hierarchischen Ebene einer Persönlichkeit steigt im allgem. auch die Zahl und die Qualität der eingesetzten Arbeitstechniken.

ABLAUF DER 4-PHASEN-ARBEITSMETHODE

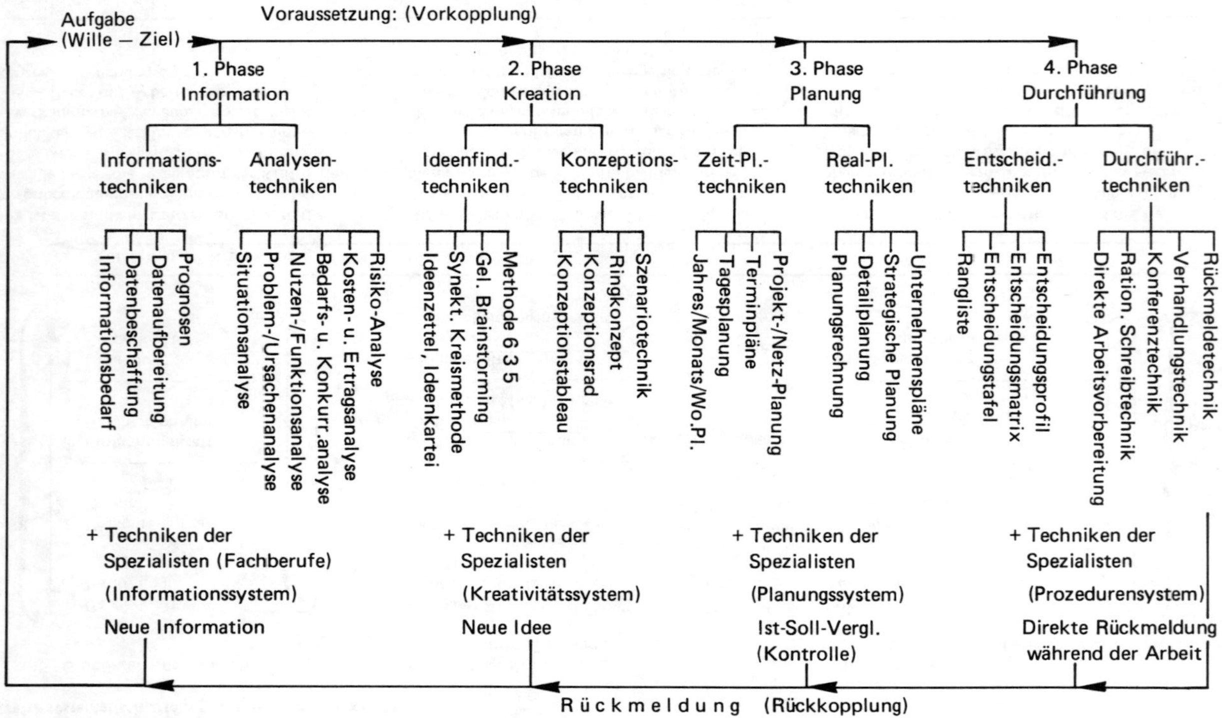

Anm.: Einige Arbeitstechniken sind alternativ zu verwenden.

Alle Kräfte einer Persönlichkeit sollen in der 4-Phasen-Arbeitsmethode eingesetzt werden. Sie bilden die Grundlage dieser Arbeitsmethode, die alle Kräfte entfaltet, integriert und insgesamt zu besseren Arbeitsleistungen nutzt. Die Führungs- und Steuerungskraft, die Willenskraft richtet schließlich als übergreifende Kraft die vier Grundkräfte dem Willen bzw. Ziel entsprechend aus.

Eine Kraft ist eine Energie oder eine Fähigkeit, etwas zu bewirken. Was bewirkt werden soll, sagen die Bedürfnisse durch den Willen. Die Willenskraft setzt die vorhandenen Kräfte ein, die im Aufbau der Persönlichkeit liegen. Die Größe der Kraft ist abhängig von der Größe der Spannung, die die unbefriedigten Bedürfnisse erzeugen. Die Kraft zerfällt jedoch bei Über-spannung genauso, wie sie bei Unter-spannung schwach ist. Bedürftige, begierige Menschen sind leistungsbereiter als relativ satte, uninteressierte oder über-spannte.

Durch Anspannung (Arbeit) werden die Kräfte eingesetzt und trainiert. Durch Entspannung wird einer Daueranspannung, die zur Überspannung führen kann, entgegengewirkt und die Kräfte zu einer neuen Anspannung bereit gehalten bzw. regeneriert. (Vergl. Wechselwirkung von Konzentration und Entspannung.)

Rückmeldungen (Erfolgskontrolle)

Mit der Information über das Erreichte endet die Durchführung der Aufgabe; der Kreislauf der Arbeitsmethodik schließt sich. Mit dem „feed back" der Rückkopplung oder Rückmeldung der erreichten Ist-Werte kann in Gegenüberstellung zu den Soll-Werten die Erfolgskontrolle durchgeführt werden.

Beispiele:

– ***Noch während der Durchführung*** der Aufgabe merken wir, daß die Zielerreichung in Gefahr ist (Rückmeldung), wir greifen spontan ein.

  Z. B. während des Druckens verfängt sich ein Blatt. Wir stoppen sofort die Maschine, ziehen das Blatt heraus und schalten wieder ein. Oder: während eines Verkaufsgesprächs zeigt der Kunde kein

Interesse mehr an einem Elektroherd, weil er keine Zeituhr hat. Wir zeigen spontan unsere Herde mit Zeituhr oder ändern unsere Verkaufstaktik auf Grund der Information des Kunden.

– ***Die Aufgabe ist durchgeführt.*** Der Vollzug wird notiert oder gemeldet. Diese Rückmeldung kann bei entsprechender Abweichung die Durchführung der folgenden Aufgaben ändern.

  Z. B. wir haben 10 Kunden am Tag zu besuchen. Besuchszeit ist bis höchstens 17.00 Uhr. Kurz vor Ende der Besuchszeit haben wir erst 8 Kunden besucht. Wir müssen die Besuchsfolge am nächsten Tag ändern oder 2 Kunden unbesucht lassen.

Die Rückmeldungen zu den einzelnen Phasen

Alle Rückmeldungen sind Informationen.

Informationen über die Ist-Werte gehen in unsere Planung zur Erfolgskontrolle. (Planungsphase)

Informationen über das Erreichte sind Ausgangswerte für Statistiken und Analysen. (Informationsphase)

Informationen können Wünsche und Ideen – geboren bei der Durchführung der Aufgabe – sein. (Kreativitätsphase)

Die Rückmeldungen nehmen letztlich auch unmittelbar auf die Durchführung der Aufgabe Einfluß. (Durchführungsphase)

Rückmeldungen (feed backs) sind jedoch noch keine Erfolgskontrolle, sondern nur die Ist-Werte dazu. Erfolgskontrolle ist Soll-Ist-Vergleich. Soll-Ist- vergleichen heißt aber planerisch arbeiten. Die Erfolgskontrolle ist logischer Bestandteil der Planungsphase.

Rückmeldungen laufen als Informationen über das Informationssystem. Im Informationssystem sind die direkten Rückkoppelungen zu den einzelnen Phasen angegeben.

Wie tief in die einzelnen Phasen gegangen wird, wieviele Arbeitstechniken zur Erledigung einer Aufgabe eingesetzt werden, ***hängt von der***

jeweiligen Aufgabe ab. Theoretisch könnte man alle Techniken für jede Aufgabe einsetzen. Praktisch wäre dies jedoch unwirtschaftlich. Wichtig ist nur, daß bei jeder Aufgabe alle 4 Phasen – und sei es auch nur in Gedanken – durchlaufen werden.

Im Durchlauf der 4 Phasen berücksichtigen wir systematisch alles, was zur Erreichung eines Zieles wichtig ist. Wir sammeln Informationen im Rahmen der gestellten Aufgabe. Wir werten die Informationen aus und erstellen Analysen (1. Phase). Dann suchen wir nach weiterführenden Ideen und entwickeln Konzepte, die ideelle Lösungsmöglichkeiten einer Aufgabe zeigen (2. Phase). Bevor wir nun daran gehen, ein Konzept, einen Roh- oder Idealplan, in die Praxis umzusetzen, erstellen wir einen Realplan, in dem ausdiskutiert ist, mit welchen Mitteln, wie, wo und wann die Ziele zu erreichen sind. Für die Ablaufplanung der Tätigkeiten spielt die Zeit die Hauptrolle. Wir sehen sie als die Vorbedingung für die Realplanung (3. Phase). Kurz bevor wir starten, ist die Entscheidung zur Durchführung fällig. Danach werden die weiteren Durchführungsvorbereitungen getroffen und gehandelt. Das Handeln kann darin bestehen, daß man Aufträge erteilt, Briefe schreibt, diskutiert oder manuell z. B. eine Schraube löst. Es endet (vorläufig) mit einer Rückmeldung, inwieweit das Ziel erreicht wurde (4. Phase).

Die Arbeitsmethodik in 4 Phasen faßt die vielfältigen bestehenden Arbeitstechniken in einem abgestimmten Ablauf zusammen.

Mit dieser Methode denken und handeln Sie systematisch. Das sich immer mehr konkretisierende Ziel lenkt den Einsatz der Kräfte, die Rückmeldungen ermöglichen einen fortschreitenden Lernprozeß.

4.2.2 *Bedeutung und Zusammenspiel der 4 Phasen*

Organisatorische Kennzeichnung	Tätigkeiten	Menschliche Bedeutung und Kräfteeinsatz	Bedeutung für die Zusammenarbeit	Wirtschaftliche Bedeutung
Phase 1: Daten Analysen	Daten sammeln, ordnen und in Beziehung bringen; analysieren (Vergangenheit, Gegenwart, Zukunft).	Sicherheit durch Fakten und den analysierenden Verstand. Einsatz der Geisteskraft, Ratio.	Information der Mitarbeiter; objektivierte Kontrolle der Leistungsergebnisse; Daten zur Willensbildung. Interdependenzen begreifen.	Betriebsanalysen, Marktanalysen; Kennzahlen zur Erfolgskontrolle; abgesicherte Tätigkeiten. Anpassung an die Gegebenheiten.
Phase 2: Ideen Konzepte	Neue Ideen entwickeln, Möglichkeiten ausdenken, Idealpläne oder Alternativkonzept entwerfen; konzipieren.	Veränderung durch neue Ideen und die konzipierende Vorstellungskraft. Einsatz der Phantasie.	Sach-Motivation der Mitarbeiter; eigene Ideen und Wünsche in die Diskussion bringen. Identifikation mit den Aufgaben und Zielen.	Neue Methoden, neue Produkte, neue Leistungen; Beweglichkeit des Betriebes. Gestaltung, Innovation, Einwirkung auf die Gegebenheiten.
Phase 3: Zeit- und Real-Pläne Soll-Ist-Vergleiche	Diskussion der Konzepte, Erarbeiten eines optimalen Plans mit realistischem Ziel (Soll); real planen.	Willensspannkraft, geboren aus Sicherheitsbedürfnis und Veränderungswille, gehalten durch das vermittelnde Gefühl.	Gemeinsame Willensbildung während der vorgelegten Pläne oder Konzepte, Entscheidungen im Team über die zu erreichenden Ziele. Integration der Mitarbeiter.	Optimaler Einsatz der Mittel, konsolidiertes Wachstum; bestmögliche Zielpläne.
Phase 4: Entscheidungen Aufgabenstellungen	Genehmigung, Entscheidung, Aufgabenstellung, durchführen, organisieren, delegieren.	Willensstoßkraft zur Erreichung der Ziele und Lösung der Spannung durch den realisierenden Trieb.	Entscheidung zur selbstverantwortlichen Durchführung der Pläne (Delegation); kooperative Aufgabenerfüllung, zielbejahte Zusammenarbeit, Interaktion.	Zielbewußtes, schnelles (weil vorbedachtes), engagiertes Handeln; höchstmöglicher Erfolg bzw. Rendite der eingesetzten Mittel.

Das Zusammenspiel der 4 Phasen

Der Plan liegt in der Mitte und verbindet alles, indem er Fakten und Ideen beinhaltet und die Basis für die Durchführung bildet.

Eine Real-Planung vermittelt also rational-logische und kreative Planung mit den realen Durchführungsgegebenheiten. Zur Real-Planung gehört neben Intellekt und Phantasie vor allem Einfühlungsvermögen in die Praxis und Kontakt zur Durchführung. Ohne diese Abstimmung mit der Durchführung nützt die Planung nichts. Sie bleibt unrealistisch.

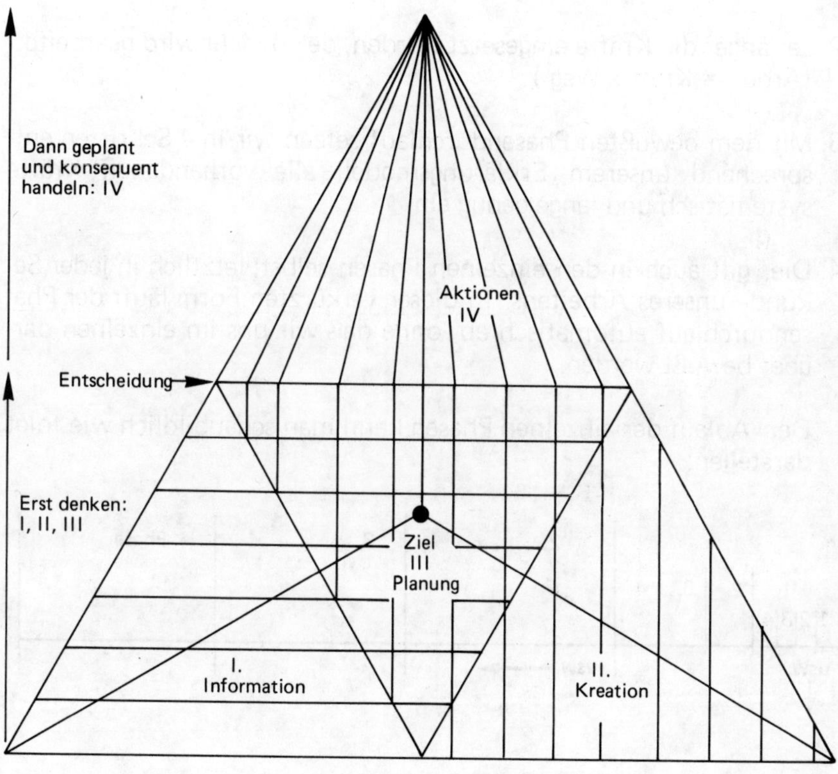

Das Ziel, zunächst nur eine Willenserklärung (Wunschziel), steht im Mittelpunkt. Der Plan mit der Zieloptimierung wird dann erstellt, indem die Fakten mit den Ideen ausdiskutiert werden. Der Plan mit dem dann realistischen Ziel (Sollvorgabe) ist Grundlage der Aufgabenstellung. Die folgenden Aktionen können schnell, planvoll und zielbewußt ablaufen. Die Rückkopplung der erreichten Ist-Zahlen für den Soll-Ist-Vergleich sichert eine den Realitäten angepaßte Entwicklung.

Zum Ablauf der Phasen

1. Die menschliche Persönlichkeit handelt als eine Einheit aus Intellekt, Phantasie, Gefühl und Körper, auch wenn einzelne Kräfte bei bestimmten Arbeiten dominant werden.

2. Je länger die Kräfte eingesetzt werden, desto mehr wird gearbeitet. (Arbeit = Kraft x Weg.)

3. Mit dem bewußten Phasendurchlauf setzen wir in 4 Schritten entsprechend unserem Erklärungsmodell alle vorhandenen Kräfte systematisch und lange genug ein.

4. Dies gilt auch in den einzelnen Phasen selbst; letztlich in jeder Sekunde unseres Arbeitens. In dieser verkürzten Form läuft der Phasendurchlauf automatisch ab, ohne daß wir uns im einzelnen darüber bewußt werden.

   Den Ablauf der einzelnen Phasen kann man schaubildlich wie folgt darstellen:

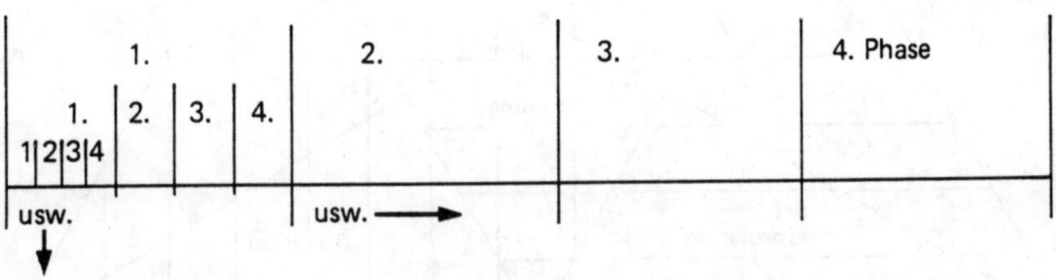

Beispiel:

Im Gesamtablauf der Marketingarbeit im Absatzbereich eines Unternehmens ist die Marktforschung die 1. Phase. Jedoch auch der Marktforscher arbeitet in seinem Bereich nach den 4 Phasen. Auch er informiert sich (1), entwickelt z. B. Befragungskonzepte (2), stellt einen Befragungs-Plan auf (3) und führt schließlich die Arbeiten durch (4).

Ein anderer Vergleich zur Überlappung der Phasen bietet sich mit den Radiowellen an:

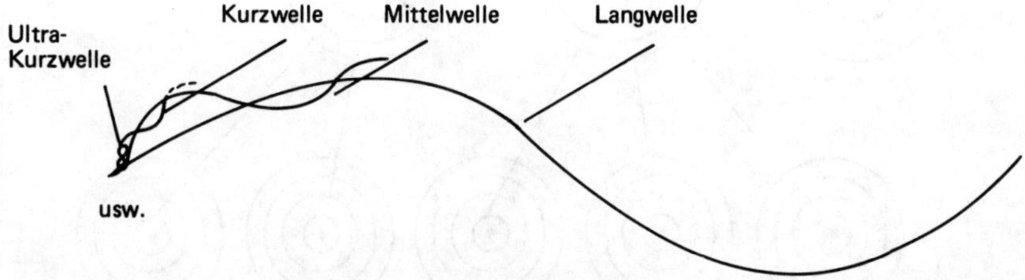

5. Die „Wellenlänge", die Länge der einzelnen Arbeitsphasen, wird durch die Aufgabe bestimmt. Die Aufgabe wird dann im systematischen Durchlauf aller 4 Phasen gelöst. Dabei können die einzelnen Phasen entsprechend dem anstehenden Problem verschieden gewichtet sein, durchlaufen werden sie jedoch alle.

4.2.3 Die 4 Phasen in der Struktur-Organisation

Wir verweisen im weiteren auf das Team-Management, das die Organisation der Information, Kreativität und Planung vorsieht.

Jede Stelle in der Organisation hat:

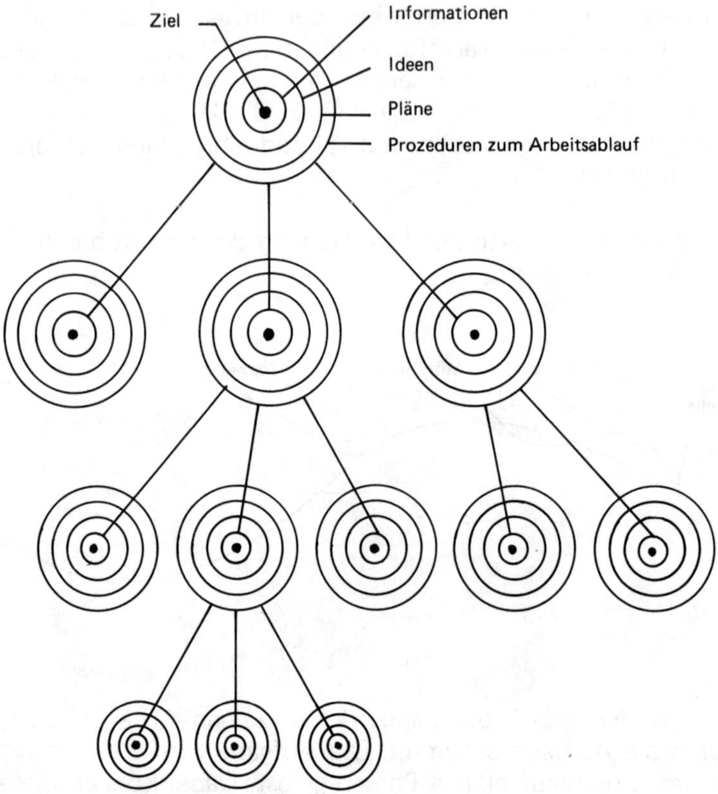

4.2.4 Die 4 Phasen in der Ablaufs-Organisation
(Einzel- oder Teamarbeit)

Jedes Ziel soll mit dem Durchlaufen der 4 Phasen schnell, sicher und wirtschaftlich erreicht werden. Jede Aufgabe soll so methodisch bewußt gelöst werden. Ausnahme: Reine Routine-Aufgaben. Hierfür liegt eine erprobte Prozedur vor, die selbst einmal nach der 4-Phasen-Arbeitsmethode entwickelt wurde und die jederzeit so wieder überdacht werden kann.

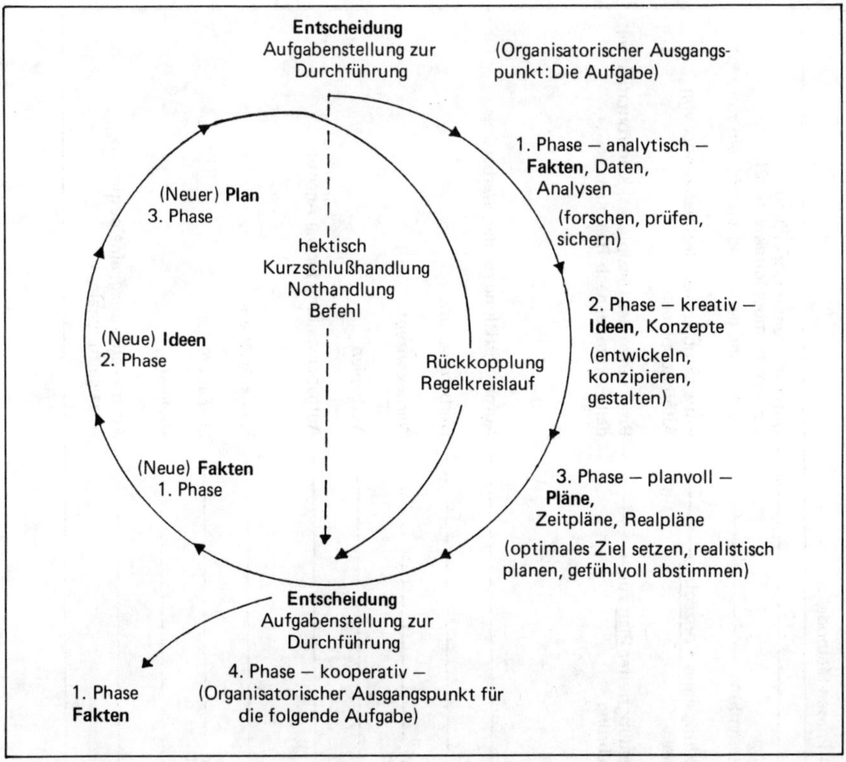

Alle Phasen der Arbeitsmethode sind gleich wichtig. Es kommt nicht auf möglichst viele Informationen an, auf möglichst viel Wissen, auf möglichst viel Phantasie oder einen möglichst großen Tatendrang – sondern auf eine gewichtete Abstimmung der einzelnen Tätigkeiten. Ideen, Informationen, Pläne oder Kräfte, die nicht zielgerichtet genutzt werden, verteuern unsere Arbeit. Wieviele Informationen beispielsweise bleiben ungenutzt? Wieviele Informationen werden unnötig produziert und können gar nicht mehr aufgenommen werden?

Es ist wirtschaftlicher mehr Analysentechnik, Kreativitätstechnik, Planungstechnik und Durchführungstechnik zu beherrschen bzw. von allem genügend zu haben, als eines in Überfülle.

Außerdem ist es wirtschaftlicher, wenn möglichst viele Mitarbeiter dies können, als nur wenige Spezialisten. So ist es beispielsweise nicht

Beispiel einer kooperativen Arbeitsverkettung nach der "4-Phasen-Methode":

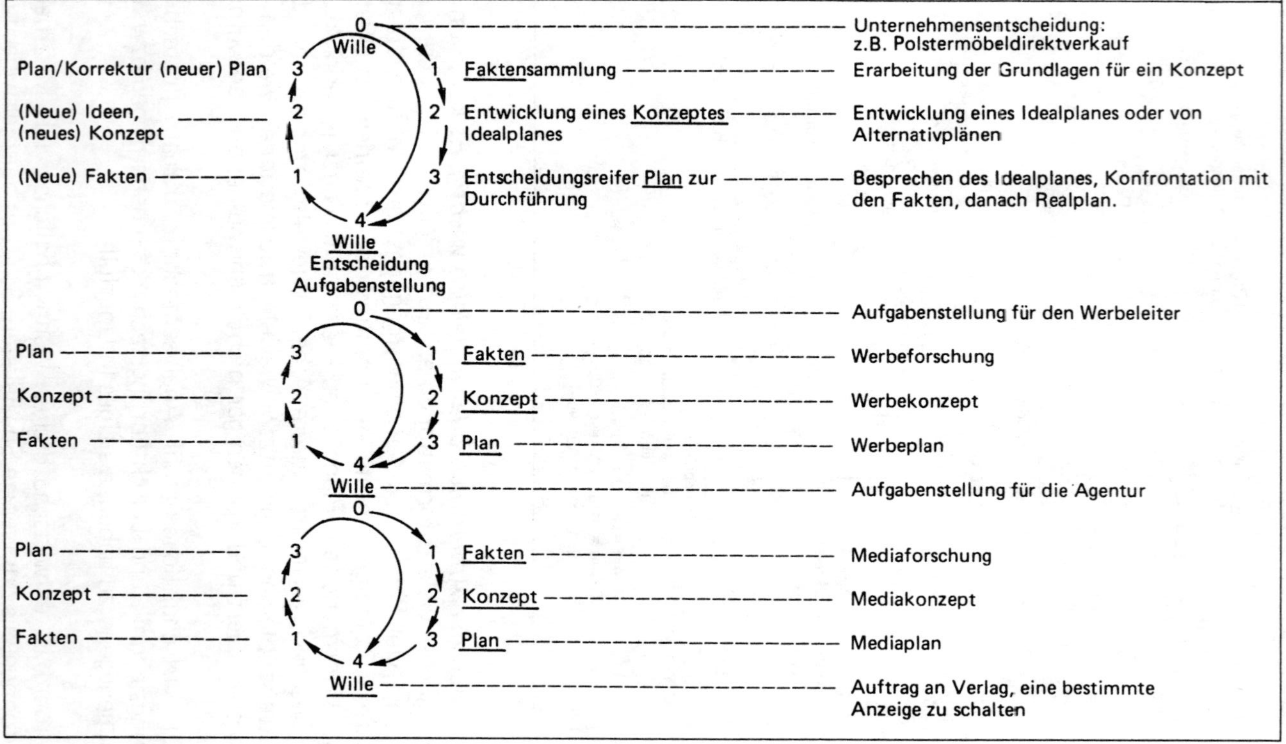

wirtschaftlich, wenn einige nur denken und andere nur agieren. Die einen verstehen von der Praxis zuwenig, die anderen denken zuwenig mit.

Je mehr geforscht, analysiert und mit Phantasie entwickelt wird, desto bessere Pläne werden wir haben. Bessere Pläne ermöglichen ein planvolleres, abgestimmteres Arbeiten.

Je besser also die Entscheidungen durchdacht und begründet sind, desto besser werden die Ziele erreicht werden. Wird diese Arbeit systematisch fortgesetzt, so zeigt sich ein ***Spiraleffekt***.

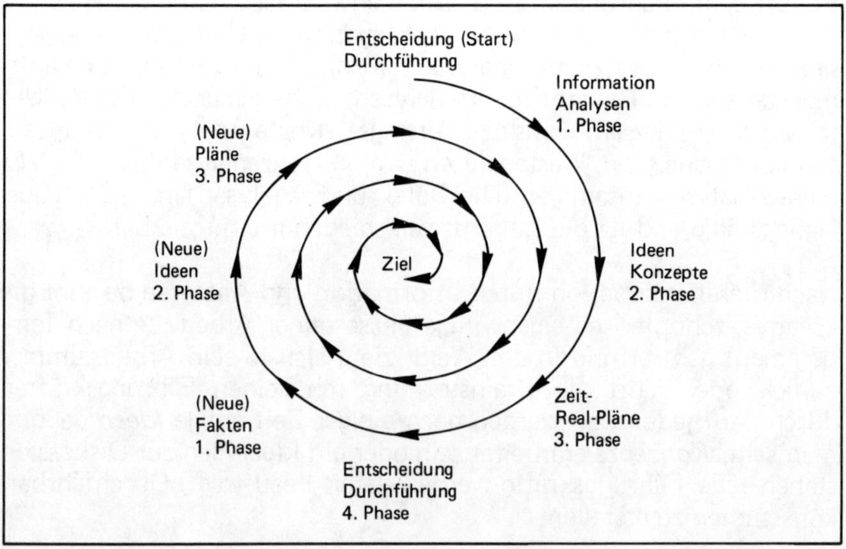

4.2.5 Beispiele der Anwendung der 4-Phasen-Arbeitsmethode

– Der Geschäftsführer eines großen Unternehmens

Das Top-Management eines Konzerns oder der Geschäftsführer eines Großunternehmens haben viele tausend Daten zu analysieren, laufend Entscheidungen über Millionenbeträge zu treffen, ein paar tausend Mitarbeiter zu führen und alle Kapazitäten eines Unternehmens zu koordinieren.

Dazu hat der Geschäftsführer ein Informationssystem aufgebaut oder eine ganze Abteilung damit beauftragt. Er hat Forschungs-, Entwicklungs- und Planungsabteilungen oder eine betriebswirtschaftliche Abteilung. Er und seine Mitarbeiter sind betriebswirtschaftlich in Planung, Organisation, Kontrolle und in Führungsmethoden geschult.

Der Geschäftsführer will nun beispielsweise das Unternehmen aus den roten Zahlen bringen und langfirstig eine angemessene Kapitalverzinsung erreichen. Dazu muß er Aufgabenstellungen für sein Management formulieren und Arbeitskraft von vielen Mitarbeitern zielgerecht einsetzen, d. h. führen. – Wie macht er das?

Er ruft seine Führungskräfte zusammen und läßt sich die Lage schildern. Er sammelt also zunächst ***Informationen***. Und läßt sich ***Analysen*** geben: Absatzmarktanalysen, Konjunkturanalysen, Einkaufsmarktanalysen, Rohstoffmarktanalysen, Arbeitsmarktanalysen, Unternehmensanalysen, Umsatz-, Ertrags-, Kostenanalysen, Bilanzen, Liquiditätsanalysen, Wertanalysen, Konkurrenzanalysen usw. Er faßt diese Analysen zusammen. Die Daten und Analysen sind jedoch auslegungsfähig und für die Zukunft verschieden interpretierbar.

Nach dieser Inkubation durch Information und Analysen beginnt die kreative, schöpferisch-eigenwillige Phase seiner Arbeit. Je nach Temperament geht er nun in den Wald, zieht sich in sein Arbeitszimmer zurück oder führt ein Brainstorming mit seinen Führungskräften durch. Auf jeden Fall werden nach einiger Zeit einige ***Ideen*** gekommen sein, ***Konzepte*** erarbeitet sein oder ein Ideal-Plan zur Diskussion stehen. Die Führungskräfte werden damit beauftragt, Durchführbarkeitsstudien zu erstellen.

Danach wird ein ***Real-Plan*** mit den einzelnen, detailliert beschriebenen Unternehmenszielen vorgestellt. Nach diesem Plan, der mit den Bereichsleitern besprochen ist, ergeben sich für Einkauf, Verkauf, Personalabteilung, Finanzabteilung usw. Ziele, die zu erreichen sind, will man in der gewünschten Zeit aus den roten Zahlen sein.

Die Pläne werden in Zusammenarbeit mit den Bereichsleitern zur ***Durchführung*** entschieden. Soll-Ist-Vergleiche sichern im Anschluß die zielorientierte Vorgehensweise.

– ***Der Sachbearbeiter in einer Abteilung***

Der Sachbearbeiter oder Facharbeiter kann die 4-Phasen-Arbeitsmethode ebenfalls in seinem Arbeitsbereich anwenden.

Hat er beispielsweise als Sachbearbeiter im Innendienst die ***Aufgabe***, die Reiseberichte der Vertreter auszuwerten, so kann er überlegen, wie er seine Arbeit rationeller gestalten kann und seine Leistungssolls übertreffen kann.

Denken kann er jedoch nicht ohne Informationen. Er muß seinen Vorgesetzten fragen, Arbeitskollegen fragen und ***Daten*** zu seinem Arbeitsbereich ***sammeln.***

Ist er engagiert bei seiner Arbeit, wird er auch ***eigene Ideen*** zu seiner besseren Leistung entwickeln. Er wird auf neue Formulare kommen, er wird manche unnötige Arbeit in seinem Bereich abstellen wollen.

Er wird beim Innendienstleiter Gehör finden. Dieser wird ihn ermutigen, einen ***Plan*** oder einen – unter weiteren Vorgaben – realistischen Vorschlag zu machen.

Nachdem dieser Plan besprochen ist, kann der Innendienstleiter den Sachbearbeiter planmäßig selbständig arbeiten lassen. Der Sachbearbeiter weiß, was er will, und daß er das Richtige tut. Er ist schnell und wendig in der ***Durchführung*** seiner Aufgabe.

Anmerkung:

Es ist klar: Man kann nicht völlig weisungsgebundene Mitarbeiter von heute auf morgen zu unternehmerisch Selbständigen in ihrem Arbeitsbereich machen. Stimmt man aber dem zu, daß der Erfolg eines Unternehmens sich aus den Erfolgen aller Mitarbeiter zusammensetzt, dann liegt es nahe, die Fähigkeiten aller Mitarbeiter systematisch zu steigern.

4.2.6 Zusammenfassung

Betrachten wir die Arbeitsweise der Erfolgreichen.
Wie gehen sie vor?

1. Sie sind hellwach und nehmen begierig alle ***Informationen*** auf, die ihnen nutzen. Sie sammeln überall – sogar auf Zetteln, Servietten, Visitenkarten etc. – Informationen. Sie fragen viel und sichern bei allen Gelegenheiten ihre Informationen ab. Und sie gehen den Dingen auf den Grund. Sie ***analysieren*** die Situationen und Tatbestände. (1. Phase)

2. Sie haben Ideen und nochmals ***Ideen***, wo anderen nichts einfällt. Sie machen ***Konzepte*** und schmieden Pläne. (2. Phase)

3. Sie sind trotz aller Begeisterung ***Realisten*** und planen ihre Ziele, indem sie ihre Ideen mit den realen Fakten verknüpfen. Sie sind lebensnah und berücksichtigen die ***Zeit***, in der etwas möglich ist oder nicht möglich ist. (3. Phase)

4. Sie wissen, was sie können und wollen. Sie sind ***entschlußfreudig.*** Sie ***handeln*** schnell und wendig. (4. Phase)

Kurz: Sie sind gut informiert, haben Ideen, machen realistische Pläne und handeln zielbewußt, schnell und entschieden. Sie arbeiten entsprechend der 4-Phasen-Arbeitsmethode und sind geschickt im Verhandeln.

Arbeitsmethodik, Aufgaben- oder Projektmanagement
(Denkmodell zur Arbeits-Methodik)

Der systematische Einsatz aller Fähigkeiten (einschl. des Fachwissens) garantiert einen höchstmöglichen Arbeitserfolg, sofern das Beziehungsgefüge (Kommunikation, Motivation) in der Familie und im Betrieb in Takt ist. Wenn nicht, gibt es Zweifel am Sinn der Arbeit, am Ziel. Der Antrieb erlahmt.

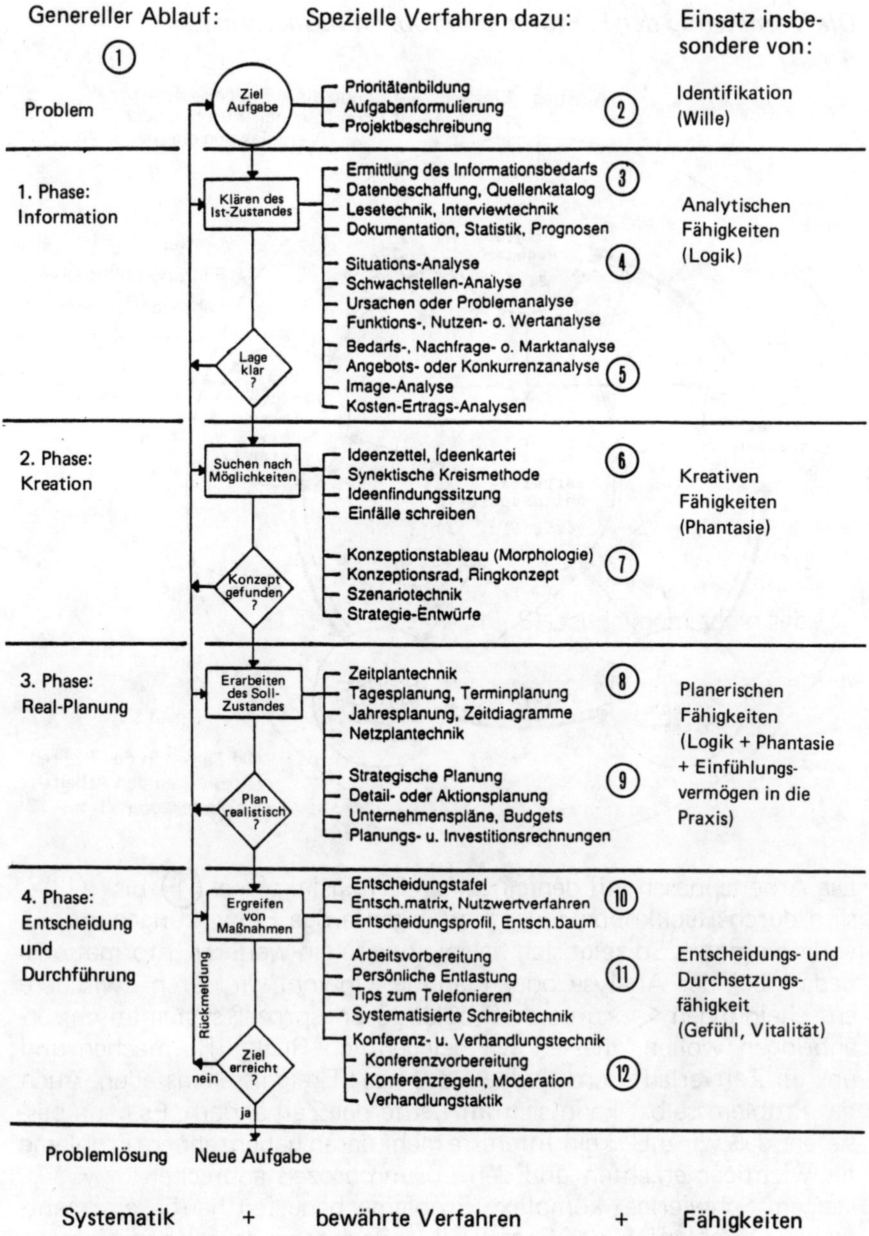
Genereller Ablauf:
Spezielle Verfahren dazu:
Einsatz insbesondere von:
1
Problem
Ziel Aufgabe
Prioritätenbildung
Aufgabenformulierung
Projektbeschreibung
2
Identifikation (Wille)
1. Phase: Information
Klären des Ist-Zustandes
Ermittlung des Informationsbedarfs
Datenbeschaffung, Quellenkatalog
Lesetechnik, Interviewtechnik
Dokumentation, Statistik, Prognosen
3
Situations-Analyse
Schwachstellen-Analyse
Ursachen oder Problemanalyse
Funktions-, Nutzen- o. Wertanalyse
4
Bedarfs-, Nachfrage- o. Marktanalyse
Angebots- oder Konkurrenzanalyse
Image-Analyse
Kosten-Ertrags-Analysen
5
Lage klar ?
Analytischen Fähigkeiten (Logik)
2. Phase: Kreation
Suchen nach Möglichkeiten
Ideenzettel, Ideenkartei
Synektische Kreismethode
Ideenfindungssitzung
Einfälle schreiben
6
Konzeptionstableau (Morphologie)
Konzeptionsrad, Ringkonzept
Szenariotechnik
Strategie-Entwürfe
7
Konzept gefunden ?
Kreativen Fähigkeiten (Phantasie)
3. Phase: Real-Planung
Erarbeiten des Soll-Zustandes
Zeitplantechnik
Tagesplanung, Terminplanung
Jahresplanung, Zeitdiagramme
Netzplantechnik
8
Strategische Planung
Detail- oder Aktionsplanung
Unternehmenspläne, Budgets
Planungs- u. Investitionsrechnungen
9
Plan realistisch ?
Planerischen Fähigkeiten (Logik + Phantasie + Einfühlungsvermögen in die Praxis)
4. Phase: Entscheidung und Durchführung
Ergreifen von Maßnahmen
Entscheidungstafel
Entsch.matrix, Nutzwertverfahren
Entscheidungsprofil, Entsch.baum
10
Arbeitsvorbereitung
Persönliche Entlastung
Tips zum Telefonieren
Systematisierte Schreibtechnik
11
Konferenz- u. Verhandlungstechnik
Konferenzvorbereitung
Konferenzregeln, Moderation
Verhandlungstaktik
12
Rückmeldung
Ziel erreicht ?
nein
ja
Entscheidungs- und Durchsetzungsfähigkeit (Gefühl, Vitalität)
Problemlösung
Neue Aufgabe
Systematik + bewährte Verfahren + Fähigkeiten

Die Vernetzung der Faktoren im Problemlösungsprozeß

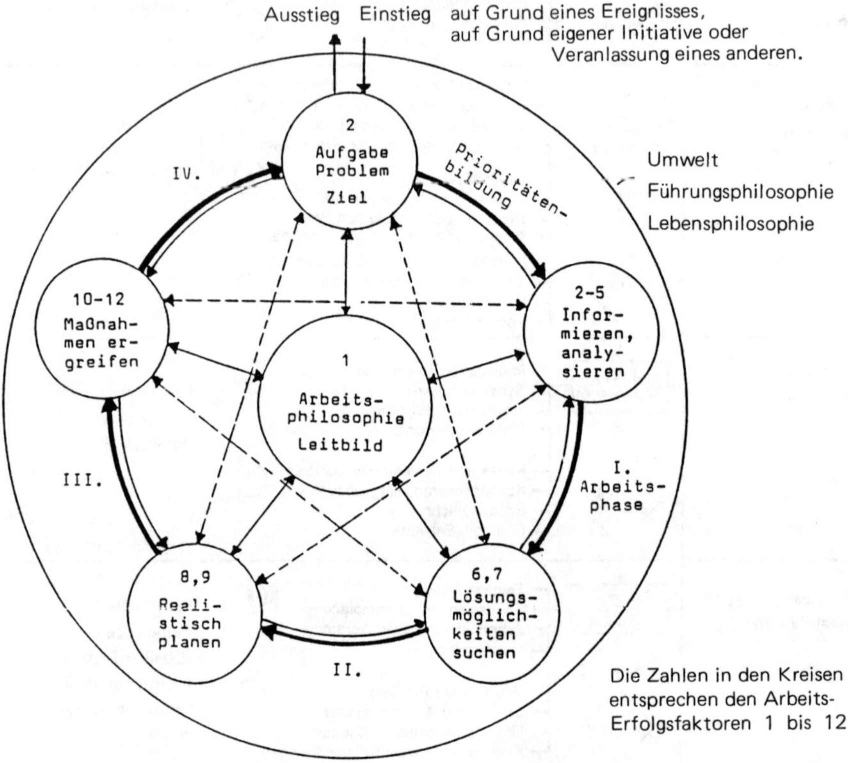

Die Arbeitsphasen mit den einzelnen Erfolgsfaktoren (1) bis (12) sind durch Rückkoppelungen und gegenseitige Einwirkungen miteinander vernetzt. So zeigt sich beispielsweise ein weiterer Informationsbedarf bei der Analyse oder Planung. Obwohl wir durch Zwischenentscheidungen ◇ unseren Problemlösungsprozeß systematisch voranbringen wollen, müssen wir gelegentlich Rückgriffe machen und uns im Zeitverlauf immer wieder auf neue Ereignisse einstellen. Auch das Problem selbst kann sich im Laufe der Zeit ändern. Es kann passieren, daß wir u.U. kein Interesse mehr daran haben, andere Probleme für wichtiger erachten und den Lösungsprozeß abbrechen bzw. aussteigen. Schwierige, komplexe Probleme bedürfen häufig ein mehrfaches Durchlaufen der Phasen. (Man nennt einen solchen Vorgang auch einen iterativen Prozeß).

4.3 Die Arbeits-Erfolgsfaktoren im einzelnen

4.3.1 Arbeitskonzept, Problemlösungskonzept, Leitbild
Arbeits-Erfolgsfaktor **(1)** (Vergl. Seite 146)

Haben wir uns entschlossen etwas zu tun, ein Problem anzugehen, dann benötigen wir ein Problemlösungskonzept. Ein generelles, fachunabhängiges Arbeits- oder Problemlösungskonzept ist die hier vorgeschlagene 4-Phasen-Arbeitsmethode. Sie zeigt, wie man eine Aufgabe oder ein größeres Projekt grundsätzlich bewältigen kann. Eine Vorstellung oder ein Leitbild zu einer erfolgreichen Aufgabenbewältigung zu haben, ist der erste Arbeits-Erfolgsfaktor überhaupt. Ein Gesamtkonzept über die Vorgehensweise zur Erledigung einer Arbeit ist wichtig, um die einzelnen Faktoren richtig gewichten zu können, um beispielsweise nicht zu glauben Information sei alles oder Innovation oder Strategie oder Zeitplanung usw.

Es gilt folgende Fragen zu beantworten: Wie geht man grundsätzlich an eine Aufgabe? Was ist zu einer effektiven, kräftesparenden, erfolgreichen Arbeit alles zu berücksichtigen? Welche Folgetätigkeiten oder Arbeitsschritte führen uns zu bestmöglichen Arbeitsergebnissen?

Wieviel Geld wird heute für Computer und Datenverarbeitung ausgegeben. Schnelle Information ist wichtig. Doch: Computer können nicht denken, keine Ideen entwickeln, nicht planen, nichts empfinden, nicht entscheiden und keine Initiative ergreifen. Eine höhere Arbeitsproduktivität kommt aber ursächlich von einer besseren und schnelleren Problemlösung, vom realisierten Einfall. Dabei helfen Computer.

Erfolge verursachen

Nichts geht von selbst. Es gibt keine Erfolgstricks. Erfolge muß und kann man sich erarbeiten. Dabei liegt die Arbeitsproduktivität wesentlich in der Arbeits-Methodik begründet. Die kybernetische, sich ständig selbst verbessernde Vorgehensweise ist hier entscheidend. Die Arbeitsmethodik in 4 Phasen dient einer rationellen, schnellen und kostengünstigen Verwirklichung langfristiger Strategien wie kurzfristiger Ziele.

4.3.2 Ziele, Prioritäten, Aufgabendefinition

Arbeits-Erfolgsfaktor **(2)**

Um zielorientiert handeln zu können, benötigt man Ziele. Um ins Schwarze treffen zu können, benötigt man klar beschriebene Ziele, Tagesziele, Jahresziele, Projektziele.

Die Ziele lenken unseren Kräfteeinsatz. Beim schrittweisen Vorgehen z. B. nach der 4-Phasen-Methode arbeiten wir folgerichtig und sicher. Systematisches Arbeiten führt unter dem Einsatz aller vorhandenen Kräfte schneller zum Ziel als unkoordinierte Einzelaktionen. Eine Schnecke, die geradewegs auf ein Ziel zusteuert, ist schneller am Ziel als ein Sprinter im Nebel, der das Ziel aus den Augen verloren hat.

Zur Zielorientierung gehört eine laufende Überprüfung, inwieweit wir dem Ziel näher kommen. Wir haben einen ständigen Soll-Ist-Vergleich in allen Arbeitsphasen.

Sind mehrere Ziele zu erreichen, mehrere Aufgaben zu erledigen und können wir zur gleichen Zeit nur eine Aufgabe bearbeiten, dann sind Prioritäten zu setzen. Das zur Zeit Wichtigste erhält höchste Priorität und wird erledigt. Das Prioritätensetzen ist eine sehr ergiebige Arbeitstechnik. Wir verzichten auf weniger Wichtiges und konzentrieren uns dafür auf wichtige Aufgaben, die mehr Nutzen bringen. So kann man tatsächlich mit weniger Aufwand mehr erreichen.

Prioritäten setzen!

Was ist wohl das Erste und Wichtigste, um als Unternehmen oder Einzelperson Erfolg zu haben?

Wir meinen, zunächst muß man ***wissen, was man will***. Man muß ein ***Ziel***, eine Aufgabe oder ein Projekt unter vielen auswählen, sich für etwas entscheiden.

Die Entwicklung einer Organisation, eines Unternehmens wie auch eines einzelnen Menschen hängt im Kern davon ab, für was er sich laufend entscheidet, welchen Vorrang er verschiedenen Verhaltensmöglichkeiten laufend gibt.

Ziel jeder Managementtätigkeit ist es, den bestmöglichen Gewinn für ein Unternehmen zu erwirtschaften bzw. eine Organisation zu einer bestmöglichen Leistung zu bringen bzw. im Selbstmanagement des Einzelnen, seine bestmögliche Selbstverwirklichung zu erreichen. Kriterium für die Auswahl eines Verhaltens oder einer Tätigkeit ist also der Nutzen, den die Tätigkeit für den Einzelnen oder die Organisation bringt. Je höher der Nutzen, desto vorrangiger die Tätigkeit, desto höher ihre Priorität. Dies gilt kurzfristig für den Tag wie langfristig für Jahre.

Wie stellt man nun diese vorrangigen Aufgaben fest?

1. Wir listen in Gedanken oder auf einem Blatt Papier alles auf, was wir jetzt und heute tun wollen und müssen. (Vergleiche dazu Post, Akten, Termine . . .). Komplexe Probleme, unübersichtliche Situationen werden dabei zergliedert und in konkret faßbaren, einzelnen Gegebenheiten ausgedrückt. (Was, wo, wann, wie genau?).

Eine solche ***kurze Situationsanalyse*** ist meist mehrmals am Tag zu machen, da wir morgens, mittags, abends, bei jeder Arbeit, bei jeder Besprechung in einer neuen Situation stehen und uns entsprechend verhalten müssen.

2. Wir überlegen, welche Tätigkeit lang- oder kurzfristig den größten Nutzen bringt oder wo wir einen möglichen Schaden verhindern können. Dabei sind die Auswahlkriterien Bedeutung und Dringlichkeit. Zum Beispiel: Die Bedeutung eines Besuches eines großen Kunden ist für meinen Verkauf hoch. Die Dringlichkeit einen kleinen Kunden zu beliefern, ist mit einem festen Termin gegeben. Geht der große Kunde nicht verloren, wenn der kleine Kunde heute beliefert wird, dann erhält die Tätigkeit, den kleinen Kunden zu beliefern, den Vorrang vor dem Besuch des Großkunden. – Situationen, Probleme, Aufgaben, die unseren Arbeitsbereich nicht betreffen, werden sofort ausgesondert. – Zur Kennzeichnung der Bedeutung und Dringlichkeit kann man Buchstaben, Zahlen oder Zeichen verwenden, z. B. Hoch, Mittel, Niedrig oder 3, 2, 1 oder ++, +, 0.

Beispiel zum Prioritätensetzen eines Verkaufsleiters:

Situation Problem, Aufgabe	Bedeu- tung	Dringlich- keit	Priorität
Reklamation von Kunde R	N	N	8
Bestellung von Demo- Konzern	H	H	1
Gabelstapler umgefallen	N	M	6
Konkurrenz B in Bezirk D	M	N	7
Viertel-Jahres-Plan erstellen	M	H	4
Verkäufer-Rundschreiben	M	M	5
Besuch von Werbeagentur wegen Herbstaktion	H	M	3
Abendschulung	H	H	2

Alle Beurteilungen einer Situation sind letztlich subjektiv. Über Prioritäten läßt sich streiten. Die Situation selbst sollte jedoch soweit als möglich mit Fakten belegt sein.

Sind die Prioritäten gesetzt, dann ist die erste und wichtigste Managementarbeit geleistet.
(In einem Team sind selbstverständlich die Prioritäten aller Teammitglieder zu diskutieren, wenn Prioritäten für ein Team festgelegt werden sollen.)

Faustregel 1: Laufend Prioritäten setzen! In jeder Situation – allein oder im Team. Jeder hat normalerweise zu viel zu tun. Wir können aber nicht alles tun. Also beginnen wir mit dem Wichtigsten. Dies ist der Anfang allen erfolgreichen Arbeitens. Kommt etwas dazwischen – wieder Prioritäten setzen!

4.3.3 Information

Arbeits-Erfolgsfaktor **(3)**

Informationen benötigen wir zur Orientierung und Absicherung unserer Arbeit. Rechtzeitige, ausreichende und gesicherte Informationen sind mit erfolgsentscheidend. Richtige Schlüsse können wir nur aus richtigen Informationen ziehen.

Eine Information ist die Kenntnis eines Sachverhaltes. Informationen sind Nachrichten, Daten, Fakten; gemeinhin Wissen. Die Information definieren wir als eine einseitige Mitteilung oder Kenntnisnahme eines Sachverhaltes im Gegensatz zur Kommunikation, die wir als einen gegenseitigen themenbezogenen Austausch von Informationen betrachten.

Jeder Arbeitsgang, jede Aufgabenerledigung oder Problemlösung beginnt mit einer gezielten Informationsaufnahme und endet mit der Rückmeldung der Ergebnisse. Daraus ergibt sich eine neue Aufgabenstellung, die wiederum Kriterium für die erneute Informationsaufnahme ist, womit sich der Regelkreis schließt. Informationstheoretisch ausgedrückt läuft der Arbeitsprozeß von der Informationsaufnahme über die Informationsverarbeitung bis zur Informationsweitergabe.

Eine gezielte, aufgabenorientierte Informationstechnik soll eine unwirtschaftliche Über- oder Unterinformation vermeiden. Dabei soll nicht nur die Menge der Informationen optimiert werden, sondern auch die Qualität. Die Informationen sollen möglichst umfassend und zuverläßlich sein, dies jedoch in einem guten Verhältnis zum Preis und zur Beschaffenszeit. Es ist bekannt, daß die wenigen letzten Prozente an Genauigkeit das meiste Geld kosten und dabei oft die Informationen zu spät kommen oder den Arbeitsprozeß unverhältnismäßig verzögern. Anders ausgedrückt: Ein gewisser Rest Unwissenheit ist sogar wirtschaftlich und für den Arbeitserfolg nützlich.

In der Informationsphase werden die Fakten gesammelt und die Analysen erstellt, die zur Feststellung und Klärung des Ist-Zustandes eines Problems notwendig sind.

Einige Hinweise zur Datenbeschaffung

1. Prüfen Sie zuerst Ihren Informationsbestand:
   - Welche Informationen sind zum Thema vorhanden?
   - Wie alt sind diese Daten?
   - Woher kommen diese Informationen (Verläßlichkeit)?

2. Ergänzen Sie ganz systematisch Ihren Informationsbestand:
   - Woher können wir die gewünschten Informationen erhalten?
   - Was kosten sie?
   - Wie sicher sind sie?
   - Wie schnell sind sie erhältlich?

3. Stellen Sie dazu einen internen und einen externen ***Informationsquellen-Katalog*** auf.

   Interne Quellen u. a.:

   - Buchhaltung
   - Kostenerfassungsblätter
   - Budgets
   - Reisendeberichte
   - Dokumentationsstelle
   - Korrespondenz
   - Statistik
   - Mitarbeiter
   - Arbeitsberichte
   - EDV – Daten
   - Versuche, Tests
   - Prüfungsberichte
   - Interne Revision
   - Vorgesetzte

   Externe Quellen u. a.:

   - Tageszeitungen, Rundfunk, TV
   - Genios-Datenbanken (Handelsblatt)
   - Fachzeitschriften, Fachbücher
   - Bibliotheken
   - Marktforschungs-Institute
   - Messen, Ausstellungen
   - Vorträge, Seminare
   - Fach-Verbände
   - Firmen, Konkurrenz
   - Statistische Ämter
   - Dokumentationsdienste
   - Auskunfteien
   - Geschäftspartner, Banken
   - Umfragen, Erhebungen, Tests
   - Ingenieurtechn. Datenbanken (Hoechst)
   - Adreßbücher, Branchenregister
   - Messekataloge
   - Produkte, Prospekte
   - Universitäten, Institute, Labors

4. Am besten stellen Sie sich die wichtigsten Informationsquellen für das betreffende Gebiet zusammen. Sie können so Ihre Datenbeschaffung rationalisieren.

4.3.4 Betriebliche Situationsanalysen (Innenorientierung)

Arbeits-Erfolgsfaktor **(4)**

Anmerkung:

Man könnte theoretisch aus den Erfolgsfaktoren 3 (Information), 4 (Situationsanalyse), 5 (Marktanalyse) einen bilden, nämlich den Erfolgsfaktor „Klärung des Ist-Zustandes". In unserer Arbeitsmethodik ist es die 1. Phase, die Informationsphase.

Die Analysentechnik nutzt und entfaltet systematisches, analytisches Denken. Mit den Analysentechniken durchschauen wir Situationen und Probleme besser. Wir erhalten ein differenzierteres Wissen über den Zusammenhang der Dinge. Dies versetzt uns in die Lage feiner abgestimmte, passendere Problemlösungen für die Praxis zu entwikkeln.

Die Vorteile einer exakten Situationsanalyse liegen im Zergliedern eines großen Problems in kleine Probleme und in der Erkenntnis der Problem-Zusammenhänge. Die Analyse bietet damit die Möglichkeit, gezielt und kräftesparend vorzugehen. Außerdem hilft sie zu sehen, was ist. Sie befreit von Mutmaßungen. Auf einer Faktenbasis urteilen wir besser, arbeiten wir abgesichert.

Die Situationsanalyse soll einen ***detaillierten Überblick über eine Lage*** geben. Hierzu wird die Situation zergliedert, indem man fragt: Was ist genau geschehen, wie oft, seit wann, wo? Wir sammeln Fakten und Einzelheiten. Wunschdenken und Gedächtnislücken sind hierbei Gefahren. Wir überprüfen daher die Einzelheiten, ob sie auch wirklich stimmen. Anschließend prüfen wir, inwieweit Aspekte z.B. wirtschaftliche, technische, soziale Aspekte (Einflußfaktoren) zutreffen.

Zu den einzelnen Unterpunkten, die wir so erhalten, stellen wir die positiven und negativen für uns fest. Jeder Sachverhalt, jedes Problem hat gewöhnlich zwei Seiten: Vorteile und Nachteile. Hier ist unsere Zielsetzung entscheidend.

Nachdem die Situation auf diese Weise zergliedert ist, ist die vermutlich weitere Tendenz zu beurteilen. Einen Anhaltspunkt hierfür gibt die bisherige Entwicklung des Sachverhalts.

Ist die Situation hinreichend klar, dann kann man mit Überlegungen beginnen, ***ob etwas getan werden muß und was getan werden könnte.***

Vorgehensweise zur Situationsanalyse

1. ***Situation erkennen.*** Ich bin erst in einer Situation, wenn ich mit der jeweiligen Umwelt etwas zu tun habe, wenn die Lage mich betrifft. Also gilt es zu prüfen:
   - In welcher Situation bin ich? Situationsanalyse zu was?
   - Welches Problem habe ich? Ziel?

   Habe ich überhaupt eine Situation, die ich analysieren muß?

2. ***Situation klar erfassen.*** Den ***Ist***-Zustand beschreiben. Dazu nach bestimmten Aspekten (z. B. technischer Aspekt, wirtschaftlicher Aspekt) gliedern und Einzelheiten mit „wer, was, wann, wie, wieviel, wo und warum" erfragen. Zusammenhänge klären, Wechselwirkungen erfassen, Randbedingungen klären. Möglichst wertfrei vorgehen. ***Fakten*** suchen und belegen.

3. ***Tendenzen aufzeigen***. Wie hat sich die Situation entwickelt? Mit welchen weiteren Tendenzen ist zu rechnen?

4. ***Vor- und Nachteile*** in bezug auf das Ziel, das man erreichen will, darlegen. Sie beurteilen damit die Situation.

5. ***Folgerungen*** aus der Analyse ziehen. Muß überhaupt etwas getan werden? Was ist zu tun? Was ist zuerst zu tun?
   Folgeschritte im weiteren Arbeitsprozeß:
   - Analyse der Ursachen, sofern diese nicht klar sind.
   - Eventuell weitere Analysen. (Ende der Analysenphase)
   - Ziel ändern, anpassen, neu formulieren.
   - Problemlösungen suchen. (Kreativitätsphase)

- Handlungskonzepte entwerfen.
- Lösungen realistisch berechnen, abstimmen. (Planungsphase)
- Sich für eine Lösung entscheiden und diese durchführen. (Entscheidungs- und Durchführungsphase)

Merke: Erst analysieren, dann kreieren! Wunsch- und Angstdenken trüben den Blick. Wir sehen nicht, was ist, sondern was sein sollte. Die Schlußfolgerungen sind dann nicht richtig, nicht situationsgemäß.

4.3.5 Marktanalyse (Außenorientierung)

Arbeits-Erfolgsfaktor **(5)**

In einer Marktwirtschaft und im Wettbewerb sind Markt- und Konkurrenzanalysen ein wichtiger Erfolgsfaktor. Die durch interne Analysen rationalisierteste Fertigung und der niedrigste Preis nützen nichts, wenn sich niemand dafür interessiert.

Wir müssen für eine erfolgreiche Arbeit nicht nur unsere Kräfte konzentrieren, sondern sie auch bedarfsorientiert einsetzen. Jede Leistung hat aber auch eine Konkurrenz. Die Markt- und Konkurrenzanalyse hilft Ihnen in der Zielausrichtung Ihrer Leistung.

Diese Analysen sind nicht nur für ein Unternehmen insgesamt wichtig, sondern auch für die einzelnen Bereiche sowie letztlich für jeden Mitarbeiter. Die Konkurrenzfähigkeit eines Unternehmens setzt sich ja aus der Konkurrenzfähigkeit aller seiner Mitarbeiter zusammen.

Der Einkäufer fertigt seine Einkaufsmarktanalyse an.
Der Buchhalter seine Marktanalyse über Buchhaltungsverfahren.
Die Kantinenwirtin untersucht den Kantinenmarkt.
Der Personalleiter untersucht den Personalmarkt.
Der Marktforscher untersucht hauptberuflich den Absatzmarkt für die Produkte eines Unternehmens.

Welche möglichen Märkte bzw. Abnehmerkreise haben Sie für Ihre Leistungen?

Fertigen Sie mit Hilfe der folgenden Formulare eine Markt- und Konkurrenzanalyse für Ihre Leistung an.
Marketingüberlegungen werden automatisch folgen: Wie kann ich marktgerechter produzieren? Wo bin ich stärker als die Konkurrenz? Wo sind Marktlücken? Welchen Preis kann ich verlangen? usw.

Marktanalyse **für Produkt/Leistung:**	Datum: Zeichen:
Wer hat Bedarf? Bestehende Nachfrage? Warum? Warum nicht?	
Mögliche Bedarfsgröße (Menge, Wert): Derzeitige Bedarfsgröße: Ständig / periodisch / einmalig? Fester oder elastischer Bedarf? Verbindungen (Korrelationen) zu anderen Bedarfsgrößen?	
Neubedarf? Ersatzbedarf? Sättigungsgrad? Grund:	
Wo tritt die Nachfrage auf? Wann tritt die Nachfrage auf? Welche Preise werden bezahlt? (Was darf unser Produkt kosten?)	
Vermutliche Bedarfsentwicklung:	

Konkurrenzanalyse **für Produkt/Leistung:**	Datum: Zeichen:

Wieviele Anbieter decken den derzeitigen Bedarf bzw. Nachfrage?

Insgesamt ca.: davon ca.: große mittlere kleine

Hauptkonkurrenten sind A______ B______ C______ D______

	Stärken	Schwächen
A		
B		
C		
D		

Qualität und Aufmachung der Produkte bzw. Leistungen:

A ______

B ______

C ______

D ______

	Verkaufs-Preise	Zahlungsbedingungen
A		
B		
C		
D		

Welcher Service bzw. zusätzlichen Dienste werden geboten?

A ______

B ______

C ______

D ______

Welche Werbung wird für die Produkte bzw. Leistungen betrieben?

A ______

B ______

C ______

D ______

Wie werden die Produkte bzw. Leistungen verkauft? (Verkaufsmethode, Absatzwege)

A ______

B ______

C ______

D ______

Welche Besonderheiten bieten die kleineren Konkurrenten?

______

______

4.3.6 Ideenfindung

Arbeits-Erfolgsfaktor **(6)**

Die beste Analyse sagt uns nicht, was wir tun sollen. Sie gibt uns keine Problemlösung, sondern beschreibt lediglich den Ist-Zustand. Damit erhalten wir einen Ansatzpunkt, um unsere Kräfte gezielt und wirkungsvoll einsetzen zu können. Häufig können wir dann vorhandene Routinelösungen auswählen. Gelegentlich bringen uns aber nur neue Ideen weiter. Mit Kreativität erfinden wir so die Zukunft, die wir haben wollen.

Ohne Erfindergabe würden wir noch in Höhlen hausen. Überlegen Sie einmal, wieviel Erfindungen nötig waren, um ein Auto von heute fahren zu können.

Für bessere Produkte, bessere Leistungen, bessere Beziehungen und eine bessere Umwelt, zur Lösung aller unserer Probleme benötigen wir Ideen, immer wieder Ideen. Wer in der Ideenfindung geschickter ist als andere, gewinnt einen Vorsprung. Er bietet bessere Problemlösungen und verdient damit mehr.

Um auf originelle Ideen zu kommen, ist die erste Voraussetzung jedoch die Phantasie des Ideensuchers. Je besser er assoziieren, analogisieren und kombinieren kann, desto ergiebiger wird die Zuhilfenahme von Ideenfindungstechniken.

Anregungen zur Ideenfindung

1. Abstand gewinnen

Wenn Sie festgefahren sind, dann legen Sie das Problem einmal beiseite. Machen Sie etwas anderes. Problemlösungen kann man nicht erzwingen. Einfälle kommen nicht auf Befehl. Um ein Problem zu lösen, muß man sich zeitweilig vom Problem lösen.

2. Über das Problem meditieren, mit Gedanken dazu spielen

Gehen Sie spazieren oder schauen Sie auf einen stillen See oder legen

Sie sich auf die Couch oder setzen Sie sich einfach in einen gemütlichen Sessel und lassen die Gedanken um das Problem kreisen. Wie ist es entstanden? Warum soll es gelöst werden? Wie sieht es aus? Wie groß könnte das Problem werden, wenn es nicht gelöst wird? Wie könnte es idealerweise verschwinden? Sie phantasieren, träumen, spinnen, sinnieren, meditieren über das Problem.

3. Das Problem jemandem erklären

Erklären Sie Ihrem Ehepartner oder einem Nicht-Fachmann Ihr spezielles Problem. Sie müssen es dabei so umformulieren, daß er es versteht. Das kann Sie wiederum zu neuen Einsichten führen. „Dumme" Fragen Ihres Gesprächspartners können weitere Anregungen sein, einmal die Sache anders zu sehen. So hätten Sie das Problem vielleicht nie gesehen. Sie kommen eventuell auf ganz neue Lösungsansätze.

4. Alles in Frage stellen

Seien Sie immer wieder neugierig. Wieso muß das so sein?
Kann das auch anders gemacht werden?
Was würde passieren, wenn . . . ?

5. Blickwinkel ändern

Jeder sieht die Dinge anders. Also versetzen Sie sich in die Lage eines anderen, so gut es geht und versuchen Sie, mit seinen Augen die Dinge zu sehen. Zum Beispiel: Wie würde ich an seiner Stelle auf diese Aussage reagieren? Was würde ich als Landwirt zum Butterberg sagen? Was als Steuerzahler, als Hausfrau, als Hungernder?

6. Beispiele oder Ähnlichkeiten suchen (analogisieren)

Wie machen es die anderen, die ähnliche oder analoge Probleme haben? Ist deren Lösungstechnik auf mein Problem übertragbar?
Gibt es Ähnlichkeiten in der Natur? Wie arbeiten die Armgelenke beim Menschen? Könnte der Arm meiner Tischlampe so konstruiert sein?

7. Alles miteinander verbinden (assoziieren)

Was hat der Computer mit einem Auto zu tun? Wo gibt es Gemeinsamkeiten in der Forschung und im Verkauf? Wie könnten Eisen—Winter—Sport—Hunger miteinander verbunden sein?

8. Den kritischen Sachverstand zurückstellen

Während der Ideensuche alle Gedanken willkommen heißen, so blödsinnig sie auch sein mögen. Mutig spinnen. Jede neue, originelle Idee ist zunächst etwas Verrücktes. Lassen Sie sich nicht auslachen von den geistig normalen, d. h. durchschnittlichen Menschen. Seien Sie auch nicht zu selbstkritisch. Freuen Sie sich über jede Idee.

9. Ideen festhalten

Schreiben Sie interessante Ideen gleich auf, sonst sind sie so schnell wieder weg, wie sie gekommen sind. Nutzen Sie einen Ideenzettel.

4.3.7 Konzeption

Arbeits-Erfolgsfaktor **(7)**

Wer konzipieren, entwerfen und neu gestalten kann, der ist in der Lage, seine Phantasie in der Arbeit nutzbringend einzusetzen. In dieser Fähigkeit sehen wir einen wichtigen Arbeits-Erfolgsfaktor.

Bei der Ideenfindung verknüpfen wir Ergebnisse aus Analysen (Informationen) auf mehr oder weniger originelle, neuartige Weise zu Ideen, zu neuen Möglichkeiten.

Bei der Konzeptentwicklung verknüpfen wir Ideen und Fakten zu einem Konzept, zu einer neuen Synthese.

Ein Konzept ist ein Idealplan. Es ist noch kein festumrissener, detaillierter, zeitlich bestimmter Realplan, aber eine wichtige und wirtschaftliche Vorstufe dazu. Konzepte umreißen das ungefähr zur Realisierung Mögliche.

Erst einmal Konzepte erstellen, ist wirtschaftlich sinnvoller, als gleich alle Möglichkeiten mit viel Aufwand durchzuplanen.

Beim konzeptionellen Denken versuchen wir verschiedene Elemente, Bausteine, Teile, Aspekte „unter einen Hut zu bringen". Wir suchen nach einer Synthese, die die einzelnen Elemente einer Sache in einer neuen Einheit stimmig zusammenfügt.

Oft hat es den Anschein, daß die verschiedenen Elemente nicht zusammenzubringen sind. Hier sind Kreativität, Flexibilität im Denken, Phantasie und Kombinationsgabe notwendig. Eine Konzeption läßt sich nicht mit logischem Sachverstand erzwingen. Spielerisches Ausprobieren, die Lust am Experimentieren sowie die Bereitschaft, immer wieder umzudenken oder von neuem zu beginnen sind gefragt. Eine streng systematisch-analytische Vorgehensweise führt hier eher zu einer Verkrampfung als zu einer Lösung.

Nicht das rein rationale Denken bringt uns weiter, sondern das rational-intuitive Denken, die Verbindung von Logik und Phantasie im Handlungsentwurf oder in der Konzeption.

Konzeptionstableau
(Morphologischer Kasten)

Das Konzeptionstableau ist sehr gut geeignet für die Entwicklung von Konzeptionen.

Vorgehensweise:

1. Das Produkt oder das Problem wird in seine Bestandteile oder ***Elemente*** zerlegt. (In der Sprache der Morphologie spricht man von Parametern.)

2. Neben jedes Element werden die bekannten oder denkbaren ***Ausprägungen*** geschrieben.

Es folgen nunmehr jeweils 2 Möglichkeiten des weiteren Vorgehens:

3 a) Hat man so den morphologischen Kasten ausgefüllt, sucht man nach den ***idealen Ausprägungen*** bzw. Lösungen jedes einzelnen Elementes bzw. Teilproblems.

4 a) Die Kombination der einzelnen ***Teil-Ideale*** ergibt das Ideal-Konzept, das Idealprodukt oder die ideale Problemlösung.

5 a) Dieses so gewonnene ***Idealkonzept*** kann als Ideal-Plan weiter verfolgt werden. Es wird dann in der Planungsphase so lange geprüft, inwieweit dieser Ideal-Plan realisierbar ist, bis man den Real-Plan zur Durchführung hat.

3 b) Die in bezug auf die anderen Ausprägungen jeweils ***optimale Ausprägung*** der Elemente werden ausgewählt und miteinander verknüpft.

4 b) Da die ***optimalen Teillösungen*** relativ zueinander sind, ergeben sich meist eine Vielzahl von ***Alternativ-Konzepten***.

5 b) Da es unwirtschaftlich ist, eine ***große Zahl*** möglicher Konzepte real-planerisch weiter zu verfolgen, trifft man eine ***Auswahl***.

Das Ideal ist im wirtschaftlichen Bereich der größtmögliche Erfolg. In unserem Beispiel hätte das Anzeigenkonzept ***A4 – B4 – C1 – D2 – E4*** die größten Resonanz. Dieses Ideal-Konzept wird jedoch in der Real-Planung in 2 Punkten scheitern:
1. Die Zeitung druckt keine 3-farbigen Bilder,
2. Die Kosten sind für das Möbelhaus zu hoch.

Beim Konzipieren haben wir ständig zwei Kriterien im Auge:
Marktformität (d. h. gefällt es den Interessenten) und
Unternehmenskonformität (d. h. entspricht es unseren Wünschen).

Die optimalen ***Alternativ-Konzepte*** könnten beispielsweise sein:

A1 – B2 – C4 – D4 – E1

A2 – B1 – C1 – D5 – E4

Diese beiden Alternativ-Konzepte werden planerisch weiter verfolgt und ausgearbeitet.

Auswahlkriterien dazu:

1. Technische Machbarkeit in Quantität und Qualität
2. Wirtschaftliche Machbarkeit in Kosten und Erträgen
3. Zeitliche und örtliche Machbarkeit
4. Personelle und organisatorische Voraussetzungen
5. Rechtliche Zulässigkeit, Sicherheit, Umweltschutz

KONZEPTIONSTABLEAU						
Aufgabe/Problem:	Bekannte und denkbare Ausprägungen					
Anzeige für Möbelhaus	Nr.	1	2	3	4	5
Elemente: Größe	A	1/4 Seite	1/3 Seite	Insert von 20 mm 1-spaltig	1 Seite	Eine ganze Seiten-Spalte
Farbe	B	schw./weiß	rot	grün	3-farbig	weiß mit Prägelettern
Form (Schrift, Bild)	C	großes Bild – wenig Text	viele kleine Bilder – wenig Text	halb Bild – halb Text	viel Text im Zeitungssatz	als Brief
Inhalt	D	Eichenschrank	Wohnlandschaft	Wohnzimmer (traditionell)	Darstellung des Hauses	LKW bei Auslieferung
Werbeträger	E	Tageszeitung	Wochenzeitung	Amtsblatt	Kombination aller Zeitungen	—

Alternative 1 — Ideal — Alternative 2

4.3.8 *Zeitplanung*

Arbeits-Erfolgsfaktor **(8)**

In welcher Zeit was geschehen soll, ist die Frage der Zeitplanung. Analysen, Ideen und Konzepte zeigen Problemlösungsansätze (ideelle Problemlösungen). Jetzt gilt es, die Probleme real in einer gegebenen Zeit zu lösen.

Eine gute Zeiteinteilung und eine richtige Terminierung sind mit erfolgsentscheidend. Alles muß zur rechten Zeit oder innerhalb einer gewissen Zeit geschehen.

Zeitkapital

Das Zeitkapital sind die Tage, die uns zur Arbeit zur Verfügung stehen. Jemand, der heute 40 Jahre alt ist und mit 65 Jahren in Pension geht, hat (bei 200 Arbeitstagen im Jahr) ein Zeitkapital von 5000 Tagen. Diese Zeit läuft unwiderruflich ab. Sie ist für den Einzelnen nicht ersetzbar. Verlorene Zeit ist also für den Einzelnen schlimmer als verlorenes Geld, das ersetzbar ist.
Man sollte demnach Zeit noch kritischer ausgeben als Geld.

Zeitmanagement

Zeitmanagement heißt die zur Verfügung stehende Zeit für die ertragreichsten Tätigkeiten einsetzen und unnötige zeitkostende Faktoren ausschalten. Hilfen dafür sind: Zeitanalysen, Zeitsparideen, Zeitplantechniken und zeitsparende Arbeitsweise.

Zeitplantechnik

In der Zeitplanung werden die Aufgaben mit den richtigen Zeiten versehen. Was ist wann zu tun und darf wie lange dauern. Die Zeitplanung ist vor allem dann nötig, wenn eine Fülle von zu erledigenden Aufgaben terminiert werden muß und die Zeit bestmöglich genutzt werden soll.

Die wesentlichen Vorteile einer gekonnten Zeitplantechnik:

– Zeitlicher ***Überblick***. Man weiß, was wann zu tun ist und wieviel Zeit dafür zur Verfügung steht.

– ***Prioritätenbildung***. Das Wichtigste wird in jedem Falle getan.

– Durch Bündelung von Aufgaben werden viele Aufgaben ***schneller*** erledigt.

– Besseres Gefühl für den Zeitbedarf, dadurch ***realere Zeiteinschätzung***, weniger Fehlkalkulationen.

– ***Weniger Streß***, da notwendige Pausen eingeplant sind.

– Weniger geplatzte Termine, da Vorkehrungen zur ***Einhaltung von Terminen*** rechtzeitig getroffen werden.

Eine bessere Zeitnutzung wirkt sich in einem höheren Gewinn aus, gleichgültig was man dabei als Gewinn anstrebt: Mehr freie Zeit, mehr Zeit zum Denken, mehr Geld, mehr Sicherheit.

Zeitschätzung

Wenn Sie gelegentlich Schwierigkeiten haben, eine bestimmte Zeitdauer vorherzusagen, dann empfehlen wir Ihnen folgende Formel zur Zeitschätzung anzuwenden:

$$\text{Erwartete Zeit} = \frac{\text{optimistische} + 4 \times \text{wahrscheinl.} + \text{pessimistische Zeit}}{6}$$

Beachten Sie bei Ihrer Zeiteinschätzung folgende von Parkinson erkannte Gesetzmäßigkeit:
„Die Arbeit dehnt sich aus, um die zur Verfügung stehende Zeit auszufüllen."

Ablauf der Zeitplanung im Überblick

Das Mindeste, was jeder haben sollte, ist ein Jahresplan und Tagespläne. Als weitere Stufe schlagen wir zusätzlich Monatspläne vor. Eine weiter vertiefte Zeitplanung geht dann über alle Stufen vom Viertel-Jahresplan bis zum Tagesplan.

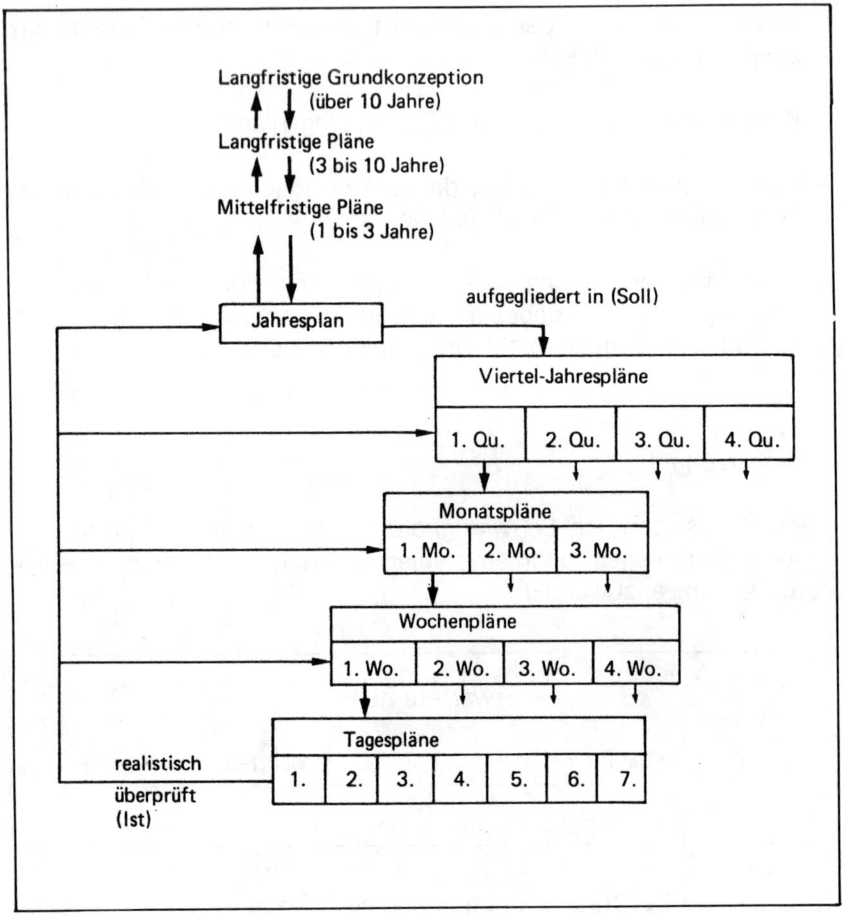

4.3.9 Planung

Arbeits-Erfolgsfaktor **(9)**

Die besten Vorhaben und Konzepte nutzen wenig, wenn deren Durchführung nicht konkret genug durchdacht ist. Wieviele Mißerfolge beruhen auf Rechenfehlern, auf unrealistischer Planung.

Planen heißt das zukünftige Handeln zu durchdenken, um vorausbedacht sicher und schnell handeln zu können. Alle Planung ist gedankliche Vorwegnahme der zukünftigen Durchführung. Hier kommt das strategische Denken zum Zuge, das streng logisches Denken und intuitives, gefühlvolles Erfassen verbindet.

Real-Planung ist zeitlich festgelegte, detaillierte Durchführungsbeschreibung. Sie folgt der konzeptionellen Vorphase. Die Konzepte werden hier nach den Kriterien Durchführbarkeit zu Real-Plänen ausgearbeitet. Die Pläne sind umso realistischer, je besser, je gefühlvoller sie mit denjenigen abgestimmt sind, die sie durchführen sollen.

In der ***Planungstechnik*** wird versucht, Aktivitäten und Einsätze zu berechnen, die zu den gewünschten Zielen führen sollen. Die Aktivitäten werden dabei in zeitlicher Reihenfolge geordnet und aufeinander bezogen. Bei der Planungsarbeit müssen wir die Antworten auf folgende Frage ständig optimieren: Was soll durch wen, womit, wo und wann geschehen? ***Welche Ziele*** sind erreichbar, mit ***welchen Mitteln***, in ***welcher Zeit***? Zeiten, Mengen und Werte sind die Rechengrößen der Planung.

Es gibt grundsätzlich 4 Planungsverfahren:

– Die Vorwärtsplanung
  (Schritt für Schritt zum Ziel hin addieren und festhalten, was benötigt wird, um das Ziel zu erreichen.)

– Die Rückwärtsplanung
  (Vom Ziel her zurückrechnen und festhalten, was benötigt wird.)

– Die Minimalplanung
  (Kalkulieren, was unbedingt erreicht werden kann und dann das optimale Ziel suchen.)

– Die Maximalplanung
  (Schätzen, was höchstens werden kann und dann das optimale Ziel suchen.)

In der Praxis des Planens werden alle 4 Verfahren gleichzeitig und abwechselnd benutzt, um den bestmöglichen, optimalen Real-Plan aufzustellen.

Wie plant man gut?

Entsprechend den 4 Phasen der Arbeitsmethodik:

0. Eindeutige Aufgabenstellung bzw. Problemdefinition festhalten und Identifikation mit der Aufgabe vertiefen.
   Nutzen des Plans erkennen. – Was soll warum geplant werden?

1. Phase: Ausreichende Informationen beschaffen.
   Daten, Fakten, Zahlen, Belege. – Ist-Zustand analysieren!

2. Phase: Ideen gewinnen, Konzepte schmieden, Rohpläne erstellen.
   Planung ist Zukunftsgestaltung. – Konzept entwerfen!

3. Phase: Planungsverfahren einsetzen,
   in jedem Schritt realistisch planen. – Soll-Zustand beschreiben!
   – Hauptaufgabe in durchführbare Teilaufgaben zerlegen.
   – Notwendige Mittel, Personalaufwand und Zeiten dazu berechnen.
   – Realistische, erreichbare Ziele im Soll festhalten.
   – Plan übersichtlich darstellen, Formulare einsetzen.

4. Phase: Planverfolgung mit Soll-Ist-Vergleichen durchführen und Konsequenzen daraus ziehen. – Plan sichern, Kontrolle vorsehen!

Wie kann man Pläne sichern? (Zur 3. Phase)

1. Schwachstellen suchen.
   Wo könnte etwas schief gehen?

2. a) Vorbeugende Maßnahmen ergreifen.
      Z. B. Pufferzeiten, Reservebudget, Verträge.

   b) Eventualmaßnahmen vorsehen, falls es dennoch schief geht.
      Z. B. Ersatzplan, Alternative zur Schadensbegrenzung.

3. Meldesystem erstellen, rechtzeitige Informationen sichern.
   Rücksprachetermine im Plan notieren.

Dieses Formular ist für alle kurzfristigen Aufwands- und Ertragspläne geeignet.

______ **PLAN**

Gebiet: ______ Mengenmäßig in: ______

Kunde: ______ Datum/Zeichen: ______ Wertmäßig in: ______

Produkt: ______ Geschäftsjahr: ______ ______

	Jan.	Feb.	März	April	Mai	Juni	Juli	Aug.	Sept.	Okt.	Nov.	Dez.	Jahr
3. Vor-Jahr													
2. Vor-Jahr													
1. Vor-Jahr													
Plan ± in %													
Plan (Soll)													
Ist													
Abweichung ±													
Abw. kumulativ													
Abweichung %													
Abw. kumul. %													
Plankorrektur													
Begründungen bei Abweichungen													

Bei größeren negativen oder positiven Abweichungen sind Rücksprachen notwendig. Zahlen, soweit sinnvoll, auf- oder abrunden. Die Ist-Zahlen sind bis zum . . . . . . eines Monats vorzulegen.

4.3.10 Entscheidung

Arbeits-Erfolgsfaktor **(10)**

Wer Erfolge haben will, muß rechtzeitig entscheiden und Risiken auf sich nehmen können.

Am Anfang der Durchführungsphase (gewissermaßen an der Nahtstelle zwischen Denken und Handeln) liegt die Entscheidung, etwas Bestimmtes zu tun.

Eine ***Entscheidung*** ist eine Wahl zwischen mehreren Möglichkeiten, zwischen Alternativen und deren Konsequenzen. Der ***Zwang zur Entscheidung*** überhaupt ist eine Folge der persönlichen Freiheit. Der ***Entscheidungsdruck*** wird im wesentlichen durch die Zeit bestimmt. Wir können nicht alles tun und wir müssen vieles in einer bestimmten Zeit tun, wenn wir einen Erfolg haben wollen.

Den gesamten Arbeitsprozeß kann man als ein Schreiten von einer Entscheidung zur anderen sehen. Der Arbeitsprozeß ist umso ergiebiger, je schneller und je besser die Entscheidungen sind über das, was durchgeführt werden soll.

Gute Entscheidungen erhalten wir, wenn wir sie gut fundiert haben. Diese Fundierung erhalten wir im Durchlauf der analytischen, kreativen und planerischen Phase. Die Handlungsalternativen sind so bestmöglich vorbereitet.

Je besser eine Entscheidung vorbereitet ist, desto schneller — sollte man meinen — kann sie auch gefällt werden. Gerade intelligente Leute zögern jedoch oft die durchaus gut vorbereitete Entscheidung hinaus, weil sie sich der vielen möglichen Auswirkungen ihrer Entscheidung bewußt sind.

Das Problem der Entscheidungsfreudigkeit, der ***schnellen Entscheidung***, ist ein individualpsychologisches. Hierzu gehört persönlicher Mut und die Fähigkeit mit Unsicherheiten fertig zu werden, denn wie sich eine Entscheidung auswirkt, weiß man nie mit hundertprozentiger Sicherheit. Selbstsichere Menschen entscheiden schneller als ängstliche.

„Der Welt ganzer Jammer ist,
daß die Intelligenten so unsicher
und die Dummen so sicher sind."

Oscar Wilde

Gruppenentscheidungen entsprechen der Forderung nach Teamarbeit. Einsame Entschlüsse sind heute weniger gefragt. Dies ist aber so zu verstehen, daß der Wille der einzelnen Gruppenmitglieder bei der Entscheidung berücksichtigt wird.

Die Entscheidung selbst bleibt für jeden letztlich eine „einsame" Angelegenheit. In der sogenannten Gruppenentscheidung werden lediglich die Einzelentscheidungen aufeinander abgestimmt. Dies verzögert im allgemeinen die Entscheidung, hat aber den Vorteil, daß es in der Durchführung ohne ständige Rückfragen und Rückversicherungen schneller geht.

Entscheidungstechnik

Wie kommt man zu einer guten Entscheidung? Generell so:

1. Der ***Zweck*** der Entscheidung ist zu definieren.
   Was soll entschieden werden?

2. Die von der Entscheidung ***Betroffenen*** sind anzuhören oder zur Mitentscheidung einzuladen.

3. Erarbeitung der ***Zielsetzungen.***
   Was soll im einzelnen erreicht werden? Was will man?
   Dies sind die Entscheidungs- bzw. Beurteilungskriterien.

4. ***Gewichtung*** der Zielsetzungen.
   Was ist wichtig? Was ist weniger wichtig?

5. ***Alternativen*** (Handlungsmöglichkeiten) entwickeln, dabei auch an die Konsequenzen denken. – Zu bestehenden Plänen müssen Alternativen vorhanden sein oder gebildet werden.

6. ***Bewertung*** der Alternativen im Verhältnis zueinander.
   Welche Alternative ist in welchen Punkten stärker als die andere?

7. ***Vergleich*** der Alternativen zu den Zielsetzungen.
   Was bringt mehr Nutzen, was ist sinnvoller, die eine oder andere Handlungsmöglichkeit?

8. ***Entscheidungsakt***
   Ist das Für und Wider der Alternativen ausreichend diskutiert, sind Sie so ausreichend sicher, daß es anders und besser unter den gegebenen Bedingungen nicht geht, dann ***entscheiden Sie schnell und eindeutig*** mit Ja oder Nein. Halten Sie die Entscheidung mit Unterschrift und Datum fest.

9. ***Stehen Sie zu einer einmal getroffenen Entscheidung***, auch wenn sie nicht die beste war. Lassen Sie sich in der Durchführung des Geplanten nicht verunsichern. Fragen und grübeln Sie nicht mehr, ob es richtig ist oder nicht. Sonst hat die Entscheidung keinen Sinn. Sie können nicht zweifeln und handelnd überzeugen gleichzeitig. Unsichere haben keinen Erfolg in der Durchführung.
   (Neue Informationen können u. U. eine ***Revision*** des Planes nötig machen. Diese Planveränderung muß wieder entschieden werden. Damit haben wir eine neue Entscheidung, die die vorausgegangene ablöst.)
   Wie gut eine Entscheidung in der Rückbetrachtung war, hängt auch davon ab, „wie entschlossen" sie durchgeführt wurde. So können Sie mit schlechteren Plänen u. U. zu besseren Ergebnissen kommen.

4.3.11 Persönliche Arbeitstechnik

Arbeits-Erfolgsfaktor **(11)**

(Theoretisch sind es 2 Erfolgsfaktoren, nämlich die persönliche Arbeitsvorbereitung und die persönliche Durchführung.)

Nach den getroffenen Entscheidungen sind die Aufgaben zu stellen, die Durchführung zu organisieren und zu betreiben. Durchführen heißt steuern, einwirken, veranlassen und überwachen. Zeit, Kosten, Material und Kräfteeinsatz müssen jetzt rentabilisiert werden.

Das Geplante ist dabei Handlungsrichtlinie. Weitere Hilfen für die Durchführung sind erprobte Taktiken und festgelegte Durchführungsschritte, sog. Prozeduren oder Durchführungstechniken.

Zur ***schnellen Durchführung*** einer Arbeit sind eingeübte Handgriffe und Verhaltensweisen nützlich. Um es „laufen zu lassen", sind Spontaneität, Geschicklichkeit und gutes Reaktionsvermögen notwendig. Checklisten, Formulare und Vordrucke beschleunigen ebenfalls die Durchführung. Checklisten sind gewissermaßen erprobte Rennstrecken für unseren Kräfteeinsatz. Vorprogrammierte Handlungsabläufe werden systematisch abgerufen.

In der Durchführung einer Aufgabe sind wir auch auf unser Gefühl angewiesen. Wir müssen auch „wursteln" und flexibel handeln, da wir nicht alles vorausbedenken und planen können. Wir können eine Verkaufstour beispielsweise nicht perfekt bis ins Detail durchplanen. Allein schon die Verkehrsverhältnisse können wir nie genau erfassen. Wie man beim Kunden ins Geschäft kommt, läßt sich ebenfalls nicht genau vorausberechnen.

Das heißt aber, daß das viel geschmähte „Wursteln" dort wirtschaftlich wird, wo das Planen unwirtschaftlich wird. Es ist bewiesen, daß dieses „Improvisieren" oder spontane nicht vorausbedachte Handeln in der Praxis notwendig ist. Der gesunde Menschenverstand, das Reaktionsvermögen, das Kontaktvermögen und die Erfahrungen der Praxis werden genauso benötigt wie die Planung. Hier sind auch die vielen Kniffe und Tricks der sog. Praktiker hilfreich. Die taktischen Erfahrungswerte werden gebraucht.

Arbeitsvorbereitung

Wenn es schnell und wirtschaftlich gehen soll, muß alles griffbereit sein. Dies gilt für den Büroarbeitsplatz wie für die Werkbank. Auch der Geschäftsreisende muß seine „Utensilien parat" haben.

Unter Arbeitsvorbereitung verstehen wir die ***direkte Vorbereitung der*** feststehenden und ***durchzuführenden Arbeit***. Hier wird kurz aufgelistet, was zu tun ist, welche Mittel benötigt werden, wer zu informieren ist. (Der Begriff Arbeitsvorbereitung wird in der Praxis häufig mit einer Stelle in Zusammenhang gebracht, die Betriebsmittel, Fertigungsverfahren und Arbeitskräfte vorplant. Diese Arbeitsvorbereitungs-Planungsstelle meinen wir hier nicht.)

Sind genaue ***Richtlinien und Abläufe*** (Prozeduren) für die durchzuführende Aufgabe vorhanden, so entfällt die Arbeitsvorbereitung weitgehend. Es kann den Prozeduren gefolgt werden.

Meistens sind jedoch vorhandene Pläne für die Durchführung noch umzusetzen und die Einzelschritte voraus zu bedenken. Man kann die Arbeitsvorbereitung als eine ***Weiterführung oder Ergänzung der Planung im Detail*** sehen.

Bei einer ***einmaligen Aufgabe*** stellen Sie auf einem Zettel die Arbeits-Mittel, die notwendigen Informationen und Tätigkeiten (Stichwort: MIT) zusammen. Notieren Sie alles, was Sie brauchen, um die Aufgabe bzw. den Plan durchführen zu können. Es geht um die Bereitstellung von Mitteln, Materialien, Maschinen, Methoden und Menschen zur Durchführung der Arbeit. (Die „5M" der Arbeitsvorbereitung.)

Bei ***Routinearbeiten*** können Sie eine Checkliste erarbeiten, damit Sie nichts vergessen. Auch feststehende Prozeduren (Durchführungsvorschriften oder genaue Ablaufpläne) können Sie als Checkliste benutzen.

Kurzformel für die Arbeitsvorbereitung:

Was ist ***womit,*** wie zu tun?

Schreibtechnik

Die ausführlichen Geschäftsbriefe von ehemals will heute kaum jemand – weder schreiben noch lesen. Im Gegenteil: Viele Briefe – vor allem von Banken, Versicherungen und Buchhaltungen – sind heute Formularbriefe. Hier werden fertige Texte eingesetzt oder einfach angekreuzt und Datum eingesetzt.

Prüfen Sie, was mit Textverarbeitungssystemen, Standardbriefen, Formularbriefen, Postkarten, Kurzbriefen, Telegrammen und Telex vereinfacht werden kann. Manchmal ist auch das Telefon billiger und angebrachter. Fertigen Sie eine Schriftverkehrsanalyse an.

Bei Managern beliebt geworden ist auch folgende Schriftverkehrstechnik:
Man schreibt seine Antwort direkt beim Lesen auf den Originalbrief, macht dann für sich eine Kopie davon und sendet den Originalbrief als Antwort zurück.

Briefe, Berichte und Aktennotizen schreiben Sie am besten so:

Einfach

Kurze Sätze mit geläufigen Begriffen.
Kein Fachchinesisch in langen Schachtelsätzen.

Gegliedert

Mit Überschriften und 1., 2., 3. der Reihe nach.
Hier zeigt sich, wer logisch denken kann.

Kurz

Prägnant auf das Wesentliche beschränkt.
So z. B. nur die Kurz-Adresse. Im Text keine Phrasen z. B. darüber, daß die Zeiten schlecht sind.

Stimulierend

Es mag einmal der Kürze widersprechen, wenn Sie mit einem Beispiel das Gesagte illustrieren. Auch eine witzige Formulierung ist gelegentlich zur Verdauung eines trockenen Stoffes willkommen.

Damit drücken Sie sich nicht nur verständlich und einprägsam aus, sondern sparen auch Textmengen ein.

4.3.12 Konferenzen und Verhandlungen

Arbeits-Erfolgsfaktor **(12)**

Führungskräfte verbringen einen großen Teil (bis zu 70 %) ihrer Arbeitszeit mit Besprechungen oder Konferenzen. Die Konferenz- und Verhandlungstechnik bietet also einen weiteren wichtigen Ansatz zur Rationalisierung der Arbeit.

Konferenzführung

Hauptpunkte einer gut moderierten, ergiebigen Arbeitsbesprechung:

1. ***Gemeinsames*** Besprechungs***ziel***

   – Thema (was) und Ziel (warum) auf Flipchart notiert vor Augen haben. Ausführliche Problemdarlegung zu Beginn.

2. ***Strukturierte*** Vorgehensweise

   – Anfangs-, Pausen- und Endzeit vereinbaren. Art der Besprechung klären: Informations-, Ideenfindungs-, Planungs-, Entscheidungs- oder Maßnahmendiskussion. (Siehe spezielle Arbeitstechniken.)

3. ***Kooperatives*** Zusammenspiel

   – In guter Atmosphäre und in gegenseitiger Akzeptanz kann jeder seine Meinung sagen. Man geht aufeinander ein und hilft sich gegenseitig, um zu einem gemeinsamen Ergebnis zu kommen. Es ist eine Teamleistung, keine Einzelleistung. (Vergl. die folgenden Konferenzregeln.)

Konferenzregeln

Sie können die Konferenzkosten erheblich senken und die Stimmung heben, wenn Sie die folgenden Regeln konsequent beachten.

A. Vorbereitung und Organisation

1. Nur ***notwendige Teilnehmer*** einladen (max. 12).
2. ***Besprechungsleiter*** bzw. Moderator wählen. (Nicht ohne Besprechungsleiter diskutieren.)
3. ***Thema auf Tafel*** (Flip Chart) aufschreiben und Diskussionsergebnisse später festhalten.
4. ***Zeit vereinbaren***. (Anfang ***und*** Ende.)
5. Den ***Raum*** so ***angenehm*** wie möglich gestalten.
6. ***Stühle im Halbkreis*** oder in U-Form stellen.
7. Notwendige ***Unterlagen*** mitbringen.
8. ***Maßnahmen gegen*** mögliche ***Störungen*** treffen.
9. Flip-Chart-Blatt als Protokoll nutzen.

B. Durchführung

1. Auf pünktliche Anwesenheit und gute ***Zeitnutzung*** achten.
2. Sicherstellen, daß die ***Aufgabenstellung*** (Thema) richtig erfaßt ist.
3. Engagiert sein, ***mitarbeiten***, Ideen einbringen, lebhaft dabei sein.
4. ***Hinhören***, hinterfragen, sich einfühlen, nicht nur an sich und seine Ziele denken. (Konferenzen sind kein Feld für Profilierungssüchtige!)
5. ***Nicht persönlich werden***, niemanden angreifen, andere Meinungen gelten lassen.
6. Zu einer freundlichen, gelösten ***Atmosphäre*** beitragen.
7. ***Keine Dialoge mit dem Nachbarn*** führen.
8. Den anderen ***ausreden lassen***. Nicht ins Wort fallen.
9. Sich selbst ***kurz fassen***. Keine Monologe halten.
10. ***Konferenzergebnis festhalten*** und Beschlüsse einhalten.

Dies sind die Minimalregeln. Eine Führungskraft sollte zusätzlich die verschiedenen Konferenzarten beherrschen und pädagogische Fähigkeiten in der Anwendung der allgemeinen Konferenzregeln zeigen.

Verhandlungsführung

Die besten Ideen und Produkte bringen nichts, wenn man sie nicht verkaufen kann. Eine Idee an den Mann bringen heißt, sie zu verkaufen. Um sie zu verkaufen, muß ich mit dem Käufer verhandeln. Ich muß mit ihm darüber reden und ihn davon überzeugen. Dabei muß ich auf seinen Gewinn achten und ihm einen Nutzen bieten.

Oberster Grundsatz

Die Interessen beider Verhandlungspartner müssen berücksichtigt werden. ***Von einer Verhandlung müssen beide profitieren!*** Das Geschäft muß sich für beide lohnen, sonst läuft es nicht – oder zumindest nicht lange. Jeder gewinnt. Kein Sieger. Kein Verlierer.

Verhandlungen werden geführt mit dem Ziel einer beiderseitigen befriedigenden Einigung. Wer nichts vom anderen will, braucht nicht zu verhandeln. Wer ihm dafür nichts geben will, der kann nicht verhandeln.

Wir sind aufeinander angewiesen. Das ist die dialektische Anlage: Der Mensch ist ein Individualwesen ***und*** ein Sozialwesen. Wir sind ichbezogen und du-bezogen. Wir benötigen den anderen zu unsserer Selbstverwirklichung. Daraus folgt: Wir können letztlich kein Interesse haben, den Verhandlungspartner so weit zu schwächen, daß er uns künftig nichts mehr bieten kann. Wenn wir einmal in einer Verhandlung viel gewinnen, dann müssen wir dem anderen in jedem Falle die Möglichkeit lassen, bestehen zu bleiben.

Beide geben und nehmen und entwickeln sich dabei = dialektisches Verhältnis. Oder: Aus These und Antithese wird eine Synthese. Aus Wille und Gegenwille wird ein gemeinsamer Wille.

Anmerkung:
Die Verhandlungstechnik zeigen wir hier im Rahmen der Arbeitsmethodik, ob-

wohl sie eigentlich zur Führungsmethodik gehört. Verhandeln heißt ja gegenseitige Willensbeeinflussung. Es ist Führungsarbeit.
Unsere Führungsmethodik auf Gegenseitigkeit ist dialektisch angelegt. Die Verhandlungskunst ist es ebenso.
Dennoch bringen wir die Verhandlungstechnik hier. Dies aus zwei Gründen:
1. Man erwartet sie hier nach der Konferenztechnik.
2. Die Führungsmethodik ist auf Mitarbeiterführung und Selbstführung bezogen. Theoretisch ist zwar Mitarbeiterführung gleich Verhandlungsführung. Zwei Willen müssen sich ja einigen. Praktisch würden wir das Kapitel Mitarbeiterführung aber zu sehr komplizieren. In der Praxis ist es auch noch ein Unterschied, ob ich mit einem Mitarbeiter verhandele oder mit einem Kunden.

Verhandlungsstrategie

Oberster Grundsatz:	Beide müssen profitieren.
Eigene Vorbereitung:	Argumente suchen und auf den Partner einstellen.
Gemeinsame Durchführung:	Keine Monologe halten, sondern im Dialog schrittweise vorgehen.

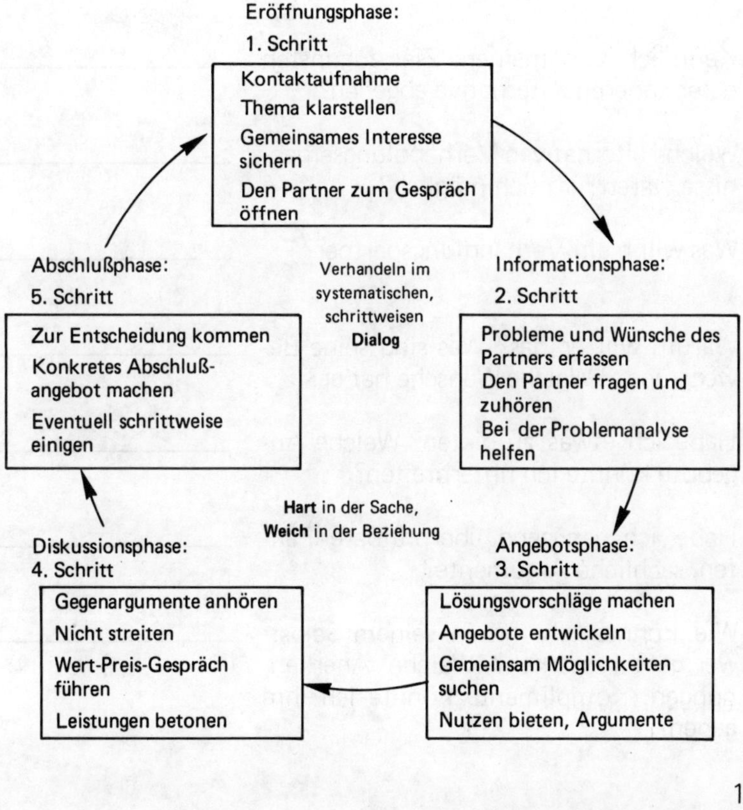

Checkliste zur Verhandlungsführung

	Zur *Vor*bereitung
1. Muß über die Angelegenheit überhaupt verhandelt werden?	__________
2. Habe ich den richtigen Verhandlungspartner?	__________
3. Ist es der richtige Zeitpunkt?	__________
4. Ist der Ort richtig ausgewählt?	__________
5. Weiß ich, was ich will?	__________
6. Kann ich von meinem Ziel zugunsten einer anderen Alternative abgehen?	__________
7. Welche alternativen Verhandlungsergebnisse wären für mich möglich?	__________
8. Was will mein Verhandlungspartner?	__________
9. Warum will er das? Was sind seine Beweggründe? Welche Wünsche hat er?	__________
10. Habe ich etwas zu bieten? Welche Angebote könnte ich unterbreiten?	__________
11. Habe ich genügend überprüfbare Fakten, sachliche Argumente?	__________
12. Wie könnte ich ihn in seinem Selbstwertgefühl stärken? Welche Anerkennungen, Komplimente könnte ich ihm geben?	__________

Zur *Vor*bereitung

13. Kann ich meine Argumente gut illustriert, lebendig, verständlich und nutzenbringend darlegen? Ist eine Visualisierung nötig? ________________

14. Bin ich flexibel im Annehmen von Einwänden? Reagiere ich „weich", verständnisvoll, mitfühlend? ________________

15. Bin ich „hart", konsequent, logisch in der Sache? ________________

16. Trenne ich die Sache von der Person? ________________

17. Achte ich darauf, daß das Verhandlungsergebnis für den Partner akzeptabel ist, er etwas davon hat? ________________

18. Sichere ich das Verhandlungsergebnis, halte ich es fest? ________________

Nach einer Verhandlung können Sie überprüfen, ob Sie diesen Fragen entsprechend verhandelten.

4.4 Leitsätze zum systematischen, erfolgreichen Arbeiten – Vorschlag –

Wir formulieren unsere Thesen in Form von Leitsätzen für die Praxis, als Richtschnur für unser Handeln. Nach heutigem Wissen können wir vereinfachend folgende Leitsätze für ein effektives, erfolgreiches Arbeiten empfehlen:

1. Die eigene Arbeitsmethodik weiterentwickeln

Im fachlichen wie im außerfachlichen Bereich haben Sie Vorgehensweisen, Problemlösungstechniken, die Sie gelegentlich überprüfen und weiterentwickeln sollten. Gehen Sie ganzheitlich und systematisch vor.

2. Prioritäten setzen

Jeder der engagiert arbeitet hat normalerweise zu viel zu tun. Damit Sie Ihre Kräfte nicht in Nebensächlichkeiten und weniger Wichtigem verbrauchen, müssen Sie sich immer wieder auf das Wesentliche konzentrieren. Also gilt es, laufend Prioritäten zu setzen, um wichtige Aufgaben zur rechten Zeit zu erledigen, um ergiebige Ziele anzustreben. Zu Beginn einer Arbeit sind die Arbeitsziele genau zu beschreiben, die Aufgaben oder Projekte zu definieren.

3. Sich zuerst gründlich informieren

Informieren Sie sich gründlich, damit Ihre Arbeit abgesichert ist, damit Sie mit Fakten überzeugen können. Ohne gesicherte Ausgangsinformationen kann die ganze Arbeit umsonst sein. Prüfen Sie bei der Informationsaufnahme die Qualität der Informationen. Es wird viel behauptet. Hinterfragen Sie die Behauptungen, ob sie auch stimmen.

4. Die interne Situation analysieren

Analysieren Sie Ihre Leistung, Ihr Produkt und Ihre Produktionsverfahren. Erfassen Sie Ihre Stärken und Schwächen, Engpässe und Probleme. Klären Sie auch die Ursache der Probleme.

5. Die externe Situation analysieren

Analysieren Sie Ihren Markt, die Kundenwünsche und Konkurrenzangebote. Handeln Sie bedarfsgerecht.

6. Probleme kreativ lösen

Nehmen Sie, um ein Problem zu lösen, nicht immer einfach die nächstbeste, bewährte Lösung. Dies ist nur in Zeitnot sinnvoll. Suchen Sie grundsätzlich nach besseren Problemlösungen nach neuen, einfallsreicheren Wegen. Rationalisierung und Innovation ist ein ständiger Prozeß und ist auch bei kleineren Aufgaben wertvoll.

7. Mehrere Handlungsmöglichkeiten konzipieren

Gehen Sie nicht gleich auf eine Lösungsmöglichkeit eines Problems zu, sondern entwerfen Sie mehrere Alternativen. Setzen Sie Phantasie ein, denken Sie weiter und legen Sie sich nicht zu früh auf einen Plan fest.

8. Die Zeit kalkulieren, Termine einhalten

Kalkulieren Sie den Zeitaufwand für die verschiedenen Aufgaben. Notieren und koordinieren Sie Ihre vorgesehenen Tätigkeiten in einem Kalender. So gewinnen Sie Zeit und können Termine halten. Gehen Sie nicht zu viele Dinge gleichzeitig an, übernehmen Sie sich nicht.

9. Aufwand und Ertrag realistisch planen

Je realistischer Sie Ihre Vorhaben durchdenken, desto weniger Enttäuschungen werden Sie haben. Auf der Grundlage eines realistischen Planes können Sie sicher und schnell handeln. Außerdem sind die vorhandenen Energien, Mittel und Kräfte zum Ziel (Ertrag) hin besser abgestimmt.

10. Gewissenhaft und rechtzeitig entscheiden

Bereiten Sie Ihre Entscheidungen gut vor, indem Sie Alternativen zu den Zielsetzungen hin vergleichen. Zeigen Sie dann unternehmerischen Mut und entscheiden Sie rechtzeitig. Stehen Sie zu Ihren Entscheidungen.

11. Gut vorbereitet flott arbeiten

Je besser Sie Ihre Arbeit organisiert haben, desto flinker kann es gehen. Die gute Vorbereitung hilft Ihnen, ohne langes Nachdenken schnell zu handeln, „es laufen zu lassen". Dabei ist der Einsatz von Formularen und Checklisten ebenso hilfreich wie eingeübte Handgriffe und Verhaltensweisen.

12. In Besprechungen und Verhandlungen auf andere eingehen

Sie bekommen die besten Hilfen und Beiträge zu einem Thema, wenn Sie andere zu Wort kommen lassen und hinhören. Sie kommen zu guten Verhandlungsergebnissen, wenn Sie auch an den Nutzen des Verhandlungspartners denken. Überzeugen Sie mit Argumenten.

5 Zusammenfassung

Die dargestellten Erfolgsfaktoren sind in der folgenden Checkliste zur Selbstüberprüfung zusammengefaßt. Neben Ihrer Selbsteinstufung sollten Sie sich jedoch auch von anderen, mit denen Sie leben und arbeiten, beurteilen lassen. Nach einer möglichen Korrektur von Schwächen können Sie grundsätzlich immer alle Faktoren weiterentwickeln.

Faktor	Selbstmanagement	Wie führe und entwickle ich mich selbst?	Ja/gut	Teilweise/ mittelmäßig	Nein/ schlecht
1	Lebensphilosophie, Leitbild	Habe ich Werte, für die ich eintrete? Habe ich somit einen Lebenssinn?			
2	Eigene Ziele	Habe ich beruflich realistische Ziele und diese mit meinem Ehepartner bzw. privat abgestimmt?			
3	Konzentrationsfähigkeit	Kann ich mich grundsätzlich leicht konzentrieren? Zeige ich Ausdauer?			
4	Entspannungsfähigkeit	Bin ich grundsätzlich gelassen und locker? Habe ich Geduld?			
5	Selbst-Motivation, Engagement	Genieße ich das Leben? Habe ich Schwung und Elan? Finde ich Freude in der Arbeit?			
6	Selbstkommunikation, Selbstsicherheit	Komme ich mit eigenen, inneren Konflikten zurecht?			
7	Kritikfähigkeit, Lernen, Wissen, Logik	Lerne ich weiter? Gehe ich den Dingen auf den Grund? Hinterfrage ich?			
8	Gestaltungsfähigkeit, Kreativität	Entwickle ich eigene Ideen, wie man Dinge ändern oder verbessern könnte?			
9	Kontaktfähigkeit, Einfühlungsvermögen	Pflege ich Kontakte und Freundschaften? Kann ich Gefühle zeigen und herzlich sein?			
10	Körperliche Leistungsfähigkeit, Gesundheit	Lebe ich körperbewußt, gesund? Treibe Sport oder Gymnastik?			
11	Ausdrucksfähigkeit, Präsentation	Drücke ich mich klar und deutlich aus, sodaß andere mich verstehen können?			
12	Wirkungskontrolle, Beeindruckbarkeit	Höre ich interessiert zu, wenn andere mir etwas sagen? Lasse ich mich beeindrucken?			

Faktor	Team-Management	Wie kooperativ führe ich (als Leiter) bzw. arbeite ich mit (als Mitarbeiter)?	Ja/gut	Teilweise/ mittelmäßig	Nein/ schlecht
1	Führungsphilosophie, Leitbild	Habe ich einen von der Gruppe bejahten Führungsstil bzw. Verhaltensstil?			
2	Gemeinsame Ziele	Kann ich klare Ziele vereinbaren?			
3	Mitarbeiterauswahl	Habe ich die passenden Mitarbeiter bzw. passe ich in das Team?			
4	Kommunikation	Pflege ich eine offene, ehrliche Kommunikation?			
5	Team-Organisation	Arbeite ich teambewußt, mit Verantwortung für die Gruppe?			
6	Delegation	Delegiere ich eindeutig mit Kompetenzen und Verantwortung für die Aufgabe? – Arbeite ich als Mitarbeiter verläßlich mit?			
7	Motivation	Bemühe ich mich um eine gerechte Entlohnung? Zeige ich Anerkennung? Werden Kritikgespräche als Problemlösungsgespräche gesehen?			
8	Organisation der Information	Sorge ich für eine rechtzeitige und umfassende Information aller Beteiligten?			
9	Organisation der Innovation	Bin ich aufgeschlossen für neue Ideen, rege ich zur Weiterentwicklung an?			
10	Organisation der Planung	Sorge ich für eine abgestimmte und geplante Zusammenarbeit? Ist jeder an der Planung beteiligt?			
11	Training, Schulung	Führe ich regelmäßig eine Weiterbildung durch?			
12	Kontrolle, Beurteilung	Führe ich Arbeitsergebniskontrollen durch? – Finden gegenseitige Verhaltensbeurteilungen statt?			

Faktor	Arbeitsmethodik	Wie systematisch arbeite ich?	Ja/gut	Teilweise/ mittelmäßig	Nein/ schlecht
1	Arbeitskonzept, Leitbild	Überdenke ich gelegentlich meine gesamte Arbeitsmethodik?			
2	Aufgaben-Definition	Weiß ich immer klar, was zu tun ist? Setze ich Prioritäten?			
3	Informationstechnik	Bin ich ausreichend informiert? Habe ich eine systematische Ablage (Datenbank)?			
4	Betriebsanalysen	Erstelle ich betriebliche Situationsanalysen?			
5	Marktanalysen	Kenne ich meinen Markt, die Kunden und die Konkurrenz?			
6	Ideenfindung	Setze ich Ideenfindungstechniken ein?			
7	Konzeptionstechnik	Entwickle ich meine Leistung systematisch weiter?			
8	Zeit-Planung	Plane ich meinen Zeitverbrauch? Habe ich einen Überblick über den Stand meiner Projekte?			
9	Planung	Plane ich Aufwand und Ertrag meiner Tätigkeiten realistisch? Optimiere ich den Einsatz der Kräfte? Habe ich kurz-, mittel- und langfristige Pläne?			
10	Entscheidung	Entscheide ich überlegt und in angemessener Zeit? Nutze ich eine Entscheidungstechnik?			
11	Arbeitsvorbereitung, Persönl. Arbeitstechnik	Nutze ich für eine flotte Routinearbeit am Schreibtisch Formulare, Checklisten und technische Einrichtungen wie u. a. Computer?			
12	Konferenztechnik, Verhandlungstechnik	Führe ich Besprechungen oder Konferenzen organisiert durch? – Denke ich bei Verhandlungen an den Nutzen des Partners?			

Um einem möglichen Mißverständnis vorzubeugen: Sie sind nicht eine starke Persönlichkeit oder haben eine starke Organisation, wenn Sie alle Punkte kennen, sondern nur dann, wenn Sie alle Faktoren auf Ihre einzigartige Weise einverleibt haben, d. h. in den verschiedenen Situationen entsprechend bestehen können. Eine weitere Auseinandersetzung und vor allem Anwendung in der Praxis ist also nötig.

Wenn Sie alle Fragen mit ja bzw. gut beantwortet haben, ist dies ein Hinweis dafür, daß es Ihnen gelungen ist, eine ausgewogene Mitte zu finden und alle Einflußfaktoren wirken zu lassen. Jedoch auch in diesem optimalen Fall können Sie sich weiterentwickeln und stärker werden. Leben ist nicht Stillstand.

Mit einer stetigen Persönlichkeits- und Organisationsentwicklung und einer immer besseren Arbeitsmethodik kann erfolgreicher, wirtschaftlicher und gleichzeitig menschlicher gearbeitet werden. In der integrierten Managementmethodik wirken Selbstmanagement, Team-Management und Arbeitsmethodik zusammen in einer effektiven, befriedigenden Zusammenarbeit. Eine solche ganzheitliche Managementmethodik ist die notwendige Ergänzung zum Fachwissen.

Mensch, Organisation und Arbeit. Ganzheitliche Management-Methodik im Überblick.

Jede Einheit setzt sich aus einer Vielzahl von Einzelfaktoren zusammen. Sie stehen miteinander in Wechselwirkung und müssen problembezogen koordiniert werden. Dazu benötigen wir eine Führung und haben jeweils eine Philosophie zur Harmonisierung und als Leitbild zum Handeln. Die immer wiederkehrenden Grundprobleme und damit ständigen Führungsaufgaben sind: Mit sich, den anderen und den sachlichen Aufgaben zurechtzukommen.

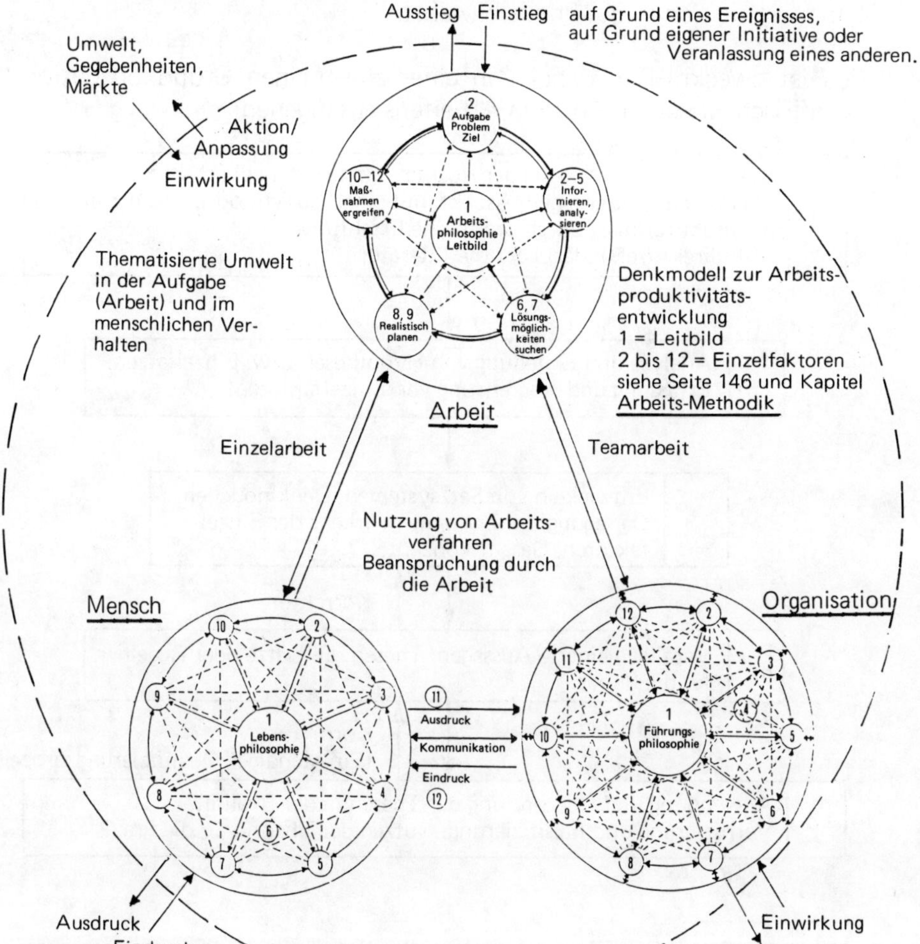

Denkmodell zur Persönlichkeitsentfaltung
1 = Leitbild
2 bis 12 = Einzelfaktoren
siehe Seite 24 und Kapitel Selbstmanagement

Denkmodell zur Organisationsentwicklung
1 = Leitbild
2 bis 12 = Einzelfaktoren
siehe Seite 76 und Kapitel Team-Management

Entwicklung und Bewährung der Ganzheitlichen Management-Methodik

Für interessierte Leser soll im folgenden etwas darüber gesagt werden, wie die im Buch vorgestellte Management-Methodik entwickelt wurde und wie sie sich in der Praxis bewährt.

Es ist zweckmäßig, dabei von einer allgemeinen Grundkonzeption empirisch-wissenschaftlichen Arbeitens auszugehen:

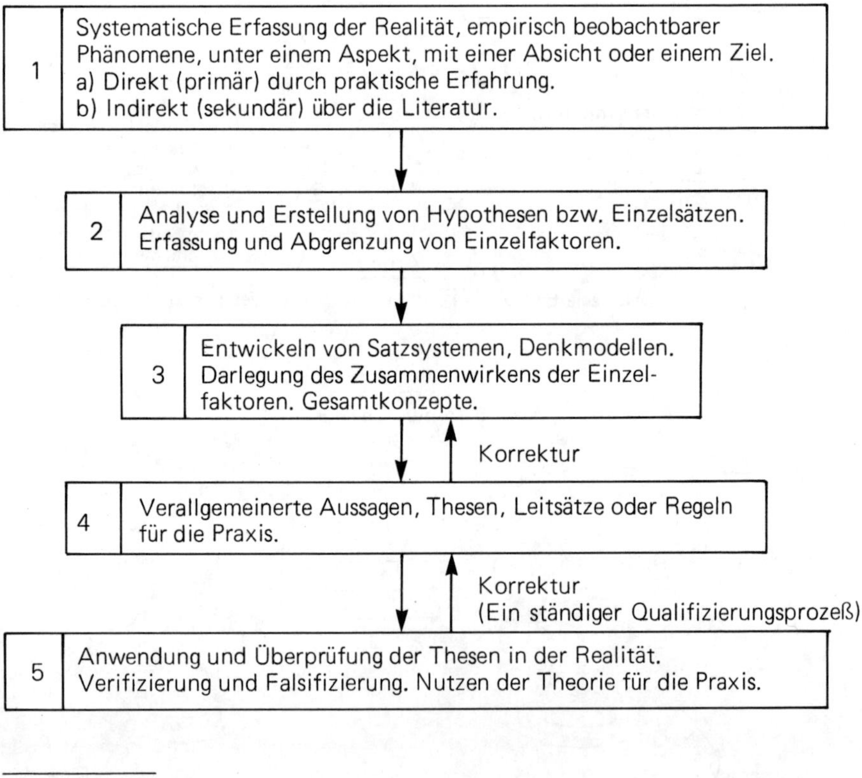

Vgl. zum wissenschaftlichen Arbeiten in den Wirtschafts- und Sozialwissenschaften: Dörner/Selg S. 29 ff., Herkner S. 15 ff., Magee S. 59 ff., Popper S. 22 ff., Wössner S. 255 ff. (s. Literaturverzeichnis).

Denkmodelle können nicht die ganze Realität beschreiben. Sie sind eine Verkürzung der Realität unter einem Aspekt. Der Wert eines Denkmodells liegt darin, inwieweit es alle wesentlichen Faktoren erfaßt und in ihrem Zusammenhang darstellt, inwieweit das Denkmodell erklärend und in den Einzelaussagen dienlich ist für die Praxis. Alle Voraussagen sind mit einer gewissen Wahrscheinlichkeit verbunden, also tendenziell nicht absolut zu sehen. Je sicherer die Aussagen, je höher die Wahrscheinlichkeit des Zutreffens, desto brauchbarer sind die Aussagen.

Erarbeitung der Erfolgsfaktoren und der Denkmodelle

(Die eingerahmten Ziffern verweisen auf die "Grundkonzeption", S. 189).

| 1 | Erfassung der Realität mit dem Ziel, systematisch die wesentlichen erfolgsbestimmenden Faktoren zu erfassen.

Zunächst hat sich der Autor bemüht, möglichst systematisch die Faktoren zu erfassen, die in der Realität den Erfolg bestimmen, und zwar

a) direkt durch eine 25-jährige Arbeits- und Führungserfahrung des Verfassers im Bereich Produktentwicklung, Unternehmensentwicklung, Organisation und Marketing [1].

b) indirekt durch ***Analyse der Literatur*** der Wirtschafts- und Sozialwissenschaften hinsichtlich Persönlichkeits-, Organisations- und Arbeits-Erfolgsfaktoren (siehe dazu Literaturverzeichnis) und durch ***Analyse von Trainingsangeboten*** für qualifizierte Mitarbeiter, Führungskräfte und Selbständige von Weiterbildungsinstituten [2].

---

1) ***Als Angestellter*** bei Siemens, Hoover Worldwide (England), Lessieur-Cotelle (Frankreich), Eli Lilly (USA–(Deutschland)).
Als Berater und Trainer u.a. bei folgenden Firmen: Polster Richter, Paidi, Gerresheimer Glas, VDO Meßgeräte, Fraunhofer Institut, Mode Schröder, Regionalrechenzentrum Heidelberg, Schwarzkopf Haarpflege, Atlantische Versicherung, Outils Wolf, Stadtverwaltung Duisburg, Technische Akademie Esslingen, Bernex Metallurgie, Langnese, Bosch-Siemens Hausgeräte, Eckes Getränke, MBB Apparate, Webasto, Sysco Systemberatung, Internorm Fenster, Verwaltungs-Berufsgenossenschaft, Interpares Baustoffhandel, Thermik Thermoschalter, Rigips, Rittal, Peiniger Bautenschutz, Rockwell Bremsen, Degussa Präzisionstechnik, Automation Consulting Group, Alcan Aluminium, Combi-Verbrauchermärkte, ASP Architektengruppe, Mannesmann-Kienzle.

2 Erfassung und Abgrenzung der Erfolgsfaktoren.

Die wesentlichen Faktoren und Begründungen für einen Erfolg werden in den Abschnitten 2.1. bis 2.4., 3.1., 3.2. und 4.1. bis 4.2.5. dargelegt.

3 Bildung der Denkmodelle.

Die Erfolgsfaktoren und deren Zusammenwirken werden in den Denkmodellen zur Persönlichkeitsentfaltung (Abschnitt 2.4.), zur Organisationsentwicklung (Abschnitt 3.2.) sowie zur Arbeitsmethodik (Abschnitt 4.2.6) dargestellt. Die Vernetzung der Faktoren zeigt uns ihre gegenseitige Abhängigkeit und Beeinflussung. Wir kommen damit zu einer ganzheitlichen Sichtweise und vermeiden eine einseitige Überbetonung eines Faktors, wie es in der Praxis häufig geschieht.

4 Beschreibung der Einzelfaktoren des jeweiligen Denkmodells und Leitsätze für die Praxis.

In den Abschnitten 2.5., 2.6., 3.3., 3.4., 4.3. und 4.4. werden die wesentlichen Einzelfaktoren beschrieben. Da sie empirisch gut begründet sind, ließen sie sich unmittelbar in die Praxis umsetzen.

---

2) U.A. von ASB (Heidelberg), BZE Bildungszentrum des Einzelhandels (Springe), Connex (Böblingen), DIB (Frankfurt), Harvard (Boston), HdT (Essen), Hernstein (Wien), Imede (Lausanne), Insead (Fontainebleau), RKW, DGFP (Düsseldorf), TAE Techn. Akademie (Esslingen), USW Universitätsseminar der Wirtschaft (Erftlar), Die Akademie (Harzburg), ZfU Zentrum für Unternehmensführung (Zürich), ZFU Zentralstelle für Fernunterricht (Köln) und von innerbetrieblichen Angeboten u. a. von BASF, ABB (BBC), Braun, Daimler-Benz, Eckes, Freudenberg, IBM, Interpares, Kaufhof, MBB, Reemtsma, Rexroth-Mannesmann, Schwarzkopf, Unilever, Boehringer, Siemens.

5 Anwendung und Überprüfung der Thesen und Modelle bei den Zielgruppen.

Dazu wurden vom Verfasser in über 10 Jahren 330 meist 3-tägige Seminare mit durchschnittlich 12 Teilnehmern (Fach- und Führungskräfte, 22 bis 58 Jahre alt) durchgeführt und der Nutzen der Aussagen sowie Denkmodelle (Konzepte) für die Praxis von den Teilnehmern eingestuft. Der Nutzen der Seminare zum Selbstmanagement, Team-Management, Arbeitsmethodik wurde unmittelbar nach dem Training wie folgt beurteilt:

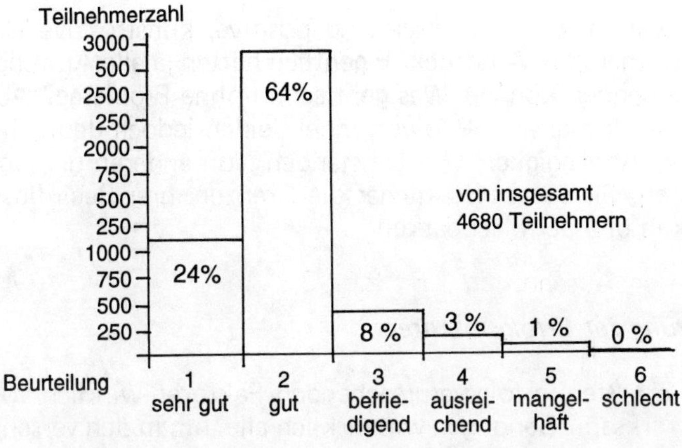

Bei dieser Bewertung gab es keinen signifikanten Unterschied zwischen Betriebsgrößen und Branchen, wohl aber zwischen Vorbildung und Motivation. Die Teilnehmer mit einer höheren Vorbildung beurteilten die Seminare besser. Wenig motivierte, zur Seminarteilnahme angewiesene Teilnehmer beurteilten durchschnittlich schlechter.

Nach über einem Jahr wurde eine Nachbefragung zur Langzeit-Erfolgskontrolle durchgeführt. Dabei wurde gefragt, inwieweit die einzelnen Führungs- und Arbeitstechniken, die Leitsätze und Konzepte für die Praxis hilfreich waren und gegebenenfalls welche Anwendungsschwierigkeiten aufgetreten sind.

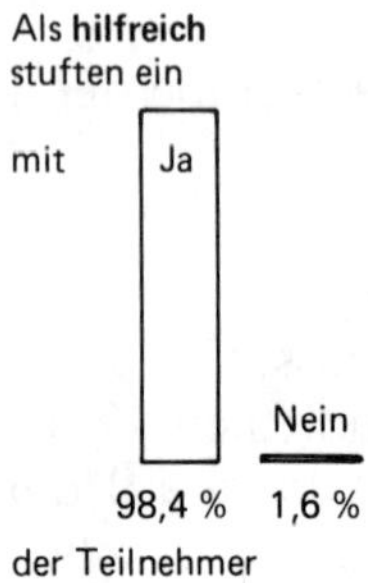

Anwendungsprobleme in der Praxis hatten 30 % derjenigen, die mit Ja antworteten.

Hier kommt m. E. die überwiegend positive, konstruktive Haltung der Teilnehmer zum Ausdruck. Eigentlich hätten ja alle Anwendungsprobleme nennen können. Was geht schon ohne Probleme? Aber sie sehen sie als lösbar an. 30 % von ihnen leiden jedoch deutlich unter Zeitdruck, Abhängigkeit von Umständen, von anderen und von Gewohnheiten. Sie spüren deutlicher die Grenzen ihrer Beeinflussungsmöglichkeit und der Machbarkeit.

Absicherung der Erfolgsfaktoren

Sind die erfaßten, erfolgsverursachenden Faktoren wirklich vollständig und wirksam? Benötigen wir wirklich alle, um in den verschiedensten, gegebenen Situationen bestmöglich zurechtzukommen?

Dies läßt sich am besten durch eine Plausibilitätskontrolle feststellen: Sind die behandelten Faktoren ausreichend für den Erfolg (Vollständigkeit), und sind sie auch alle notwendig für den Erfolg (Notwendigkeit)?

Vollständigkeit: Auf Grund der Analyse der genannten Literatur und der kritischen Diskussion der Lebenserfahrung von ca. 4000 beruflich gut bis hoch qualifizierten Persönlichkeiten (Seminarteilnehmer) konnten wir keine weiteren, wesentlichen Erfolgsfaktoren, die eine Entfaltung einer Persönlichkeit, einer Organisation oder der Arbeitsproduktivität erlauben, finden.

Notwendigkeit: Degeneriert z.B. ein Persönlichkeits-Erfolgsfaktor ganz, bricht die Persönlichkeit, das ganze kybernetische System, zusammen oder ist zumindest schwer krank. Ist ein Faktor schwach, ist die Persönlichkeit in ihrer Wirkungsmöglichkeit geschwächt. Das gleiche gilt analog für eine Organisation und die Arbeitssystematik. Sie können jeden Faktor einzeln nehmen und überprüfen, und Sie werden feststellen, daß die Systeme (Mensch, Organisation, Arbeitsablauf) schwach werden, wenn ein Faktor schwach wird. Nach dem bisher Dargelegten halten wir das für evident. Sie können es selbst prüfen, indem Sie die Beziehung der einzelnen Faktoren in den Denkmodellen durchdenken und die Beschreibung der einzelnen Erfolgsfaktoren nochmals lesen. Stellen Sie sich dabei immer wieder die Frage: Ginge es auch ohne diesen Faktor? – Umgekehrt können wir sagen: Je stärker die Faktoren ausgeprägt sind, desto größer ist die Erfolgswahrscheinlichkeit.

Wir werden nicht als starke Persönlichkeit geboren, sondern als Mensch mit bestimmten Anlagen. Erst durch die Entfaltung und Ausbildung der Anlagen durch Erziehung und Selbsterziehung werden wir eine starke Persönlichkeit.

Mehrere selbst starke Persönlichkeiten bilden nicht automatisch eine starke Organisation. Die Persönlichkeiten müssen erst unter einer gemeinsamen Philosophie oder Zusammenarbeitsvorstellung ein Beziehungssystem entwickeln, um eine starke Organisation zu sein.

Wer fleißig ist, arbeitet nicht automatisch erfolgreich, setzt seine Kräfte nicht unbedingt systematisch ein. Ein systematisches Vorgehen nach der Arbeitsmethodik verspricht in aller Regel größere Arbeitserfolge.

Will man also Erfolge haben, dann muß man sie mit den im vorliegenden Buch genannten Erfolgsfaktoren bewirken. Diese zentralen Fähigkeiten sichern letztlich die Existenz eines Unternehmens, einer Organisation wie eines Einzelnen.

Die vorausgegangene Beschreibung der einzelnen Erfolgsfaktoren ist kurz und charakterisierend und mit einigen Anregungen für die Praxis versehen. Es ist eine erste Einführung in die Managementmethodik. Eine weitere Vertiefung mit zusätzlichen Verfahren ist nötig. Auf den folgenden Seiten finden Sie einen Überblick der Trainingsprogramme zum Selbstmanagement, Team-Management und zur Arbeitsmethodik.

Das jeweilige ***Trainingsprogramm*** zeigt Verfahren zu den zwölf Erfolgsfaktoren in zwölf Kapiteln oder Lerneinheiten. Jedes Kapitel entspricht einem 1/2- bis 1-Tagesseminar, je nachdem, wie weit man in die Tiefe gehen will. ***Innerbetrieblich*** hat sich ein ***Intervall-Seminar*** von 3 x 2 = 6 Tagen pro Themenbereich bewährt. In einem Abstand von ca. 3 Monaten finden jeweils 2 Tage Training statt. Der dazwischen liegende Zeitintervall dient der Anwendung des Gelernten. Zu Beginn der folgenden 2 Tage findet eine Anwendungs-Erfolgs- und Problemdiskussion statt.

Seit vielen Jahren werden auch ***öffentliche 3-Tages-Seminare zur Einführung*** in die jeweilige Methodik durchgeführt. Dabei kann auch ein Verfahrens-Ordner zum ergänzenden Selbststudium erworben werden.

Eine Alternative zu den Seminaren ist der staatlich geprüfte ***Fernkurs***. Der Kurs dauert 3 bis 6 Monate pro Themenbereich, je nachdem wie schnell man vorgehen will. Die Anwendungs-Erfolgs- und Problemdiskussion wird mit vorbereiteten Formularen schriftlich durchgeführt.

Eine weitere Möglichkeit ist auch das ***Selbststudium*** des Verfahrens-Ordners ohne Seminar- oder Fernkursteilnahme.

Selbstmanagement

Lebensführung, Persönlichkeitsentfaltung

	Fragestellung, **Problem** →	**Lösungsmöglichkeit,** Verfahren →	Trainings-programm	Erfolgs-faktor
	Was ist der Mensch (Wer bin ich?) → Was ist das Grundproblem? → Was ist die Erfolgsgrundlage? → Wie kann man sich entwickeln? → Wie hat man als Persönlichkeit Erfolg? →	Anlage des Menschen → Dialektisches Spannungsverhältnis → Entwicklungsgesetz des Menschen → Generelle Entwicklungsstrategie → Selbst-Managementkonzept →	*Selbst-Erkenntnis* *Leitbild*	1
Wollen	Was will ich beruflich und privat? → Was kann ich bieten? → Was benötigen andere? → Welche Ziele kann ich erreichen? → Wie kann ich meine Ziele erreichen? →	Persönliche Zielanalyse → Stärken- und Schwächenanalyse → Bedarfserfassung → Profilierung, Spezialisierung → Selbstentwicklungsplan →	*Zielanalyse* *Erfolgsstrategie*	2
Eigene Willens-bildung Aufbau der Leistungs-bereitschaft	Wie kann ich mich besser konzentrieren? → Wie gehe ich am besten an eine Arbeit? → Wie verbrauche ich meine Zeit? → Wie vermeide ich Zeitverluste? → Wie nutze ich meine Zeit effektiv? →	Konzentrationsübungen → „Anpack-Technik" → Zeitnutzungsanalyse, Störungsanalyse → Abbau von zeitraub. Gewohnheiten → Sich selbst organisieren →	*Konzentration* *Zeitnutzung*	3
	Wie bewältige ich den täglichen Streß? → Wie ermüde ich weniger? → Wie entkrampfe ich mich? → Wie werde ich ruhiger, gelassener? → Wie schütze ich mich gegen Streß? →	Entspannungstechnik im Alltag → Pausentechnik, Kurzentspannung → Progressive Muskelentspannung → Autogenes Training, Yoga-Übungen → Streßtest, Entspannungsprogramm →	*Entspannung* *Pausentechnik*	4
	Wie finde ich Zufriedenheit? → Wie überwinde ich Lustlosigkeit? → Wie macht mir die Arbeit mehr Spaß? → Wie erhöhe ich mein Selbstwertgefühl? → Wie kann ich sinnvoll leben und arbeiten? →	Identifikation mit der Gesellschaft → Motivationstechnik im Alltag → Freude an der Arbeit → Positives Denken, Selbstsuggestion → Wertorientierung →	*Selbst-Motivation*	5
	Wie komme ich mit mir selbst zurecht? → Wie löse ich eigene Konflikte? → Wie stärke ich mein Selbstvertrauen? → Wie überwinde ich schnell Ärger? → Wie begegne ich Angst und Unsicherheit? →	Selbstgespräche, Selbsterprobung → Wunsch-Dialog, Konfliktlösung → Umgang mit sich selbst → Anti-Ärger-Maßnahmen → Selbstsicherheitstraining →	*Selbstsicherheit*	6

	Fragestellung, **Problem** →	**Lösungsmöglichkeit,** Verfahren →	**Trainingsprogramm**	**Erfolgsfaktor**
Können Entfaltung der persönlichen Leistungsfähigkeit	Wie lerne ich am besten? → Wie vergesse ich nichts? → Wie sehe ich die Dinge klarer? → Wie handle ich vorurteilsfreier? → Wie denke ich logischer? →	Wissensaufnahme, Lerntechnik → Gedächtnistraining → Analytisches Denken → Abbau von Vorurteilen, Denkfallen → Folgerichtiges Schließen →	*Wissen* *Logik* *Kritikfähigkeit*	**7**
	Wie komme ich zu originellen Ideen? → Wie werde ich kreativer? → Wie werde ich geistig beweglicher? → Wie erweitere ich meine Phantasie? → Wie erfasse ich Zusammenhänge? →	Intuitives, konzeptionelles Denken → Tips zum kreativen Verhalten → Übungen zur Flexibilität → Phantasie-Übungen, Spiele → Kombinationsübungen →	*Kreativität* *Gestaltungsfähigkeit*	**8**
	Wie entwickle ich meine Kontakte? → Wie sehen andere mich? → Wie gewinne ich Freunde? → Wie schütze ich mich vor Isolation? → Wie erhöhe ich mein Einfühlungsvermögen? →	Beziehungsnetze → Charakterprofil → Kontakttraining → Psychohygiene, Umgangsformen → Sensitivitätstraining →	*Kontakt* *Einfühlungsfähigkeit*	**9**
	Wie werde ich „wacher", erlebnisfähiger? → Wie schütze ich mich vor Krankheiten? → Wie vermeide ich Fettleibigkeit? → Wie bleibe ich fit und belastbar? → Wie werde ich reaktionsschneller, vitaler? →	Training der fünf Sinne → Gesunde Lebensweise → Richtige Ernährung → Fitneßprogramm, Gymnastik → Reaktionstraining, Bio-Energetik →	*Gesundheit* *Körperliche Leistungsfähigkeit*	**10**
	Wie verbessere ich meine Aussprache? → Wie trete ich überzeugend auf? → Wie halte ich eine Rede? → Wie drücke ich mich schriftlich aus? → Wie gewinne ich an Ansehen? →	Sprechtechnik, Artikulation → Körpersprache, Rhetorik → Vortragstechnik, Präsentation → Schreibstil → Persönliche Imagegestaltung →	*Ausdrucksfähigkeit* *Präsentation*	**11**
	Wie wirke ich auf andere? → Wie wird mein Verhalten beurteilt? → Wie stark ist meine Persönlichkeit? → Wie kann ich mein Verhalten ändern? → Wie sichere ich meine materiellen Verhältnisse? →	Selbsterfahrung, Verhaltenstest → Führungs- und Arbeitsverhalten → Kräfteprofil, Persönlichkeitsprofil → Technik der Verhaltensänderung → Privatbilanz, Lebenssicherung →	*Verhaltensbeurteilung* *Selbstkontrolle*	**12**

Team-Management
Mitarbeiterführung, Organisationsentwicklung

	Fragestellung, **Problem** →	**Lösungsmöglichkeit**, Verfahren →	Trainings-programm	Erfolgs-faktor
	Was heißt führen? → Wozu führen? → Wie erfolgreich führen? →	Fachwissen und Führungswissen → Sozial-psychologische Begründung → Wirtschaftliche Notwendigkeit → Politische, rechtliche Begründung → Team-Managementkonzept →	*Führungs-philosophie* *Leitbild*	**1**
Wollen Gemeinsame Willens-bildung Aufbau der Leistungs-bereitschaft	Was wollen wir im Betrieb? → Was benötigen andere? → Was können wir bieten? → Welche Ziele sind anzustreben? → Wie sind die Ziele zu erreichen? →	Zielanalyse, Zieldiskussion → Umweltanalyse, Bedarfserfassung → Stärken- und Schwächenanalyse → Angebotskonzepte, Spezialisierung → Erfolgsstrategie →	*Zielanalyse* *Unternehmens-strategie*	**2**
	Wann benötige ich Mitarbeiter? → Wie finde ich geeignete Mitarbeiter? → Wie sichere ich die Mitarbeit? → Wie führe ich neue Mitarbeiter ein? → Wie Überkapazitäten abbauen? →	Personalbedarfsplanung → Personalsuche und Auswahl → Arbeitsvertrag/Entlohnung → Einführung/Einarbeitung → Personalabbau/Kündigung →	*Personalauswahl*	**3**
	Wie die Zusammenarbeit regeln? → Wie aufeinander eingehen? → Wie effektive Gespräche führen? → Wie Streitigkeiten regeln? → Wie einen Konflikt lösen? →	Koop.-Konzept/Führungsleitsätze → Kommunikationsprozesse verstehen → Führungs- und Arbeitsgespräche → Beschwerde/Verwarnung → Konfliktbewältigung →	*Kommunikation* *Kooperation*	**4**
	Wie bilde ich ein Team? → Wie organisiere ich einen Betrieb? → Wie führe ich ein Team? → Wie halte ich es zusammen? → Wann Teamarbeit, wann Einzelarbeit? →	Teambildung → Struktur- und Ablauforganisation → Regeln für die Teamarbeit → Erfassen der Gruppendynamik → Vor- und Nachteile der Teamarbeit →	*Team-Organisation*	**5**
	Wie eine Aufgabe übertragen? → Wie eine Stelle übergeben? → Wie etwas veranlassen? → Wie gleichzeitig an mehrere delegieren? → Was ist bei Abwesenheit zu tun? →	Zielvereinbarung → Funktionsbeschreibung → Auftragserteilung → Arbeitsaufteilung → Stellvertretung →	*Delegation*	**6**

	Fragestellung, **Problem** →	**Lösungsmöglichkeit**, Verfahren →	**Trainingsprogramm**	**Erfolgsfaktor**
	Warum arbeitet jemand? → Wie motiviere ich jemanden? → Wie stimuliere ich Mitarbeiter? → Wie kritisiere ich jemanden? → Wie gewinne ich Verantwortungsbereitschaft?	Erfassen der Motive und Wünsche → Motivationstechnik und Mittel → Anerkennung und Bestätigung → Kritik, Mißbilligung, Belehrung → Sinngebung, Unternehmenskultur →	*Motivation* *Verhaltenssteuerung*	**7**
Können Entfaltung der Leistungsfähigkeit der Gruppe	Wie den Wissensstand heben? → Wer enthält welche Information? → Auf welche Weise informieren? → Wie den Informationsfluß sichern? → Wie Chancen und Gefahren rechtzeitig erkennen? →	Informations-System → Informations-Katalog → Berichtsformen → Informations-Verhalten (Checkliste) → Frühwarnsystem mit Kennzahlen →	*Org. der Information*	**8**
	Wie die Innovation organisieren? → Welche Hilfsmittel einsetzen? → Wie Neuerungen erleichtern? → Wie den Ideenfluß anregen? → Wie Ideen anderer nutzen? →	Kreativitätssystem → Problemkatalog/Ideenmappe → Abbau von Kreativitätsblockaden → Kreatives Verhalten (Checkliste) → Quality Circle, Vorschlagswesen →	*Org. der Innovation*	**9**
	Wie die Planung organisieren? → Wann planen? → Wer plant was? → Wie im einzelnen planen? → Wie die Pläne koordinieren? →	Planungssystem, Planungskreislauf → Zeitraum der Planung → Planungsaufgaben, Koordination → Budgetierung, Planungsverhalten → Strategische Geschäftseinheiten →	*Org. der Planung* *Koordination*	**10**
	Wie die Fähigkeiten entwickeln? → Wozu und wie lernen Erwachsene? → Wie kann ich unterrichten? → Wie eine Schulung durchführen? → Wie die Lehrfähigkeit überprüfen? →	Systematische Weiterbildung → Ergebnisse der Lernpsychologie → Lehrmethoden (Überblick) → Anleitung zum Unterrichten → Referenten-Checkliste →	*Training* *Schulung*	**11**
	Wer kontrolliert was? → Wie die Arbeiten überwachen? → Wie die Zusammenarbeit überprüfen? → Wie einen Mitarbeiter beurteilen? → Welche Konsequenzen ziehen? →	Kontrolle als Soll-Ist-Vergleich → Erfolgs- oder Ergebniskontrollen → Gegenseitige Verhaltensbeurteilung → Führungs- und Leistungsbeurteilung → Korrektur- und Förderungsmaßnahmen →	*Kontrolle* *Beurteilung*	**12**

Arbeitsmethodik
Rationelles Arbeiten und Projektmanagement

	Fragestellung, **Problem** →	**Lösungsmöglichkeit**, Verfahren →	Trainings-programm	Erfolgs-faktor
Problemlösung Genereller Ablauf: ↓	Was heißt arbeiten? → Wie vorgenommene Ziele erreichen? → Wie Aufgaben bewältigen? → Wie arbeiten Erfolgreiche? →	Begründung der Arbeitsmethodik → Systematisches Vorgehen in 4 Phasen → Anwendung der Arbeitsmethodik → Der Schlüssel zum Arbeitserfolg →	*Arbeitskonzept* *Leitbild*	**1**
→ *Ziel Aufgabe* ↓	Womit beginnen? Was zuerst erledigen? → Wie eine Einzelaufgabe festhalten? → Wie ein größeres Vorhaben beschreiben? → Wie unter Zeitdruck vorgehen? →	Prioritätenbildung, ABC-Analyse → Aufgabenformulierung → Projektbeschreibung → Schnellanwendung der Arbeitsmethode	*Aufgaben-definition* *Arbeits-Org.*	**2**
→ *Klären des Ist-Zustandes* ↓	*1. Informationsphase:* → Welche Informationen werden benötigt? → Woher die Informationen bekommen? → Wie sich selbst informieren? → Wie die Daten ordnen und speichern? →	Informationsprozeß → Ermittlung des Informationsbedarfs → Datenbeschaffung, Quellenkatalog → Lesetechnik, Interviewtechnik → Dokumentation, Statistik, Prognosen →	*Information*	**3**
	Wie Informationen nutzen? → Wie eine Lage erfassen? → Was ist zu verbessern? → Wo liegt die Ursache für das Problem? → Wo kann rationalisiert werden? →	Analytisches Denken und Arbeiten → Situations-Analyse → Schwachstellen-Analyse → Ursachen- oder Problemanalyse → Funktions-, Nutzen- oder Wertanalyse	*Analysen (Intern)*	**4**
Lage klar? ← *nein* *ja* ↓	Wie groß ist der Markt? → Wie stark ist die Konkurrenz? → Welche Vorstellungen haben die Kunden? → Wo liegt die Rendite (Gewinnschwelle)? → Wie sicher ist der Gewinn? →	Bedarfs-, Nachfrage- oder Marktanalyse Angebots- oder Konkurrenzanalyse → Image-Analyse, Motivanalyse → Kosten-Ertrags-Analyse → Risiko-Analyse →	*Analysen (Extern)*	**5**
→ *Suchen nach Möglichkeiten* ↓	*2. Kreativitätsphase:* → Wie kommt man zu brauchbaren Ideen? → Wie noch auf andere Weise? → Wie noch im Team? → Wie noch mit anderen? →	Kreativitätsprozeß, Innovationstechnik Ideenzettel, Ideenkartei → Synektische Kreismethode → Ideenfindungssitzung, Analogiedisk. → Einfälle schreiben, Kärtchenbefragung	*Ideenfindung*	**6**

	Fragestellung, **Problem** →	**Lösungsmöglichkeit**, Verfahren →	Trainings-programm	Erfolgs-faktor
	Wie nutzt man Ideen? →	Konzeptionelles Denken und Arbeiten		
Konzept	Wie entwickelt man eine Konzeption? →	Konzeptionstableau (Morphologie) →		
gefunden?	Wie durchdenkt man viele Möglichkeiten?	Konzeptionsrad, Ringkonzept →	*Konzeption*	**7**
← *nein*	Wie kommt man zu Leitbildern? →	Szenariotechnik →		
ja ↓	Wie gestaltet man die Zukunft? →	Strategie-Entwürfe →		
	3. Real-Planungsphase: →	Zeitnutzung, Zeitmanagement →		
	Wie die Zeit einteilen? →	Zeitplantechnik →		
→ *Erarbeiten des*	Wie Termine einhalten? →	Tagesplanung, Terminplanung →	*Zeit-Planung*	**8**
Soll-Zustandes	Wie den Überblick behalten? →	Jahresplanung, Zeitdiagramme →		
	Wie Projektabläufe planen? →	Netzplantechnik →		
	Wie realistisch planen? →	Planungsgrundsätze →		
Plan	Wie langfristig planen? →	Strategische Planung →		
realistisch?	Wie Aktionen durchplanen? →	Detail- oder Aktionsplanung →	*Planung*	**9**
← *nein*	Wie Kosten und Erträge im Griff halten? →	Unternehmenspläne, Budgets →		
ja ↓	Wie Mittel und Möglichkeiten optimieren?	Planungs- und Investitionsrechnungen		
	4. Entscheidungs- u. Durchführungsphase:	Kybern. Entscheidungsmodell →		
	Wie eine Vorauswahl treffen? →	Rangliste →		
→ *Ergreifen von*	Wie schnell entscheiden? →	Entscheidungstafel →	*Bewertung*	**10**
Maßnahmen	Wie eine Entsch. gründlich erarbeiten? →	Entsch.matrix, Nutzwertverfahren →	*Entscheidung*	
	Wie unter Annahmen entscheiden? →	Entscheiden mit Erwartungswerten →		
	Wie Geplantes schnell realisieren? →	Improvisation und Flexibilität →		
	Wie einen Arbeitsablauf organisieren? →	Arbeitsvorbereitung im Büro →	*Persönliche*	**11**
	Wie zeitsparend arbeiten? →	Persönliche Entlastung →	*Arbeitstechnik*	
	Wie kostensparend telefonieren? →	Tips zum Telefonieren →		
	Wie Korrespondenz rationell erledigen? →	Systematisierte Schreibtechnik →		
Ziel erreicht?	Wie Konferenzkosten sparen? →	Konferenz- und Verhandlungstechnik →		
	Wie eine Konferenz organisieren? →	Konferenzvorbereitung →	*Konferenzen*	**12**
← *nein*	Wie ergiebige Besprechungen durchführen?	Konferenzregeln, Moderation →		
	Wie richtig überzeugen? →	Verhandlungstaktik, Argumentation →	*Verhandlung*	
ja ↓	Wie erfolgreich verhandeln? →	Verhandlungsstrategie, Dialektik →		
Neue Aufgabe				

Eine stetig angelegte betriebliche ***Organisationsentwicklung*** wird von einem Berater (Moderator) inszeniert, der gleichzeitig auch Trainer ist und das gegenseitige Lernen voneinander fördert. Zunächst werden dabei bestehende Arbeitsweisen in Frage gestellt, diskutiert und für Änderungen motiviert. Dann werden andere Verhaltensweisen erprobt und bei positiven Erfahrungen beibehalten und organisatorisch gesichert. Die Beratung wird in jeder Beratungsphase gemeinsam mit den Beteiligten durchgeführt. So werden aus Betroffenen Beteiligte, die sich mit den Vorhaben identifizieren, weil sie sie selbst mit gestaltet haben.

Literaturverzeichnis

Für das Management relevante Literatur der letzten 20 Jahre. Zum erfolgreichen Management benötigen wir mehr als angewandte Betriebswirtschaftslehre oder eine Fachtechnik.

Adameit u. a.: Verhaltensmodifikation (Beltz 1978)
Adler, A.: Lebenskenntnis (Fischer 1981)
Aebli, H.: Grundformen des Lernens (Klett 1975)
Affemann, R.: Führen durch Persönlichkeit (MI 1983)
Akzente Studiengemeinschaft: Das Kombi-Büro (Akzente 1990)
Allport, G. W.: Werden der Persönlichkeit (Kindler 1974)
Anschütz, H.: Kybernetik (Vogel 1982)
Ansoff, H. I.: Managementstrategie (MI 1982)
Antonoff, R.: Die Identität des Unternehmens (FAZ 1987)
Antons, K.: Praxis der Gruppendynamik (Hogrefe 1976)
Apel/Böhler u. a.: Praktische Philosophie/Ethik (Funkkolleg Beltz 1980)
Argyle, M.: Soziale Interaktion (Kiepenheuer & Witsch 1972)

Bamberg/Coenenberg: Betriebswirtschaftliche Entscheidungslehre (Vahlen 1974)
Bandler/Grinder: Neue Wege der Kurzzeit-Therapie (Junfermann 1991)
Barrois, J. W.: Rationelle Arbeitstechniken (Jünger 1982)
Barth, H.: Controlling – ein Instrument zur Gewinnsteuerung (Taylorix 1984)
Beck-Texte: Arbeitsgesetze – Betriebsverfassungsgesetz (DTV 1991)
Becker, H. J.: Controller und Controlling (Expert/Taylorix 1984)
Beelich/Schwede: Lern- und Arbeitsmethodik (Vogel 1984)
Beer, U.: Praktisches Selbstmanagement (Herder 1983)
Behrens, K.: Handbuch der Marktforschung (Gabler 1975)
Beloch, H.: Leistungsbeurteilung (BBW 1975)
Bennis/Nanus: Führungskräfte – Die vier Schlüsselfaktoren (Campus 1985)
Berger, R.: Stellenbeschreibungen (Heyne 1989)
Berne, E.: Spiele der Erwachsenen (Rowohlt 1981)
Berschin, H.: Unternehmen erfolgreich führen (Expert/Taylorix 1990)
Berthel, J.: Betriebliche Informationssysteme (Poeschel 1975)
Beyer, E.: Der Turbo-Manager (Econ 1991)
Bierach, A.: Persönliches Image – Schlüssel zum Erfolg (Econ 1980)
Blake/Mouton: Verhaltenspsychologie im Betrieb, The Managerial Grid (Econ 1980)
Blanchard/Spencer: Der Minuten-Manager (Rowohlt 1983)
Bleicher, K.: Unternehmensentwicklung (Fischer 1980)
Bleicher, K.: Das Konzept Integriertes Management (Campus 1991)
Bleicher/Meyer: Führung in der Unternehmung (Rowohlt 1976)
Böckmann, W.: Sinn-orientierte Leistungsmotivation (Enke 1980)
Böhm/Wille: Deckungsbeitragsrechnung und Optimierung (MI 1978)
Bono, E. de: Lateriales Denken (Rowohlt 1973)
Bono, E. de: Konflikte – neue Lösungsmodelle (Econ 1989)
Bono, E. de: Chancen, Das Trainingsmodell für erfolgreiche Ideensuche (Econ 1992)

Bornemann, E.: Betriebspsychologie (Gabler 1978)
Brandstätter, H.: Psychologie der Person (Kohlhammer 1974)
Brendl, E.: Wie man Innovationschancen nutzt (Gabler 1978)
Brightford, E.: Verhaltensorientiertes Management (Herder 1974)
Brockhoff, K.: Unternehmensforschung (Gruyter 1976)
Brocks, W.: Teamarbeit für Ingenieure (VDI 1979)
Bronner, A.: Wertanalyse in Klein- und Mittelbetrieben (RKW 1985)
Bronner/Schröder: Weiterbildungserfolg (Hanser 1983)
Buchstein, A. P.: So organisiere ich meine Arbeit (Heyne 1980)
Bürgin, U.: Der kooperative Führungsstil (Haupt, Bern 1972)
Bürkle, H.: Aktive Karrierestrategie (Gabler 1986)
Bunk, P.: Arbeitsunterweisung (Refa 1976)
Burkhard/Geisler: Meditation (Mosaik 1978)
Butollo, W.: Die Angst ist eine Kraft (Piper 1984)

Carnegie, D.: Freu dich des Lebens (Scherz 1991)
Carnegie, D.: Sorge dich nicht, lebe! (Scherz 1982)
Carrington, P.: Meditation (Heyne 1983)
Christen, H.: Systematisch entscheiden (RKW 1982)
Churchman, C. W.: Einführung in die Systemanalyse (MI 1974)
Clark, C. H.: Brainstormung (MI 1972)
Clemm, H. L.: Methoden der Zeitplantechnik (Weka 1982)
Cohn, R. C.: Von der Psychoanalyse zur themenzentrierten Interaktion (Klett 1981)
Congena Gesellschaft: Kombi-Büro (FBO 1990)
Conradi, W.: Personalentwicklung (Kohlhammer 1983)
Cooper, J. D.: So schafft man mehr in weniger Zeit (MVG 1980)
Correll, W.: Persönlichkeitspsychologie (Auer 1976)
Correll, W.: Grundlagen der Verhaltenspsychologie (MVS 1987)
Correll, W.: Motivaion und Überzeugung (MI 1988)
Crener, M.: Le Management (Presses de l'universite, Quebec 1979)
Crisand, E.: Psychologie der Persönlichkeit (Sauer 1978)

Daenzer, F.: Systems Engineering (IO, Zürich 1979)
Davis, R. E.: Einführung in die Meditation (CSA 1982)
DGfP: Deutscher Quality Circle-Kongreß (Dt. Gesellschaft für Pers.führung 1985)
DIN-Ausschuß: Wertanalyse – Begriff, Methode, DIN 69910 (Beuth 1978)
Dörner/Selg: Psychologie (Kohlhammer 1985)
Doucet, F. W.: Intuitionstraining (Heyne 1978)
Dreyer, H.: Beschreibung der Synektik-Methode (Wuppertaler Kreis 1981)
Dreyfack/Seibel: Zero-Base Budgeting (MI 1978)

Elertsen/Hartig: Moderne Rhetorik (Sauer 1982)
Ellis, A.: Die rational-emotive Therapie (Pfeiffer 1978)
Endres, H.: Das Beste aus dem Leben machen (Ulrich 1979)
Engel, K. H.: Handbuch der Techniken des Industrial Engineering (MI 1984)
Engel, P.: Japanische Organisationsprinzipien (Zürich 1981)
Engel/Riedmann: Die neuen Managementtechniken in Fäller (MI 1982)

Esser, W. M.: Individuelles Konfliktverhalten in Organisationen (Kohlhammer 1975)
Eysenck/Wilson: Teste Dich selbst (List 1976)

Farbstein, W.: Persönlichkeitsentwicklung (IBO 1981)
Fast, J.: Körpersprache (Rowohlt 1975)
Feldenkrais, M.: Bewußtheit durch Bewegung – der aufrechte Gang (Suhrkamp 1978)
Ferk, H. S.: Gemeinkosten abbauen durch Wertanalyse (Moderne Industrie, Zürich 1983)
Ferner, H.: Wie verbessere ich meine Arbeitstechnik (Taylorix 1975)
Fischbach/Unsin: Betriebliche Statistik (Expert 1983)
Fischer, R.: Denk- und Kreativitätstraining (Expert 1983)
Fischer/Schanz: Guter Schriftverkehr (Expert 1984)
Fischer/Ury: Das Harvardkonzept – Sachgerecht verhandeln (Campus 1985)
Fischl, J.: Logok (Styra 1967)
Fittkau/Fittkau: Fragebogen zur Vorgesetzten-Verhaltens-Beschreibung (Hogrefe 1976)
Fittkau u. a.: Kommunizieren lernen (Westermann 1980)
Francis/Young: Mehr Erfolg im Team (Windmühle 1982)
Franke, H.: Problemlösen und Kreativität (Bratt 1980)
Frankl, V. E.: Der Mensch von der Frage nach dem Sinn (Piper 1988)
Freibichler, H.: Praxis der Teamarbeit (DVA 1976)
Freilinger, C.: Wer kann führen? (MI 1982)
Freitag, E. F.: Der Weg zum positiven Denken (Goldmann 1982)
French/Bell: Organisationsentwicklung (Haupt 1977)
Fresenius, H.: Sauna zu Entspannung und Gesundheit (Rowohlt 1982)
Freud, S.: Gesammelte Werke, das Ich und das Es (Imago 1952)
Fromm, E.: Haben oder Sein (DVA 1979)
Fromm, E.: Die Kunst des Liebens (Ullstein 1982)
Fuchs/Schwantag: agplan – Handbuch zur Unternehmensplanung (Schmidt 1978)
Fürst, H.: Problemlösung (ATW, Zürich 1978)

Gälweiler, A.: Unternehmensplanung (Campus 1975)
Gebert, D.: Organisationsentwicklung (Kohlhammer 1974)
Gendlin, E. T.: Focusing – Technik der Selbsthilfe bei der Lösung persönlicher Probleme (Müller 1981)
Gerami/Odiorne/Drucker: Der erfolgreiche Manager (Vahlen 1976)
Gerhardt, H. A.: Unternehmerisches Zielverhalten und marktorientierte Programmstrategie (De Gruyter, Berlin/New York 1974)
Gerken, G.: Der neue Manager (Haufe 1986)
Glasl, F.: Konfliktmanagement (Haupt 1990)
Golas, H. G.: Der Mitarbeiter – ein Lehrbuch für Personalführung (Girardet 1976)
Gordon, W. J.: Synectics (Harper + Row, New York o. J.)
Gordon, T.: Managerkonferenz – effektives Führungstraining (Hoffmann und Campe 1977)
Gottwald/Howald: Selbsthilfe durch Medition (MVG 1988)

Grätz, F.: Wer verdient was? (Expert 1983)
Gregor, D.: Der Mensch im Unternehmen, The Human Side of Enterprise (Econ 1972)
Greif, S.: Diskussionstraining (Müller, Salzburg 1976)
Greiner, A. J.: Management in der Praxis (MI 1983)
Grinder/Bandler: Kommunikation und Veränderung (Junfermann 1991)
Grochla, E.: Betriebliche Planung (Rowohlt 1975)
Grochla/Strombach: Personalentwicklung in Mittelbetrieben (Köln 1983)
Großmann, G.: Sich selbst rationalisieren (Ratio 1978)
Großmann, G.: Die Großmann-Methode (Poppenreuth 1980)
Gruber, R. J.: Büro-Organisation (Heyne 1978)
Guilford, J. P.: Persönlichkeit (Beltz 1976)
Guserl/Hofmann: Das Harzburger Modell, Idee und Wirklichkeit (Gabler 1976)
Gutenberg, E.: Grundlagen der Betriebswirtschaftslehre (Springer 1975)
Grunwald, A.: Betriebliche Bildungsarbeit als Instrument der Organisationsentwicklung (Schmidt 1987)

Haack, F. W.: Transzendentale Meditation (Ev. Presseverband 1979)
Haberkorn, K.: Praxis der Mitarbeiterführung (Expert 1992)
Haberkorn, K.: Betriebsverfassung und Mitbestimmung (Expert/Taylorix 1986)
Haberkorn, K.: Arbeitsrecht (Expert 1992)
Hackstein, R.: Arbeitswissenschaft im Umriß (Girardet 1978)
Haft, F.: Strukturdenken (Langen-Müller/Herbig 1985)
Halder, J.: Verhaltenspsychologie (Kohlhammer 1976)
Hall/Lindzey: Theorien der Persönlichkeit (Beck 1978)
Hans, U.: Setzen Sie sich durch in Verhandlungen (BBE 1979)
Harris, T. A.: Ich bin o.k. – Du bist o.k. – eine Einführung in die Transaktions-Analyse T. A. (Rowohlt 1977)
Hauschildt, J.: Entscheidungen der Geschäftsleitung (Mohr 1984)
Hauser, S.: Daten, Datenanalyse, Datenbeschaffung (Hein 1979)
Hax/Majluf: Strategisches Management (Campus 1988)
Hecking/Binder, E.: Führungsmodelle und Marketing-Organisation (Gabler 1974)
Heilmann/Gassert/Horvath: Informationsmanagement (Poeschel 1990)
Heinen, E.: Betriebswirtschaftliche Führungslehre – ein entscheidungsorientierter Ansatz (Gabler 1978)
Heinzel/Heinzel: Zielwirksam führen aus transaktionsanalytischer Sicht (Expert 1990)
Henseler, E.: Unternehmensanalyse (Kohlhammer 1979)
Herkner, W.: Einführung in die Sozialpsychologie (Huber 1983)
Hersey/Blanchard: Situational Leadership (San Diege 1977)
Heuer, G. L.: Projektmanagement (Vogel 1979)
Herzberg, F.: Work and the Nature of Man (Staple Press, London 1967)
Hilf, A. A.: Arbeitswissenschaft – Grundlagen der Leistungsforschung und Arbeitsgestaltung (MI 1975)
Hill/Fehlbaum/Ulrich: Organisationslehre (Haupt UTB, Bern 1974)
Hirt, J.: Das Ich und das Gesetz von Lust und Unlust (Institut für optimale Arbeits- und Lebensgestaltung, Zürich 1983)
Hirzel, M.: Managementeffizienz (Gabler 1984)

Höckel, G.: Keiner ist so klug wie alle (Econ 1976)
Höhler, Gertrud: Spielregeln für Manager (Econ 1992)
Höhn, R.: Stellenbeschreibung und Führungsanweisung (WWT 1972)
Höhn, R.: Das Harzburger Modell in der Praxis (WWT 1974)
Höhn/Böhme: Der Weg zur Delegation von Verantwortung (WWT 1973)
Hoepfner, F. G.: Gruppendynamik (MI 1977)
Hoffmann, H.: Kreativitätstechniken für Manager (MI 1981)
Holm, K. F.: Die Mitarbeiterbefragung (Sample 1982)
Holzhen, H.: Aktiv zuhören – besser verkaufen (MI 1989)
Horvath, P.: Controlling (Vahlen 1986)
Huber, G.: Streß und Konflikte bewältigen (MI 1977)
Hülshoff/Kaldewey: Rationeller lernen und arbeiten (Klett 1977)
Humble, J.: Praxis des Management by Objectives (MI 1975)
Hunziker/Scheerer: Statistik – Instrument der Betriebsführung (Poeschel 1975)
Hutchin, K. C.: Die Gesundheit der Führungskräfte (Econ 1976)

Irle, M.: Lehrbuch der Sozialpsychologie (Hogrefe 1975)
Irle, M.: Macht und Entscheidungen in Organisationen, Studie gegen das Linie-Stab-Prinzip (Akademische Verl. Ges. 1971)

Jacob, H.: Strategisches Management (Gabler 1982)
Jackson, K. F.: Die Kunst der Problemlösung (MI 1980)
Jeserich, W.: Mitarbeiter auswählen und fördern (Hanser 1987)
Juli/Engelbrecht: Streßverhalten ändern lernen (Rowohlt 1978)

Kaiser, F. J.: Entscheidungstraining (Klinkhardt 1973)
Kaiser, H.: Kneipp – naturgemäße Lebensweise (Knaur 1975)
Kaufmann u. a.: Moderne Methoden der Kreativität (MI 1972)
Keleman, S.: Dein Körper formt Dein Selbst (MI 1982)
Kepner/Tregoe: Rationales Management (MI 1973)
Kettgen, G.: Moderne Personalentwicklung (Expert 1989)
Kieser/Kubicek: Organisation (De Gruyter, Berlin/New York 1983)
Kieser/Reber/Wunderer: Handwörterbuch der Führung (Poeschel 1987)
Kirchner, B.: Sprechen vor Gruppen (Klett 1980)
Kirsch, W.: Entscheidungsprozesse (Gabler 1971)
Kirst/Diekmeyer: Creativitätstraining (DVA 1978)
Kitzmann, A.: Assessment-Center, Personalauswahl (VWK 1981)
Klafki u. a.: Erziehungswissenschaft (Fischer 1978)
Klampfl-Lehmann: Der Schlüssel zum besseren Gedächtnis (Delphin 1988)
Klebert/Schrader/Straub: Moderationsmethode (Windmühle 1987)
Knebel/Schneider: Taschenbuch zur Stellenbeschreibung (Sauer 1976)
Knebel/Zander: Neue Arbeitswelt und Führungsorganisation (Haufe 1987)
Kobayashi, H.: Wirtschaftsmacht Japan, Strukturen und Organisationen (DIV 1980)
Kobi/Wüthrich: Unternehmenskultur erfassen und gestalten (MI 1986)
Koch u. a.: Organisationsentwicklung (IO, Zürich 1980)
König, R.: Beobachtung und Experiment (Kiepenheuer & Witsch 1964)
König, R.: Das Interview (Kiepenheuer & Witsch 1962)
Köster, R.: Im Gleichgewicht bleiben (Herder 1988)

Koeder, K. W.: Studien-Methodik (Vahlen 1990)
Koestler, A.: Der göttliche Funke (Scherz 1979)
Koreimann, D.: Methoden der Informationsbedarfsanalyse (Gruyter 1976)
Korff, E.: Redetechnik als Führungsmittel (MI 1974)
Kottler, J.: Abschied vom Erbsenzählen (Econ 1991)
Kramer/Appelt: Die neuen Techniken der Produktinnovation (MI 1978)
Krauss/Groß: Wer verdient was? (Expert 1991)
Krech/Crutschfield: Grundlagen der Psychologie (Beltz 1986)
Kretschmer, P.: Unternehmensplanung (Florentz 1976)
Krüger, W.: Konfliktsteuerung als Führungsaufgabe (MI 1979)
Küchler, J.: Gruppendynamische Verfahren (Kösel 1979)
Küchler, J.: Theorie und Praxis der Qualitätszirkel (Müller-Herbig 1983)
Kummer/Stühler/Wyssen: Projekt Management (Verlag IO Zürich 1991)
Kunovsky, N.: Fitness Training (Rowohlt 1976)
Kunz, H. U.: Spitzenleistung im Team (Verlag IO Zürich 1991)
Kurpjuhn/Schmid: Verwaltungs-Checkliste (RKW 1982)

Laborde, G. Z.: Kompetenz und Integrität (Junfermann 1991)
Lanc, O.: Ergonomie (Kohlhammer 1975)
Landau, E.: Psychologie der Kreativität (Reinhardt 1974)
Lattmann, C.: Die verhaltenswissenschaftlichen Grundlagen der Führung von Mitarbeitern (Haupt 1982)
Lattmann, C.: Die Leistungsbeurteilung als Führungsmittel (Haupt 1975)
Lauterburg, C.: Vor dem Ende der Hierarchie (Econ 1980)
Lay, R.: Dialektik für Manager (Langer-Müller 1975)
Lay, R.: Meditationstechniken für Manager (Müller-Herbig 1976)
Lazarus/Fay: Ich kann, wenn ich will (Klett-Cotta 1978)
Leavitt, H. J.: Grundlagen der Führungspsychologie (MI 1979)
Leicher, R.: Wirksamer telefonieren (Heyne 1982)
Lersch, P.: Aufbau der Person (Springer o. J.)
Lewin, K.: Die Lösung sozialer Konflikte (Christian 1974)
Likert, R.: New Patterns of Management (McGraw-Hill, New York 1961)
Little, A. D.: Innovation als Führungsaufgabe (Campus 1988)
Löhr, R. W.: Ergonomie (Vogel 1976)
Lowen, A.: Bio-Energetik (Rowohlt 1980)
Lumma, K.: Strategien der Konfliktlösung (Windmühle 1992)
Lutz, T.: Computer ohne Geheimnis (IBM 1983)
Lynch/Kordis: Delphin-Strategien (Paidia 1991)

Maasch, E.: Machtkampf und Intrige im Betrieb (Sauer 1976)
Macharzina/Oechsler: Personalmanagement, Organisations- und Mitarbeiterentwicklung (Gabler 1977)
Mackenzie, A.: Die Zeitfalle – Zeiteinteilung (Sauer 1984)
Madanns, B. J.: Handbuch Projektmanagement (Poeschel 1990)
Magee, B.: Karl Popper (Mohr, UTB 1986)
Mager, R. F.: Motivation und Lernerfolg (Beltz 1972)
Mandel/Mandel: Einübung in Partnerschaft durch Kommunikations- und Verhaltenstherapie (Pfeiffer 1973)

Mandel u. a.: Einübung in Partnerschaft (Pfeiffer 1974)
Manekeller, W.: Briefe schreibt man heute so (Holzmann 1979)
Mann, R.: Der ganzheitliche Mensch (Econ 1991)
March/Simon: Organisation und Individuum (Gabler 1976)
Marr, R.: Innovation und Kreativität (Gabler 1978)
Maslow, A. H.: Motivation und Persönlichkeit (Rowohlt 1981)
Mayer, A.: Organisationspsychologie (Kohlhammer 1978)
Mayntz, R.: Soziologie der Organisation (Rowohlt 1963)
Meininger, J.: Transaktionsanalyse (MI 1978)
Mertens, P.: Angewandte Informatik (Gruyter 1978)
Mewes, W.: Kybernetische Managementlehre, EKS-System (Mewes 1989)
Meyer, H.: Technik der Gedächtnisschulung (ulrich 1980)
Meyer/Stopp: Betriebliche Organisationslehre (Expert 1983)
Meyhak, H.: Entscheidungstabellentechnik (Sauer 1975)
Miles, L. O.: Value Engineering – Wertanalyse, die praktische Methode zur Kostensenkung (MI 1974)
Mintzberg, J. B.: The structure of organizations (Englewood Cliffs, N. J. 1979)
Mitscherlich, A.: Krankheit als Konflikt (Suhrkamp 1978)
Moring/Schlecht: Management (Gabler 1978)
Müller/Seiwert: Zielwirksam arbeiten (Expert 1982)
Müller-Hedrich: Betriebliche Investitionswirtschaft (Expert 1983)
Müller-Klement: Zielwirksam arbeiten (Expert 1992)
Müri, P.: Erfolg durch Kreativität (Kreativ-Verlag, Zürich 1984)
Murphy, J.: Die Macht des Unterbewußtseins (Ariston 1979)

Neel, A. F.: Handbuch der psychologischen Theorien (Fischer 1974)
Neubauer, F. F.: Portfolio-Management (Luchterhand 1984)
Neubeiser, M.-L.: Management-Coaching (Orell Füssli 1990)
Neuberger, O.: Besser führen (Institut Mensch und Arbeit 1991)
Neumann, K. H.: Teamarbeit (Sauer 1974)
Nick, F. R.: Management durch Motivation (Kohlhammer 1974)
Nierenberg, J.: Verhandlungstraining (Heyne 1976)
Nimmergut, J.: Regeln und Training der Ideenfindung (Heyne 1975)

Obermair, G.: Mensch und Kybernetik (Heyne 1976)
Obermair, G.: EDV-Grundwissen für Führungskräfte (Heyne 1979)
Odiorne, G. S.: Management by Objectives, Führung durch Vorgabe von Zielen (MI 1973)
Oehme, W.: Führen durch Motivation (Girardet 1979)
Olesch, G.: Praxis der Personalentwicklung (Sauer 1989)
Osborn, A. F. Applied-Imagination (Scribner, New York)
Ott, E.: Optimales Denken (Rowohlt 1976)
Ott, E.: Das Konzentrationsprogramm (Rowohlt 1980)
Ouchi, W. G.: Theory Z (Addison-Wesley 1981)
Ostrander/Schroeder: Leichter Lernen ohne Streß – Superlearning (Scherz 1979)

Pascale/Athos: The Art of Japanese Management (Simon and Schuster 1981)
Pausch, M.: Management (Vogel 1976)

Peters/Watermann: Auf der Suche nach Spitzenleistungen (MI 1984)
Pfeil, B.: Planungshandbuch (MI 1984)
Pfeil/Braun: Erfolgreich schreiben und telefonieren (MI 1975)
Pillat, R.: Personalbedarf (Haufe 1980)
Popper, K. R.: Logik der Forschung (Mohr 1984)
Porter/Lawler/Hackman: Behavior in Organization (Mc-Graw-Hill, New York 1975)
Preuschen, G.: Einführung in die Arbeitswissenschaft (Rombach 1973)
Probst, G. J. B.: Selbst-Organisation (Parey 1987)
Pümpin, C.: Management strategischer Erfolgspositionen (Haupt, Bern 1982)

Reber, G.: Personales Verhalten im Betrieb (Poeschel 1973)
Reddin, W. J.: Das 3-D-Programm zur Leistungssteigerung (MI 1977)
Refa-Verband: Methodenlehre der Organisation (Hanser 1985)
Rehm-Strombach: Arbeitstechniken für Qualitätszirkel (Dt. Wirtschaftsdienst 1984)
Reibnitz, Ute von: Szenario-Technik (Gabler 1991)
Reinheimer, R.: Arbeitsmethodik (Springer 1982)
Reiser, A.: Der Personalcomputer im Chefzimmer (MI 1980)
Remplein, H.: Psychologie der Persönlichkeit (Reinhardt 1975)
Reschke, H.: Kostenrechnung (Expert 1982)
Riedmann, W.: Persönliche Arbeitstechniken in Fällen (MI 1984)
Riekhof, H. C.: Strategien der Personalentwicklung (Gabler 1986)
Rinza, P.: Projektmanagement (VDI 1976)
Rischar/Titze: Qualitätszirkel (Expert 1984)
Rogers, C. R.: Die klientenzentrierte Gesprächspsychotherapie (Kindler 1972)
Rogers, C. R.: Der neue Mensch (Klett-Cotta 1981)
Rohracher, H.: Einführung in die Psychologie (Psychologie Verlags-Union 1988)
Rosa, K. R.: Das ist autogenes Training (Kindler 1973)
Rosenkranz, H.: Soziale Betriebsorganisationen (Reinhardt 1976)
Rosenstiel u. a.: Organisationspsychologie (Kohlhammer 1972)
Rosner, L.: Führungslehre (Expert 1991)
Roth, E.: Persönlichkeitspsychologie (Kohlhammer 1977)
Rüdiger, U.: Das Assertiveness-Training-Programm, ATP: Einübung von Selbstvertrauen und sozialer Kompetenz (Pfeiffer 1978)
Rüsberg, K. H.: Systems Projekt Management (MI 1985)
Rüttinger, R.: Selbstbehauptung durch Selbstsicherheit (Weka 1979)
Rüttinger, R.: Transaktionsanalyse (Sauer 1980)
Rutz, U.: Ideenfindung (ATW, Zürich 1984)

Saaman, W.: Alternatives Führen (Gabler 1984)
Sahm, A.: Humanisierung der Arbeitswelt (Herder 1976)
Salomon, J.: Dt. Quality Circle Kongress (DGFP 1984)
Satir, V.: Kommunikation — Selbstwert — Kongruenz (Junfermann 1991)
Scharmann, Th.: Teamarbeit in der Unternehmung (Haupt UTB, Bern 1972)
Schaude, G.: Quellen für neue Produkte (Expert 1990)
Scheibler, A.: Zielsysteme und Zielstrategien in der Unternehmensführung (Gabler 1978)

Scheid, J. C.: Les grands auteurs en organisation (Bordas, Paris 1980)
Scheidt, J. H.: Yoga für Europäer – Entspannung und Konzentration (Kindler 1976)
Schelker, T.: Problemlösungsmethoden (Haupt, Bern 1976)
Schellbach, O.: Mein Erfolgssystem (Bauer 1981)
Schenk/Danzinger: Pädagogische Psychologie (Österr. BV, Wien 1972)
Schirm, R. W.: Führungserfolg durch Selbsterkenntnis (Agrippa 1982)
Schlemmer, J.: Glauben als Bedürfnis (Ullstein 1980)
Schlicksupp, H.: Kreative Ideenfindung im Unternehmen (De Gruyter 1977)
Schmidbauer, W.: Sensitivitätstraining und analytische Gruppendynamik (Piper 1974)
Schmidbauer, W.: Selbsterfahrung in der Gruppe (Rowohlt 1979)
Schmidt, H.: Betriebsorganisation und Informationswesen (NWB 1974)
Schmitz, H.: Systemtechnik (VDI 1979)
Schmitz, Seibt: Einführung in die Informatik (MI 1976)
Schneider/Zander: Erfolgs- und Kapitalbeteiligung (Haufe 1982)
Schoonmaker, A. N.: Karriereplanung (Herder 1973)
Schubert, G.: Führungspraxis: Erfolg, Kritik, Autorität (DVA 1972)
Schultz, J. H.: Das autogene Training (Thieme 1979)
Schulz von Thun: Miteinander reden (Rowohlt 1981)
Schumacher, B.: Führungsgrundsätze und Führungshilfen (MI 1985)
Schwäbisch/Siems: Anleitung zum sozialen Lernen (Rowohlt 1976)
Schwarz, G.: Konfliktmanagement (Gabler 1990)
Seiwert, L.: Mehr Zeit für das Wesentliche (MI 1991)
Seiwert/Wagner: Management mit Zeitplanbuch (VBU 1990)
Seyle, H.: Streß, Bewältigung und Lebensgewinn (Piper 1976)
Sievers, B.: Organisationsentwicklung als Problem (Klett-Cotta 1977)
Sikora, J.: Handbuch der Kreativ-Methoden (Quelle und Meyer 1976)
Simon, H. A.: Entscheidungsverhalten in Organisationen (MI 1981)
Spitschka/Joschke: Praktisches Lehrbuch der Organisation (MI 1975)
Sprenger, R. K.: Mythos Motivation (Campus 1991)
Staehle, W.: Management (Vahlen 1986)
Stalk/Hout: Zeitwettbewerb (Campus 1991)
Stangl, A. u. M.: Das Entspannungs-Programm (Econ 1974)
Stangl, A.: Verhandlungsstrategie (Heyne 1983)
Starck, W.: Kindes- und Jugendpsychologie (Büchner 1985)
Staudt, E.: Das Management von Innovationen (FAZ 1986)
Stefanic-Allmeyer: Schnell und richtig entscheiden (Taylorix 1972)
Steinbuch, P. A.: Organisation (Kiehl 1981)
Steinbuch, P. A.: So senkt man Kosten (Taylorix 1982)
Steinherr, L.: Selbstentlastung (Weka 1979)
Steinmann/Böhm/Schreyögg: Grundlagen der betriebswirtschaftlichen Führungslehre (Korn & Berg 1978)
Stengel, F.: Gedächtnis spielend trainieren (Amandus 1976)
Stopp, U.: Betriebliche Personalwirtschaft (Expert 1991)
Strehle, A.: Mienen, Gesten und Gebärden (Reinhardt 1978)
Stroebe, R. W.: Arbeitsmethodik (Sauer 1985)
Struwe, W.: Ergebnisorientierte Stellenbeschreibung (Taylorix 1980)

Tausch/Tausch: Erziehungspsychologie (Hogrefe 1978)
Tausch/Tausch: Wege zu uns (Rowohlt 1983)
Taylor, F. W.: Die Grundsätze wissenschaftlicher Betriebsführung (Beltz 1977)
Teegen u. a.: Sich ändern lernen (Rowohlt 1981)
Thomas, K.: Konzentration für geistige Arbeit und Lebensgestaltung (Herder 1972)
Tönsmann, W.: Praktische Mitarbeiterführung (Vogel 1981)
Tregoe/Zimmermann: Top Management Strategie (MI 1984)
Tumm, G. W.: Die neuen Methoden der Entscheidungsfindung (MI 1972)

Ulene, A.: Mehr Freude am Leben (MVG 1982)
Ullmann, G.: Kreativität (Beltz 1976)
Ulrich/Krieg: Systemorientiertes Management, St. Galler Management Modell (Haupt 1974)
Ulrich/Probst: Anleitung zum ganzheitlichen Denken (Haupt 1988)
Unsin, E.: Wirtschaftsmathematik (Expert 1982)

VDI-Ausschuß: Wertanalyse – Idee, Methode, System (VDI 1975)
VDI-Ausschuß: Wertanalyse in Verwaltungen (VDI 1978)
Vester, F.: Denken, Lernen, Vergessen (DTV 1982)
Volkamer/Streicher/Walton: Intuition, Kreativität und ganzheitliches Denken (Sauer 1991)

Wagner, A.: Besser führen mit Transaktionsanalyse (Gabler 1987)
Wagner, P.: Kontrolle, Beurteilung, Kritik (Heider 1981)
Watzlawik/Beavon/Jackson: Menschliche Kommunikation (Huber, Wien 1980)
Wechsler, W.: Delphi-Methode (Florentz 1978)
Weilenmann, G.: Arbeitsgestaltung (IBO, Zürich 1979)
Weilenmann, G.: Repräsentation (IBO 1979)
Weilenmann/Scheitlin: Informationstechnik für Führungskräfte (Poeschel 1972)
Wellek, A.: Die Polarität der Persönlichkeit (Reinhardt o. J.)
Werneck/Ullmann: Dynamisches Lesen (Heyne 1975)
Wetzstein, H.: Lerne logisch denken (Taylorix 1974)
Widmer, E. A.: Computertechnik für Manager (MI 1986)
Wille, F.: Management mit Profit-Centers (MI 1976)
Winkler, K.: Naturheilmittel statt Tabletten (Weka 1980)
Wöhe, G.: Einführung in die allgemeine Betriebswirtschaftslehre (Vahlen 1986)
Wössner, J.: Soziologie (Böhlaus, Wien 1976)
Womack/Jones/Roos: Die zweite Revolution in der Automobilindustrie (Campus 1992)
Wunderer/Klimecki: Führungsleitbilder (Poeschel 1990)

Zaleznik, A.: Das menschliche Dilemma der Führung (Gabler 1975)
Zaleznik, A.: Führen ist besser als Managen (Haufe 1990)
Zander, E.: Betriebliches Informationswesen (Sauer 1975)
Zander/Knebel: Taschenbuch zur Stellenbeschreibung (Sauer 1991)
Zbinden, H.: Funktionendiagramm und Stellenbeschreibung (Taylorix 1977)
Zielke, W.: Lern-, Denk- und Arbeitstechniken (MI 1980)
Zielke, W.: Techniken für ein besseres Gedächtnis (MI 1982)

Zimbardo, P. G.: Psychologie (Springer 1983)
Zimmer, D. E.: Die Vernunft der Gefühle (Piper 1981)
Zwicky, F.: Entdecken, Erfinden, Forschen (Droemer Knaur 1978)

Sachregister

Bestellung